중독가정을 위한
긍정훈육

Jane Nelsen·Lynn Lott·Riki Intner 공저 | 박예진·강향숙 공역

학지사

우리의 삶과 일에 든든한 초석이 되어 준 Alfred Adler와 Rudolf Dreikurs에게 깊은 감사를 드립니다. 회복 중인 부모를 위한 책에 대한 비전을 갖게 해 준 Carol Rivendell에게도 특별한 감사를 전합니다. 그리고 자신들의 경험을 통해 다른 이들이 배움을 얻을 수 있도록 자신의 이야기와 삶을 기꺼이 공유해 준 모든 분께 감사드립니다.

중독은 '가족병'이라고 불릴 만큼 함께 사는 가족에게 많은 영향을 주고, 그 중에서도 특히 중독을 가진 부모 밑에서 성장해야 하는 자녀들에게 미치는 영향력은 절대적입니다. 이러한 부정적 영향력은 성장기의 다양한 심리·사회·정서적 어려움을 야기하고, 이는 성인기까지 이어지며, 더 나아가 대를 이어 중독의 문제에 빠져들게 하기도 합니다.

중독의 다양한 부정적 결과의 하나로 나타나는 것이 부모 역할의 부재 또는 손상이며, 이는 자녀는 물론 부모인 중독자 자신에게도 독이 되어 되돌아오게 됩니다. 하지만 중독의 문제를 갖고 있는 분들이 나쁜 부모가 되겠다고 작심한 것은 아닐 것입니다. 우리가 만났던 회복자 중 한 분은 이렇게 말씀하셨습니다. "내가 중독자가 된 것은 그래도 견딜 수 있지만 내 자식이 중독자가 되는 것을 보는 것은 아마도 가장 끔찍한 지옥일 것이다. 그래서 나는 회복을 위해 노력하고 있다."

하지만 회복 중인 많은 분이 회복을 한다고 해서 좋은 부모가 되는 것은 아님을 경험하게 됩니다. 회복의 과정에서 쉽사리 회복되지 않는 자녀와의 관계, 자녀의 모습에서 자꾸만 확인하게 되는 과거 자신의 행동으로 자녀에게 남겨진 흔적들, 그리고 좋은 부모이고 싶지만 여전히 서툴고 실수하는 자신의 모습은 좌절과 막막함을 느끼게 합니다. 어떻게 해야 할지 알지 못하고, 좋은 모델이 되어 주거나 방법을 알려 주는 사람도 없어 좋은 부모가 되는 길은 회복의 여정만큼 고단하고 앞이 보이지 않는 길이 되어만 갑니다. 하지만 포기할 수도 없습니다.

아들러심리학을 기반으로 한 이 책은 다양한 사례를 통해 중독으로부터 회복 중인 부모가 긍정적인 부모 역할을 할 수 있도록 도와줍니다. 죄책감과 수치심이 자녀에게 대물림되는 양육방식에서, 긍정훈육의 기준과 방법론은 가족이 공동의존의 틀을 깨고 더욱 사랑하고 행복해질 수 있음을 알려 줍니다. 중독을 경험하는 동안에 가족 구성원이 보여 준 노고는 가족 모두의 위기를 극복하게 하고, 새로운 삶을 위해 견뎌 낸 일상의 순간들은 긍정적인 자원이 됩니다. 그리고 이를 바탕으로 새롭게 일상생활을 구조화하고 실행할 수 있는 힘과 에너지가 우리 가족 안에 있음을 깨닫게 해 줍니다.

이 책에는 생존을 위해 선택한 중독, 나와 환경에 대한 이해와 수용, 그리고 기본적인 삶에 대한 왜곡된 신념을 자각할 수 있는 방법론과 사례가 매우 구체적으로 제시되어 있습니다. 그래서 이 책은 전문가의 도움 없이도 실행할 수 있는 가이드라인이라고 할 수 있습니다. 한순간의 실수가 삶 전체의 실패를 의미하는 것은 아닙니다. 고통 속에서 진정한 자신을 만나고 부모로서의 진정한 역할과 책임을 차츰 실행하는 것은 일상 속의 긍정적인 문제해결과 선택의 과정이며, 가족공동체로서 삶의 다양한 부분에서의 변화를 이루어 가는 과정입니다.

긍정훈육은 좋은 부모가 되고자 하는 인간 행동에 대한 철학과 존재론적 체험을 바탕으로 합니다. 그 무엇보다 자신에 대한 깊은 이해와 정서적인 수용, 이를 통한 나에 대한 사랑은 가족이 더욱 사랑하게 되는 의미 있는 변화를 가져옵니다.

박예진, 강향숙

1980년대에 중독 분야에서는 공동의존에 대한 치료적 개입이 하나의 중요한 움직임으로 대두되었다. 이 움직임은 성인아이(adult children of alcoholics, 역자 주: 알코올 중독 가정에서 자라나 어른이 된 성인 또는 성인이 되어서도 알코올 중독 가정 자녀의 특성을 갖고 있는 경우)를 중심으로 시작되어 이내 가족 전체의 역기능으로 확대되었다. 이 시기에 모든 초점은 개인의 회복과 치유에 있었다. 이는 여전히 남아 있는 내면아이와 외적으로 보이는 어른의 모습 사이에서 발생하는 갈등에 대한 중요한 통찰을 제공하였다. 지금까지 많은 이는 단순히 중독에서 벗어나는 것에 열중하느라 건강과 안녕을 증진시켜 줄 새로운 부모 역할이나 가족관계에 대해서는 고려하지 못하였다. 이는 1990년대 이후 중요한 작업이 되었다.

『중독가정을 위한 긍정훈육(Positive Discipline for Parenting in Recovery)』은 회복을 넘어 새로운 부모 역할과 가족 역동을 재창조해 감으로써 자연스럽게 부모 역할 영역의 성장을 가능하게 한다. 많은 사람이 심각한 중독 문제에 대한 도움을 받고 회복을 시작한다. 그들은 치료를 시작하고 중독에서 벗어남에 따라 가족의 문제나 가족관계 등 모든 문제가 완전히 달라질 것으로 기대한다. 하지만 대개의 경우 이러한 변화는 일어나지 않는데, 이는 회복을 위한 대부분의 프로그램이 역기능과 부적응의 세대 간 패턴을 다루고 있을 뿐 중독의 과정에서 손상된 가족의 관계를 어떻게 회복시켜 나갈 것인가에 대해서는 다루지 않기 때문이다.

가족관계에서 여전히 어려움을 경험하는 사람들은 대개 대리 가족인 회복 집단에 애착을 갖곤 한다. 『중독가정을 위한 긍정훈육』의 목적은 이러한 분리된 관계를 회복하고 가족과의 건강한 연결을 만들어 갈 수 있도록 돕고자 하는 것이다. 이는 희망과 격려, 사람들과 그들의 관계에 힘을 부여할 수 있는 대안을 제공할 것이다.

저자들은 이 책에서 가족 상담과 치료, 부모교육 그리고 중독 치료와 관련된 광범위한 내용을 다루고 있다. 이들은 개인의 건강과 안녕에 결정적 영향을 미치는 주요 문제와 갈등 그리고 해결책에 대해 깊이 있고 도전을 주는 논의를 이끌어 낼 것이다. 이러한 이유로 이 책은 역기능 가정이라는 배경의 여부와 상관없이 모든 이에게 중요한 책이 될 것이다.

현대 사회의 급격한 변화와 사회문화적 지지 체계의 붕괴는 자녀양육이나 가정의 유지, 관계와 같은 전통적인 많은 것을 진부한 것으로 만들어 버렸다. 이러한 변화 속에서 지속적으로 적응해 가기 위해서는 많은 노력이 필요하며, 가족이나 관계의 영역에서도 이는 마찬가지이다. 이 책은 이러한 도전과 변화에 대응할 수 있는 가이드라인을 제공하며, 개인과 가족의 성장을 지원하고 돌보는 전문가들에게 필수적인 지침이 되어 줄 것이다.

H. Stephen Glenn, President
Developing Capable People Associates
www.capabilitiesinc.com

도입

이 책은 중독으로 인해 발생한 건강하지 못한 양육 방식에서 벗어나고 싶은 회복 중인 부모를 위한 책이다. 또한 중독가정에서 성장한 성인아이와 회복 중인 가족을 돕는 전문가, 중독자와 함께 살면서 자녀를 양육하고 있는 비중독자 부모를 위한 책이기도 하다. 이 책은 당신의 삶에 책임을 지고 가족 전체의 치유와 건강을 위한 변화와 현실적 관점을 가질 수 있도록 돕는다. 그리고 과거에 무슨 일이 일어났고 현재에 어떤 일이 일어나고 있는지를 이해하는 방법을 배우고, 자녀에게 어떻게 일관성을 유지할 수 있는지를 배울 수 있다.

이 책은 하나의 과정으로서 회복을 바라보고 있다. 중독자의 가족들은 중독자의 음주나 약물 사용이 멈추었을 때 모든 문제가 사라지고 행복만이 존재할 것이라고 기대하곤 한다. 하지만 그렇지 않음을 알게 되었을 때 그들은 깊이 실망하게 된다. 대부분의 초기 회복자는 자녀양육 기술이 부족하다. 중독자들은 대개 어렸을 때부터 중독의 문제가 있었기 때문에 정상적인 성장과정에서 배웠어야 할 많은 것을 배우지 못하고 지나친 경우가 많다.

중독에서 회복 중인 부모에게 효과적인 자녀양육 기술은 꼭 필요한 것이다. 중독에 빠져 있을 때 그들의 자녀는 방임되거나 학대당했다. 그들이 단주를 시작했다 하더라도 중독자들은 그동안 자녀에게 한 행동에 대한 죄책감과 수치감을 여전히 갖고 있다. 이 때문에 자녀들에게 과도한 헌신을 하게 되기 쉽고, 자녀는 그간의 일에 대한 특별한 보상을 요구하며 부모를 조종하는 양상을 보이기도 한다.

이러한 관계는 결코 건강한 부모-자녀 관계가 될 수 없다. 부모가 자녀에게 특별한 보상이나 과도한 관심을 제공할 수도 있을 것이다. 하지만 이내 부담감과 후회를 느끼고, 이는 다시 더 큰 죄책감과 수치감으로 이어질 것이다. 그리고 이는 악순환으로 자리 잡게 된다. 이 과정에서 자녀들은 책임감과 협동심, 헌신과 건강한 자기존중감을 가져오는 기술 대신에 부모를 조종하는 역기능적인 기술을 배우게 될 것이다. 효과적이지 못한 부모 역할은 부모의 죄책감과 수치심을 키우고, 의존적이고 부적절한 행동을 표출하는 자녀에 대한 부담으로 이어진다. 효과적인 부모 역할 기술은 이러한 건강하지 못한 악순환을 끊는 데 필수적이다.

회복 중인 중독자는 좋은 부모가 되기를 원하지만 그동안 중독에 빠져 있었기에 자녀에게 좋은 보호자가 되어 주질 못했다. 그들은 자녀에게 어떻게 말해야 하는지, 어떻게 자녀들의 말을 존중하며 들을 수 있는지 배워야만 한다. 또한 그동안 외면했던 감정을 어떻게 표현하고 어떻게 수용해야 하는지 배워야 한다. 이는 "말하지 말 것, 느끼지 말 것, 믿지 말 것"(Claudia Black의 책 『It Will Never Happen to Me』에서 기술된 중독가정의 규칙)이라는 중독가정의 암묵적 규칙에 대한 도전이다. 또한 그동안 혼돈이 지배하던 가족 안에서 새로운 생활의 구조와 일상을 만들어 나가는 법을 배워야만 한다.

중독과 공동의존은 가족 내에 깊은 좌절감을 만들어 낸다. 혼돈과 비일관성, 불신과 부정의 분위기 속에서 오랜 시간에 걸쳐 건강하지 못한 패턴들이 만들어진다. 건강한 자녀양육 기술을 배움으로써 부모들은 자신뿐 아니라 가족 전체의 치유를 시작해 나갈 수 있다.

이 책에서 우리는 부모교육이나 워크숍을 통해 사람들에게 도움을 주었던 많은 사례를 보여 줄 것이다. 우리는 당신이 이 책에서 배운 많은 기술을 안전하게 연습해 볼 수 있는 부모교육 지지집단에 참여하기를 적극 권유한다.

어떤 회복자들은 부모 역할에 대해 배우는 것이 자신의 회복에 너무 부담이 되는 것은 아닐까 염려한다. 이들은 회복 초기에는 오직 중독에서 벗어나는 것에만 집중해야 한다는 이야기를 듣는다. 하지만 새로운 부모 역할을 배워 나가는 것을 미루는 것은 좋은 선택이 아니다. 자녀들은 부모가 회복하고 있다는 것만으로 좋아지지는 않는다. 자녀들을 방치하거나 건강하지 않은 부모 역할을 계속하는 것은 중독에서의 회복을 더욱 어렵게 만들 뿐이다.

이 책을 읽으면서 당신은 학습자의 역할을 유지하고, 배운 것을 당신의 성장을 위해 활용할 수 있는 노력을 지속해야 한다. 누구나 실수를 할 수 있다. 정말 중요한 것은 실수를 성장과 배움을 위해 활용하는가, 아니면 자신과 타인에 대한 비난을 위해 활용하는가이다. 이 책에 나온 가이드라인을 잘 지켜 나갈 때, 당신은 가족 그리고 자녀와 함께 있는 것에 대해 행복을 느끼게 될 것이다.

우리는 회복 중에 있는 많은 부모와 함께 일해 왔다. 이 책에 있는 사례들은 실제 회복자들의 이야기를 바탕으로 하고 있다. 우리는 우리의 내담자들이 부모 역할을 배울 때 회복이 더욱 견고해지는 것을 보아 왔다. 회복 중인 부모들은 자녀와의 관계가 좋아질 때 부모로서의 자기 자신에 대해 더욱 긍정적인 감정을 느끼게 될 것이다. 또한 자녀가 더욱 책임감 있고 협조적이며 가족에게 헌신적으로 변하게 되면서 부모는 자신의 회복에 더욱 많은 시간과 에너지를 쓸 수 있게 된다.

이 책은 다양한 기술과 자신감을 갖게 함으로써 당신이 희망을 갖고 과거의 죄책감과 수치심으로부터 벗어나 보다 먼 미래를 내다볼 수 있도록 도울 것이다. 또한 당신의 개인적 문제를 살펴볼 수 있는 기회를 제공하고, 실수가 삶의 한 부분이며 배움의 과정임을 알려 줄 것이다. 당신은 자녀를 어떻게 변화시켜 나갈 것인지, 어떻게 자신과 타인을 판단하지 않고 자녀들과 보다 연결된 기분을 느낄 수 있는지 배우게 될 것이다. 당신은 혼자가 아니며, 그렇게 끔찍한 부모가 아님도 알게 될 것이다. 자신이 여전히 가치 있는 존재임을 알고, 주변 사람들이 스스로의 행동에 책임지도록 돕는 과정에서 당신 역시 스스로를 책임지기 시작할 것이다.

차례

13

긍정훈육 1

당신이 서 있는 곳에서 시작하고 단순함을 유지하라 • 21

긍정훈육

9

행동 이면의 신념을 이해하라 • 187

18

차
례

긍정훈육
14 사랑한다는 메시지를 확실하게 전달하라 • 295

긍정훈육 1/

당신이 서 있는 곳에서 시작하고
단순함을 유지하라

이 책을 읽기 시작할 때, 아마도 당신은 약물 사용이나 음주를 막 중단하였을 것이다. AA모임(단주를 위한 자조모임)이나 NA모임(역자 주: 약물중독에서 회복하기 위해 자발적으로 모인 사람들의 자조모임) 또는 Al-Anon에 몇 번 정도 가 보았을지도 모른다. 어쩌면 한동안 회복을 유지하고 있을 수도 있고, 여전히 중독으로 인한 다양한 문제에 압도되어 있을지도 모른다. 또는 지금 중독자와 함께 살고 있거나 공동의존에서 회복하고 싶은 사람들 중 하나일 수도 있다[중독자는 약물이나 술에 사로잡혀 있다. 공동의존자는 중독자에 사로잡혀 있다. 공동의존자의 조력행동(역자 주: 중독자의 중독 문제를 도와주거나 심화시킬 수 있는 행동)은 문제의 심각성을 부인하거나 중독자를 위기에서 구해 주고, 고쳐 주고, 변명을 대신 해 주고, 잔소리를 하고, 뒤를 캐고, 협박하고, 비난하는 등의 행동을 포함한다].

당신이 현재 어떤 상태에 있든 간에, 중독이 가족에게 미친 영향을 극복하는 것은 가능하다. 전부는 아니더라도 어떤 한 부분에 대하여 이전보다 낫게 만들 수 있다. 그렇다. 우리는 '이전보다 낫게'라고 말한다. 중독과 관련된 당신의 위기는 위장된 축복이자 보다 성장할 수 있는(특히 부모 역할에 있어) 필요성을 알게 되는 계기가 될 수 있다.

중독 그 자체가 부정적 부모 역할의 원인이 되는 것은 아니다. 효과적인 자녀양육 기술의 부족은 중독 문제가 없는 가족에서도 흔하다. 하지만 많은 부모는 변화의 필요성을 느낄 수 있는 위기를 경험하지 않기 때문에 스스로 자녀양육 기술의 부족함을 인식하지 못할 뿐이다.

모든 곳에서 긍정적인 면 발견하기

중독자나 공동의존자 부모 밑에서 성장한 아이들은 극단적으로 비우호적인 환경을 경험한다. 이러한 상황은 긍정적일 수도 있고 부정적일 수도 있다. 우리는 이들이 겪는 고통스러운 경험이 별것 아니라고 말하는 것은 아니다. 하지만 많은 사람이 비우호적인 환경을 통해 배우고 성장한다. 어떤 이들은 동정심이나 영성 또는 다른 이들을 돕고자 하는 열망을 키워 가기도 한다. 어떤 이들은 부모의 실수를 반복하지 않겠다는 굳은 결심 속에서 어떻게 성공적인 삶을 살아갈 것인가를 배운다. 하지만 불행하게도 어떤 이들은 자신의 비우호적인 환경을 더 이상 성장하고 배우지 않는 것에 대한 핑계로 사용할 뿐이다. 그것은 어쩔 수 없이 일어나는 일이라기보다는 그렇게 결심한 것일 뿐이며, 이러한 결심은 우리의 삶의 방향을 결정짓는다. 환경이 열악할 때, 폭넓은 결정이 가능해진다. 누군가는 "삶은 불공평해. 나는 나 자신에게 미안해야 해. 난 어떤 것도 하지 않을 거야." 또는 "난 복수할 거야."라고 결심할 수도 있다. 또 누군가는 "삶은 도전할 수 있는 거야. 난 어떻게든 극복하고 말 거야."라고 결심할 수도 있다. 누군가는 운명의 희생자가 되기를 결심하고 누군가는 운명의 주인공이 되기를 결심하기도 한다.

어른의 태도는 아이의 태도에 영향을 미친다

당신이 죄책감과 수치심의 태도를 선택한다면 아마 당신의 자녀들 역시 당신과 같은 선택을 할 것이다. 당신이 희망과 낙관적 태도를 선택한다면, 당신의 자녀들도 마찬가지일 것이다. 자기 자신과 미래에 대한 당신의 태도는 당신의 자녀들이 어떤 선택을 하는가에 분명하고도 절대적인 영향력을 갖는다.

중독가정의 자녀들은 종종 자신과 타인에게 도움이 되지 않는, 누구도 행복할 수 없는, 생산적인 삶을 만들어 갈 수 없는 결정을 하곤 한다. 하지만 이 책은 모든 이가 새로운 결정을 할 수 있도록 기회를 제공한다. 이 책에서 우리는 희망과 가능성의 메시지를 전달할 것이다.

피해자 사고방식을 거부하기

새로운 결정을 하고, 태도를 변화시키고, 새로운 방향성을 갖는 데 있어 너무 늦은 때란 없다. 너무 많은 사람이 죄책감과 수치심의 늪에 빠져 피해자 사고방식을 선택한다. 이는 너무나 중요해서 몇 번을 반복해도 지나치지 않다. 우선 '피해자 사고방식(victim mentality)'이 무엇을 의미하는지 설명해 보자.

피해자 사고방식을 가진 사람들은 과거의 부당함에 초점을 맞추어 타인과 환경을 비난하면서 스스로를 피해자로 바라보는 데 많은 시간을 허비한다. 그들은 과거의 부당함과 환경 탓을 하며 자신의 삶에 대해 아무런 책임을 지지 않는다. 그들은 현재의 삶이 아닌 과거의 삶을 곱씹는 것으로 대부분의 시간을 보낸다. 피해자 사고방식을 가진 사람들은 문제에 대한 해결책보다는 원인에 초점을 둔다. 당신은 자신이나 자녀가 죄책감이나 수치심에 연연함으로써 피해자 사고방식에 사로잡히기를 원하지 않을 것이다. 그렇다. 당신은 당신의 중독이나 공동의존의 기간에 고통과 불신을 초래하였다. 하지만 회복은 실수를 통해 배워 나가야 하는 시간이며, 새로운 태도와 변화의 기술을 배우고 당신과 자녀의 관계에서 신뢰를 회복해야 하는 시간이다.

비록 중독의 후유증으로 인한 흉터가 여전히 많이 남아 있지만, 상황을 나아지게 만들 수 있는 유일한 방법은 변화를 시작하고 한 걸음씩 나아가는 것이다. 이를 통해 가장 큰 문제들조차 결국 사라지게 될 것이다.

우리의 낙관적인 태도는 중독이 자녀에게 미치는 파괴적 영향력을 과소평

가하는 것은 아니다. 중독가정의 자녀들은 방임과 학대, 비일관성과 실망, 외로움 속에서 살아왔다. 그들은 부모가 상황을 보다 낫게 만들기를 기다려 왔다. 자녀가 부모 역할을 대신해 왔던 가정의 경우, 부모가 갑자기 부모 역할을 하겠다고 나선다면 자녀들은 충격을 받을 수도 있다. 우선은 그들이 스스로의 리더십을 포기하기 어려워 저항을 보일 수 있지만, 결국 자녀들은 다시 어린아이로 돌아가서 유년기를 가질 수 있는 것을 더 좋아할 것이다. 이 책에서 우리는 변화에 저항하는 자녀들을 어떻게 도울 수 있을지에 대해 이야기할 것이다. 당신이 이를 이해하게 되면, 당신은 자녀들이 보이는 저항에 실망하지 않고 더 장기적인 목적을 향해 나아갈 수 있을 것이다.

효과적인 부모 역할의 장기적인 목적이 완벽함을 의미하는 것은 아니다. 성장하는 과정은 전진과 후퇴를 포함한다. 당신이 비록 후퇴를 하고 있다 하더라도 장기적인 목적을 마음속에 계속 간직하는 것은 용기를 필요로 한다. 우리를 포함해 그 누구도 전진과 후퇴, 성장, 실수와 실수를 통한 학습, 향상과 퇴행 그리고 또 다른 전진을 피해 갈 수 없다.

당신이 후퇴나 퇴행을 경험할 때 너무 좌절하지 않아야 한다(물론 얼마간의 좌절은 자연스러운 것일지라도). 좋아졌다 나빠졌다 하는 것은 정상적인 것임을 아는 것이 도움이 될 것이다. 한 발씩 나아간다는 것은 완벽함이 아닌 향상을 의미하는 것이며, 실수를 배움의 기회로 바라보는 것이다.

누군가는 책임감이 있는 사람이라면 실수를 하지 않아야 한다고 말할 것이다. 하지만 책임감 있는 사람에 대한 우리의 정의는 스스로의 실수에 대해 책임지고, 실수를 통해 배우며, 가능하다면 그로 인한 손상을 바로잡을 수 있는 사람이다.

배움의 기회가 되는 실수

죄책감과 수치심의 근원에는 실수에 대해 우리 사회에서 오랫동안 만연해 있던 미친 생각이 있다. 워크숍에서 우리는 다음과 같이 질문한다. "당신은 실수에 대해 어떻게 생각하십니까?" 이에 대한 전형적인 답변은 다음과 같다.

"실수는 나쁜 것입니다."

"실수는 해서는 안 되는 것입니다."

"만일 당신이 실수를 한다면 당신은 어리석고 나쁘며 부적절한 사람이거나 또는 실패자입니다."

"만일 당신이 실수를 한다면 아무도 모르게 해야 합니다. 만일 그들이 당신이 실수한 것을 알게 된다면, 그것은 진실이 아니라고 변명을 해야 합니다."

우리는 실수에 대한 이러한 생각을 미친 생각이라고 부른다. 왜냐하면 이러한 생각은 자존감에 상처를 주고 우울과 좌절을 야기하기 때문이다. 좌절감은 배움과 성장을 어렵게 만든다. 우리는 실수를 하고 그것을 덮기 위해 더 큰 실수의 나락으로 빠지는 사람들을 본 적이 있다. 또한 자신의 실수를 인정하고 그에 대해 사과하고, 그로 인해 발생한 문제들을 해결하기 위해 노력하는 사람들을 본 적도 있다.

실수에 대한 당신의 미친 생각을 바꾸는 것은 도움이 된다. 그리고 자녀들에게 실수는 새로운 것을 학습할 수 있는 굉장한 기회가 됨을 알려 줄 수 있다. 모든 사람은 실수를 한다. 그렇기에 실수를 부족함의 증거가 아닌 배움의 기회로 바라보는 것이 보다 건강한 방법이다. 실수에 대하여 비난과 죄책감, 수치심으로 반응하는 사람들은 자녀들에게 피해자 사고방식을 강요하게 된다. 일단 피해자 사고방식을 갖는 것이 얼마나 위험한지, 그리고 실수를 배움의 기회로 바라보는 것이 얼마나 중요한지 이해하게 된다면 당신은 과거를 다른 시선으로 보게 될 것이다. 이는 당신의 일보 전진에 도움이 되는 작은 변화이다.

다음의 사례는 미라 씨가 어떻게 회복을 시작하고 자신과 가족의 치유를 위한 단계를 밟아 나갔는지 보여 준다. 미라 씨는 중독으로 인한 위기가 불행으로 위장된 축복이었음을 알게 되었다. 보다 나은 자녀양육 기술의 필요성을 느끼게 되었을 때, 그녀는 우리가 이야기했던 많은 변화를 위해 노력했다. 미라 씨의 사례를 통해 그녀가 어떻게 피해자 사고방식을 포기하고 변화에 대한 저항에 직면했는지 알게 될 것이다. 회복의 과정이 전진과 후퇴를 반복하는 과정임을 받아들임으로써, 미라 씨는 중독의 흉터를 하나씩 치유해 나가기 시작했다.

도움 받기

미라 씨와 태오 씨는 두 딸인 백희(9세)와 세리(6세)를 키우며 교외의 작은 집에 사는 맞벌이 부부이다. 미라 씨는 간호사이고 태오 씨는 영업사원이다. 미라 씨는 근처에 여동생이 살고 있고 태오 씨의 가족은 동부에 살고 있다.

하루는 미라 씨와 이웃이 커피를 한잔 하고 있었다. 이웃은 미라 씨가 땀을 흘리고 몸이 떠는 것을 알아차렸다. 그녀는 미라 씨의 상태가 얼마나 심각한지 알고 있었으나 어떻게 해 주어야 할지는 알지 못해 가까운 중독치료 센터에 근무하는 간호사 친구를 불렀다. 간호사는 미라 씨가 대마초 금단 증상을 겪고 있음을 알아차렸고, 즉시 치료 프로그램에 참여하도록 하였다.

미라 씨는 자신이 더 이상 감당할 수 없으며 만일 대마초를 중단하지 않으면 감옥에 가게 될 것임을 알았다. 그래서 외래치료를 통해 회복을 시작할 수 있도록 도와주는 친구가 있다는 것에 안심했다.

미라 씨는 외래치료를 시작하기 전에 자신의 삶이 비참했다고 말했다. 언제나 절벽 끝에 서 있는 듯했고, 변덕스러운 두려움을 가지고 계속되는 거짓말을 해야만 했다. 그녀는 대마초를 피우고 있었다. 대마초를 피우던 기간은 그녀의 삶에서 최악의 시간이었다. 그녀는 심지어 임신했을 때나 환자를 간호하던 때에도 몰래 대마초를 사용하였다. 밤새도록 모임을 즐겼고, 이 때문에 다음 날 출근을 못하거나 아이들을 학교에 데려다주지 못하는 경우가 많았다. 그녀는 친구에게 아이들을 부탁하기 위해 끊임없이 핑계를 만들어 대고 꾀병을 부리곤 했다. 그녀는 아이들에게 항상 화가 나 있었고 안절부절못했으며 자주 변덕을 부렸다. 만일 아이들이 뭔가 흘리거나 하면, 어떤 때에는 괜찮다고 하고 또 어떤 때는 소리를 질러 댔다.

회복을 시작하면서 미라 씨는 죄책감에 사로잡혔다. 그녀는 그동안 자신이 너무 많은 잘못된 선택을 해 왔기에 아이들을 위해 어떠한 선택도 할 권리가 없다고 느꼈다. 결국 남편이 자녀양육에 대한 모든 책임을 지게 되었다. 미라 씨는 두려움에 사로잡혀 남편인 태오 씨에게 한 주 휴가를 내고 아이들을 돌봐 달라고 부탁했다. 회복을 시작한 첫 주 내내 그녀는 부모로서는 물론 한 사람으로서도 제대로 기능할 수 없었다. 미라 씨에게는 현재 그녀의 상태에서 새롭게 시작하는 것이 중요했다. 그녀는 도움이 필요했고, 혼자서 모든 것을 해 나갈 수 없었다. 하지만 다른 가족들 역시 도움이 필요한 상태였다. 치료 센터의 상담자는 그녀가 치유과정을 시작한 것만으로 충분하며, 다른 가족들도 센터에서 제공되는 지지집단에 참여하기를 권유하였다. 태오 씨는 가족 자조집단(Narc-Anon)에 참여하여 자신의 공동의존 문제를 생각해 보기로 결심하였다. 백희와 세리는 자녀집단에 참여하여 그들의 가족에게 일어났던 일에 대해 보다 많은 것을 배우기 시작하였다.

정직과 정보

부모는 어떤 일이 일어났는가에 대하여 자녀들 앞에서 정직할 필요가 있다. 자녀들이 중독에 대한 정보를 얻을 수 있는 가장 좋은 방법은 교육을 통해서이다. 미라 씨와 태오 씨는 그들의 두 딸을 알코올 중독이나 약물중독, 공동의존 등에 대해 배울 수 있는 자녀집단에 데리고 갔다. 그들 가정에서 일어난 일에 대한 정보는 자녀들에게 안도감을 줄 수 있다. 자녀들은 자신이 문제가 아니라 가족이 문제를 갖고 있으며 그렇기에 그들이 그 문제를 해결해야 할 책임을 갖는 것이 아님을 알게 된다.

비중독자 부모는 공동의존과 조력행동으로 중독이라는 문제에 어떻게 기여했는가에 대해, 그리고 어떻게 문제의 해결과 회복에 동참할 수 있는지에 대해 정직해지는 것이 도움이 된다. 태오 씨는 자신의 공동의존 문제에 대해 살펴보기 시작했고, 회복을 위해 자조의 도움을 받았다.

미라 씨는 외래치료 프로그램의 상담자와 함께 자신의 과거를 탐색하는 고통스러운 과정을 시작했다. 그녀는 자신이 대마초에 취해 두 딸을 학대하였고 불안정한 환경을 만들었음을 알게 되었다. 미라 씨는 백희가 밤에 악몽을 꾸는 것이 불안정감 때문임을 알았다. 백희는 밤에 자러 가지 않고 엄마가 괜찮은지를 계속해서 확인하곤 했다. 세리는 소음에 대해 과민 반응을 보이거나 사람에게 집착하는 행동으로 자신의 불안정감을 드러낸다. 그녀는 부모가 집을 나가 차고로 걸어가기만 해도 극도의 불안을 보이곤 했다. 백희와 세리는 자신의 감정을 말로 표현하지는 못했지만, 가족의 스트레스와 부모에게 나쁜 일이 일어날지 모른다는 두려움을 계속해서 느끼며 살고 있었다.

백희와 세리는 몇 번의 방임을 경험했다. 태오 씨는 미라 씨에 대한 걱정에 빠져 두 딸을 방임하였다. 그리고 미라 씨는 두 딸의 부모 역할을 하기에는 대마초에 심하게 빠져 있었다. 그녀는 부모로서 아이들을 위한 질적인 시간이나 다른 어떤 것들을 해 줄 수 없었다. 백희와 세리는 자신들의 생존에 도움이 될 만한 행동을 선택했다. 한 명은 밤에 부모를 바쁘게 하였고, 다른 한 명은 과도하게 민감한 반응을 보임으로써 부모의 관심을 받고자 하였다.

미라 씨는 자신의 중독과 자녀 방임에 대해 죄책감을 느꼈다. 그녀는 자신의 행동에 대해 자신을 비난했다. 미라 씨에게 가장 큰 고통은 대마초 사용 중단이 문제의 종결을 의미하는 것이 아니라는 것이다.

단주는 시작일 뿐이다

많은 사람은 술이나 약물 사용을 중단하는 순간 모든 문제가 해결될 것이라고 생각한다. 부족한 삶의 기술이나 일상의 문제들은 중독이라는 문제에 의해 쉽게 가려진다. 예를 들어, 미라 씨와 태오 씨는 중독의 문제가 발생하기 전부터 이미 부모로서의 역할을 수행하기에 기술이 부족하였다. 미라 씨가 대마초를 중단하고 태오 씨가 공동의존 행동을 멈춘다고 해서 그들이 바로 완벽한 부모가 될 거라는 것은 말도 안 되는 생각이다.

미라 씨가 대마초를 피우지 않자, 그녀가 가진 다양한 삶의 문제가 표면으로 떠오르기 시작했다. 그녀는 자신뿐 아니라 주변 사람에 대한 과도한 기대와 통제라는 문제를 갖고 있었다. 미라 씨는 완고한 완벽주의자로 과도한 부담을 안고 살아왔다. 그녀는 자신이 완벽한 부모가 되지 못할 거라면 차라리 부모가 되지 않는 것이 낫다고 생각하였다. 그녀는 두 딸이 숙제를 해 놓지 않거나, 좋은 성적을 받아 오지 못하거나, 서로 사이가 좋지 않으면 항상 화가 났다. 다행히 중독에서 회복하면서 미라 씨는 다른 모든 사람과 마찬가지로 자신이 자녀 양육 기술을 갖고 태어나지 않았으며 이를 배울 필요가 있다는 것을 알게 되었다. 그녀와 태오 씨는 부모를 위한 긍정훈육 프로그램에 참여하였다.

부모교육에 참여하는 것은 회복의 과정을 더욱 촉진시킨다

사람들은 모든 역할에 대해 교육이 필요하다는 것을 인정하면서도 유독 부모 역할에 대해서만큼은 교육이 필요하다는 것을 알지 못하는 경우가 많다. 너무나 많은 사람이 부모는 '자연스럽게' 되는 것이라고 생각한다. 하지만 부모교육이야말로 정말 중요한 교육이다. 부모를 위한 긍정훈육 프로그램을 통해 수많은 부모가 커다란 변화를 경험하였다. 특히 중독으로 자녀에게 부정적 영향을 미쳤으나 회복과정에서 이로 인한 상처를 치유하고 행복한 삶을 위해 노력하는 부모의 경우 부모교육의 중요성은 더욱 커진다.

회복을 시작하고 부모교육을 받기 이전에 미라 씨와 태오 씨는 두 딸에게 매우 부정적인 영향을 미쳤다. 예를 들어, 백희가 밤에 자러 가려 하지 않을 때, 미라 씨와 태오 씨는 아이를 억지로 방으로 데리고 갔다. 백희가 계속 방에서 나오려고 하자 방에서 나오지 말라며 소리를 쳤다. 그들은 부모를 위한 긍정훈육 프로그램에서 '단순함 유지 기술(keep in simple skills)'을 배웠다. 이는 두 딸과의 관계를 나아지게 할 뿐 아니라 백희와 세리가 긍정적이고 협조적인 행동으로 가족 내에서 소속감을 갖도록 하는 데 도움이 되었다. 그들은 두 딸과 잠자리 규칙을 함께 세웠고, 이를 지키도록 명령하기보다는 "너희가 다음에 해야 할 일은 무엇이지?"라고 물어봄으로써 두 딸이 그것을 스스로 지켜 나갈 수 있도록 도왔다. 이 단순한 기술(아이들과 규칙을 만들고 이를 지키도록 명령하기보다는 물어보기)은 아이들이 자신의 역량을 키워 나가는 데 매우 도움이 되었다. '물어보기(asking)'가 효과적이지 않을 때 사용할 수 있는 또 다른 간단한 기술이 있다.

간단하게 말하기

미라 씨와 태오 씨는 장황하게 말하는 대신 간결하고 명료하게 말하는 법을 배웠다. 그 후 백희가 또다시 잠자리에 들어야 할 시간에 방에서 나오려고 하자, 그들은 "지금은 자야 할 시간이야. 방으로 돌아가야지."라고 말했다. 첫날 밤에 백희는 방에서 세 번을 나왔다. 하지만 그때마다 그들은 화를 내는 대신이 말을 따뜻하고 분명하게 반복하였다. 그들이 다투고 화를 내는 것을 멈추고 이 간단명료한 말을 반복하였을 때, 백희는 마침내 방으로 돌아가 잠이 들었다. 미라 씨와 태오 씨는 이 문제로 인한 스트레스를 덜 받으면서 보다 희망을 갖기 시작했다.

존중해 주기

미라 씨와 태오 씨는 두 딸의 다툼을 어떻게 해결할 것인지에 대해서도 배웠다. 약물을 사용할 때, 미라 씨는 두 딸의 다툼을 지켜볼 만큼의 인내력이 없었다. 백희와 세리가 다툴 때면 미라 씨는 두 딸에게 소리를 지르곤 했다. 이제 미라 씨와 태오 씨는 두 딸을 존중하는 방식으로 그들의 다툼을 다룰 수 있게 되었다. 그들은 자신들과 두 딸을 존중하는 방식으로 문제를 해결하고자 했다. 두 딸이 다툴 때면 미라 씨는 "나는 너희가 싸우는 소리를 듣고 싶지 않아. 만일 계속 그렇게 싸울 거면 다른 곳으로 나가서 싸워 주었으면 좋겠어."라고 말하기로 하였다. 만일 딸들이 이를 거부하면 그녀는 부드러우나 단호하게 반복할 것이다. "밖에서 싸움을 끝내고 오면 좋겠어."

개인차 인정하기

미라 씨와 태오 씨는 두 딸의 개인차를 알고 존중해 주는 것이 중요하다는 것을 배웠다. 가족회의를 통해 그들은 가족 모두가 각각 지켜야 할 개인 시간표를 함께 작성하였다. 그들은 잠자리에 들 시간에 대해 의논하였고, 백희가 언니이기 때문에 세리보다는 좀 더 늦게 잠자리에 드는 것에 대해 동의하였다. 세리는 언니보다 먼저 자러 가야 하는 것에 대해 불평하였으나, 태오 씨는 "언니도 네 나이 때에는 일찍 잠자리에 들었어. 네가 언니만큼 크면 너도 조금 더 늦게까지 있어도 된단다."라고 말해 주었다. 백희와 세리는 각자 자신이 존중받는다는 느낌을 가졌으며, 그들의 다툼은 점점 줄어들었다.

선택권 주기

미라 씨는 아이들에게 선택권을 줄 때 보다 협조적인 태도를 보인다는 것을 알게 되었다. 이전에는 아이들에게 명령을 하는 것이 오히려 저항을 불러온다는 것을 알지 못했다. 지금은 이렇게 말하는 것이 오히려 효과적이라는 것을 알게 되었다. "너희 7시 30분에 TV 끌 거니, 아니면 8시에 끌 거니?" 미라 씨가 처음 이런 선택권을 주었을 때, 세리는 "나는 TV를 끄고 싶지 않아."라고 답했다. 그때 미라 씨는 부드러우나 단호하게 "그것은 네가 선택할 수 있는 것이 아니야. 너는 7시 30분과 8시, 아니면 지금 당장 TV를 끄는 것 중에 하나를 선택할 수 있어."라고 말했다.

또 다른 선택권도 주어졌다. "아침에 학교 갈 준비를 하는 데 시간이 얼마나 걸릴지 생각해 보자. 내가 깨워 줄 건지, 아니면 알람 맞춰 놓고 일어날지를 선택할 수 있어." "좀 일찍 준비해서 내가 태워다 줄까, 아니면 천천히 준비하고 걸어갈래?" "숙제를 학교 갔다 와서 바로 할래, 아니면 저녁 식사 후에 할래?" 자녀들이 좀 더 큰 후에는 보다 폭넓은 선택이 주어질 수 있다. "숙제를 해 갈까, 아니면 숙제를 안 했을 때 어떤 결과가 생기는지 경험해 볼까?"

선택권은 자녀와 합의하여 이루어지는 것이 가장 바람직하다. 자녀에게 처벌이 아닌 그들이 정해진 규칙을 지키지 않아서 선택권을 제한적으로 갖게 됨을 알게 한다. 선택권을 준 것이 별로 효과적이지 않아도 미라 씨는 이를 실패로 보지 않았다. 대신 그녀는 자녀에 대한 존중의 태도를 유지하면서 그들이 함께 정했던 규칙과 약속을 다시 한 번 간단하고 명확하게 알려 주었다. 때로는 이러한 문제를 해결하기 위해 자녀들과 대화를 시도하기도 하였다. 부모교육에 참여한 것은 완벽함과 실수에 대한 그녀의 생각을 변화시키는 데 도움이 되었다.

실수에 대한 태도를 바꾸기

미라 씨는 실수가 새로운 배움과 성장의 멋진 기회가 된다는 것을 알게 되어 좋았다. 이를 통해 완벽함이 아닌 과정에 초점을 맞출 수 있게 되었다. 또한 회복의 과정에서 모든 것을 지금 당장 변화시켜야 한다는 압박감을 내려놓고, 미래에 대한 더 많은 희망을 갖는 데도 도움이 되었다.

회복 이전에 그녀는 아이가 실수를 하고 그로 인해 상처 받는 것을 어떻게든 막아야 한다고 생각했다. 그녀는 실수는 용납되지 않는 것이라는 믿음 속에서 성장해 왔다. 물론 그녀 역시 많은 실수를 하였지만, 이러한 실수를 숨기는 데 급급했다. 부모교육을 통해 그녀는 실수에 대한 자신의 태도가 도움이 되지 않음을 알게 되었다. 그녀는 실수에 대한 이러한 태도 때문에 자신이 교활함과 실수를 덮으려고만 하는 삶의 방식을 갖게 되었음을 알게 되었다. 그녀는 자녀들이 자신의 이러한 삶의 방식을 되풀이하는 것을 원하지 않았다.

실수를 덮고자 하는 노력은 결국 사람들로부터의 고립을 야기한다. 실수를 숨기고자 했을 때, 우리는 이를 통해 아무런 변화를 가져올 수 없고 아무것도 배울 수 없다. 실수를 피하고자 하는 노력은 완고하고 두려움 가득한 사람을 만들 뿐이다. 하지만 우리는 모두 인간이기에 실수를 하고, 이러한 실수를 통해 뭔가를 배우고 노력하게 된다. "좋은 판단은 경험에서 나오고, 경험은 잘못된 판단에서 나온다."라는 말처럼, 미라 씨는 아이의 실수를 막기 위한 노력이 아이들의 성장과 배움의 기회를 막을 뿐이라는 것을 알게 되었다.

때로 실수는 사람들의 어떤 변화를 요구하기도 한다. 미라 씨는 부모를 위한

긍정훈육 프로그램에서 '회복의 3R'에 대해 배웠는데 이를 자신의 실수에 대해
두 딸에게 사과하는 방법으로 사용해 보고자 하였다.

실수로부터 회복하는 회복의 3R
① 비난과 수치심 대신 책임감을 가지면서 실수를 인정하기(Recognize)
② 실수로 인해 타인에게 끼친 피해에 대해 사과함으로써 화해하기(Reconcile)
③ 해결책을 모색함으로써 문제를 풀어 나가기(Resolve)

미라 씨는 백희와 세리에게 "내가 약물에 취해 있을 때 너희에게 소리 치고
너희를 방치했어. 그건 나의 실수야. 나는 약물에 빠져 있었고, 약물이 나에게
더 많이 중요했어. 내가 정말 미안해."

딸들이 말했다. "그건 괜찮아요, 엄마."라고 말했다(부모들이 자신의 잘못을
인정하지 않을 때 자녀들은 매우 화를 내지만, 부모들이 자신의 잘못을 인정하고 책임
지고자 할 때 대부분의 자녀는 부모를 용서한다).

미라 씨는 "그건 괜찮지 않아. 하지만 나는 너희가 나를 기꺼이 용서해 준 것
에 대해 고맙게 생각해. 덕분에 나도 나를 용서하는 데 도움이 되었어. 이제 우
리는 나의 중독으로 인해 생겨난 많은 문제를 함께 해결해 나가야 할 거야. 우
리 가족에게 일어났던 이 문제들을 해결해 나가는 데 너희도 나를 도와줄 수
있겠니?"라고 말했다.

두 딸은 대답했다. "물론이지요."

미라 씨는 "문제를 해결하는 데 시간이 걸릴 거야. 문제가 한두 가지가 아니
거든. 그래서 나는 한 주에 한 번씩 가족회의를 하는 게 어떨지 제안하려고 해.
너희는 어떠니?"라고 말했다.

백희가 "가족회의가 뭐예요?"라고 물었다.

미라 씨는 "내가 냉장고에 빈 종이를 붙여 놓을 거야. 우리 중 누구라도 함께 의논하거나 해결하고 싶은 문제가 있으면 그 종이에 쓰면 되는 거야. 가족회의 에서 우리는 거기에 적혀 있는 주제에 대해 함께 이야기를 나눌 거야. 그리고 모든 가족회의는 칭찬과 감사로 시작하게 될거야. 서로의 좋은 점을 보고 이를 말해 주는 것으로 매번의 회의를 시작하게 되는 거지."라고 대답했다.

백희와 세리는 흥분해서 소리를 질렀다. "너무 멋져요. 그렇게 해요." (가족 회의에 대해 좀 더 자세히 알고 싶다면 7장을 참조하라.)

미라 씨와 태오 씨는 아이들과 가족회의에서 의사소통을 하고 함께 문제를 해결해 가면서 자신들의 삶이 보다 단순해지는 것을 느꼈다. 미라 씨는 '왜 나 는 모든 것을 혼자 해결하려고 했을까?'라고 생각하였다. 이러한 기술들을 배 우면서, 미라 씨는 회복을 통해 중독을 경험하지 못한 삶이었다면 미처 알지 못했을 너무나 멋진 치유와 성장의 기회를 가질 수 있음을 알게 되었다.

완벽함이 아닌 성장을 위한 노력

미라 씨와 태오 씨는 '단순함을 유지할 것' 그리고 '한 단계 한 단계 성장할 것'을 자신들의 슬로건으로 삼았다. 완벽주의에 얽매이는 대신, 성장을 위한 작은 노력을 하기로 했다. 완벽함을 추구하는 것은 현실적으로 불가능한 목표 이기 때문에 결국 좌절로 이어진다.

완벽함을 기대하는 것은 실패를 전제로 한다. 완벽함은 인간의 본성에 위배 되는 것이다. 이는 반드시 패하는 싸움이며, 고통과 스트레스를 줄 뿐이다. 사

실 많은 사람은 자신이 완벽한 사람이 아니라는 이유로 갖게 되는 낮은 자기가
치감의 고통을 피하기 위해 중독에 빠져들게 된다. 회복을 하고 자녀양육 기술
을 배워 가는 과정을 통해 변화와 성장에 대한 현실적인 이해를 가질 수 있고,
이는 중독에 빠져 있던 이전보다 나아질 수 있는 기회를 제공한다.

　중독가정의 많은 자녀는 유년기를 빼앗긴다. 부모가 변화를 위한 노력을 할
때 그들은 자신의 유년기를 되찾을 수 있다. 당신이 성장에 초점을 맞춘다면
거기에 끝은 없으며 단지 계속해서 살아가야 하는 삶이 있음을 받아들이게 될
것이다. 당신이 지금 있는 그곳에서 시작하라. 그리고 한 발짝씩 나아가며 단
순함을 유지하라. 이러한 태도를 통해 매일매일은 당신에게 새로운 성장의 기
회가 되어 줄 것이다.

완벽함이 아닌 성장을 위한 노력

정서적 정직을 통해
친밀감과 신뢰를 쌓으라

정서적 정직(emotional honesty)은 중독으로 인한 상처를 치유하고 친밀감과 신뢰를 구축하는 데 아주 많은 도움을 준다. 당신이 부모로서의 역할을 잘해 가고 자녀와 신뢰를 쌓고자 할 때 단 하나만을 배워야 한다면 그것은 바로 정서적 정직일 것이다.

정서적 정직은 당신을 있는 그대로 수용하고, 당신의 생각대로 생각하고, 당신의 느낌대로 느끼면서 이를 다른 사람과 있는 그대로 소통하는 것이다. 당신이 당신 자신을 받아들일 때, 자녀들 역시 있는 그대로의 자기 자신으로서 느낀 대로 행동하고, 자신의 감정에 솔직하게 다른 이들과 소통할 것이다.

감정은 자동차의 경고등처럼 우리에게 매우 중요한 정보를 제공한다. 운전을 할 때 경고등이 켜진다면 당신은 그에 주목하게 될 것이다. 그리고 무엇이 잘못되었는지 확인해 그것을 고치려 할 것이다. 당신은 "이건 잘못된 거야. 이렇게 켜지면 안 되지."라고 말하지는 않을 것이다. 즉, 문제가 생긴 것에 대해 두려워할 것이 아니라 얼른 현실을 받아들이고 문제를 해결하기 위해 서둘러야 한다.

어떤 사람들은 자신의 감정을 '그렇게 느껴서는 안 되는 것'이라 생각하기 때문에 있는 그대로의 감정을 받아들이고 싶어 하지 않는다. 또는 감정에 대해서 어떤 것도 할 수 있는 것이 없기 때문에 차라리 모른 척하는 것이 낫다고 생각하기도 한다. 이는 자동차는 아무런 문제도 가져서는 안 되기에 자동차의 계기판을 안 보이도록 덮어 버리겠다는 것과 같다. 자신의 감정을 빨리 수용하면 할수록 더 빨리 대처할 수 있다. 당신은 하루 종일 침대에서 쉬거나 친구에게 말하거나 도움을 요청할 수도 있다. 감정을 수용하고 받아들이는 것은 당신이 감정에 대해 어떻게 대처하는가보다 훨씬 더 중요하다.

당신의 자녀가 화가 나서 이를 표현할 때, 그것을 잘못이라고 하거나, 그들의 감정을 외면하거나, 바꿔 주려 하는 대신 그것을 더 빨리 들어 주면 줄수록 가족과의 신뢰를 구축해 가기가 훨씬 쉬워진다. 우리는 그렇게 하는 것이 쉽지 않음을 알고 있다. 분노에 직면할 때, 대부분의 사람은 방어하거나, 설명하거나, 바꿔 주려 하거나, 공격적인 태도를 취하기 쉽다. 특히 가족 간의 불신을 경험했던 이들이라면 감정을 받아들이는 것은 더욱 어려울 수 있다.

부모가 회복하기 시작한다 하더라도 자녀들은 부모가 자신을 위해 옆에 있어 준다는 것을 믿기까지 시간이 좀 필요하다. 회복 중인 부모들은 자녀가 경험한 고통스러운 시간에 대해 이야기 나눌 수 있는 힘든 시간을 준비해야 하고 또한 용감해져야 한다. 신뢰를 쌓아 가기 위해서는 시간과 함께 부모의 일관성 있는 부모 역할이 필요하다. 부모가 변화할 때, 이러한 변화를 신뢰하기까지 자녀들에게는 시간이 필요하다.

때로 부모들은 정서적 정직을 통해 자녀와의 신뢰를 회복하고자 노력하는데 자녀들이 이에 대해 분노로 대응함으로써 좌절하곤 한다. 하지만 이는 변화의 초기 단계에서 자연스럽게 나타날 수 있는 반응이며, 죄책감과 수치심에 다시 빠져들지 않도록 해야 한다.

죄책감에 빠져 있는 것은 아무런 도움이 되지 않는다. 이러한 태도는 자녀에게 부모의 기분을 나아지게 하기 위해 뭔가를 해야만 할 것 같은 느낌을 갖게 함으로써 오히려 문제를 복잡하게 만든다. 죄책감은 변화를 회피하는 핑계로 자주 쓰인다. 회복 중인 사람이 죄책감과 수치심을 느끼는 것은 어쩌면 당연하다. 이러한 죄책감과 수치심을 다루는 가장 좋은 방법은 정서적으로 정직한 태도를 취하여 이러한 감정을 표현하고, 사과하고, 앞으로의 해결책을 모색하는 것이다. 정혁 씨 가족의 이야기는 정서적으로 정직하지 못한 사람들의 불건강한 패턴을 잘 보여 준다.

정혁 씨는 알코올 중독자이다. 그는 자신의 감정을 회피하기 위해 술을 마셨다. 정혁 씨가 이전에도 자녀들에게 술을 꼭 끊겠다고 다짐했고, 아이들은 희망을 가졌다. 하지만 그는 곧 다시 술을 마시기 시작하였고 자신의 약속을 까맣게 잊어버렸다.

아이들이 단주 약속을 깬 아빠로 인한 상처와 실망감(정서적 정직)을 표현하였을 때, 정혁 씨는 아이들에게 은혜도 모르고 귀찮게 한다며 화를 내고 소리를 질렀다. 그래서 아이들은 자신의 감정을 수용하고 표현하는 대신 자신의 감정을 묻어 버렸다(정서적 부정직). 아이들은 정혁 씨를 신뢰하지 못했고, 그에게 가까이 다가가지 않았다.

정혁 씨는 식탁을 주먹으로 내리치며 아이들이 자신을 거부하는 것에 대한 무자비한 비난을 했다. 아이들은 울기 시작했고, 정혁 씨는 아기같이 굴지 말라며 아이들을 방으로 보내 버렸다.

대부분의 중독가정이 그렇듯, 정혁 씨의 가족은 정서적 정직이 수용되지 않는 가족이었고, 정혁 씨는 아이들과의 부정적 의사소통 패턴을 지속했다. 아이들에게 감정을 표현하는 것은 허용되지 않았다. 아이들의 생각과 질문 그리고 의견은 존중되지 않았다.

실수에 대한 보수적인 관념을 갖고 있던 정혁 씨는 부모로서 실수를 저지른 자신에 대해 나쁜 부모라는 생각을 갖고 있었기 때문에 정직하지 못한 태도는 더욱 심화되었다. 그는 누구나 실수를 저지를 수 있으며 언제든 실수를 만회할 수 있는 기회가 주어져 있음을 알지 못했다. 정혁 씨는 실수를 덮고자(부정직) 했을 뿐, 실수를 인정(정직)하려 하지 않았다.

과거의 치유를 위해 정서적 정직을 사용하라

정혁 씨가 자신은 알코올 중독자이며 알코올에 무력했음을 인정하게 되면서 성장의 과정은 시작되었다. 이는 그가 정서적 정직으로 나아가는 첫 단계이기도 했다. 정혁 씨는 음주를 중단하고 AA모임에 참석하기 시작하였다.

정혁 씨는 단주를 하고 있음에도 불구하고 아이들과의 관계에서는 별다른 변화가 없었다. 진실을 마주하는 것이 너무나 힘들었지만, 그는 자신이 아이들과 최악의 관계에 있음을 알고 있었다. 비록 어떻게 해야 하는지 알 수 없었지만 이러한 인식을 통해 정혁 씨는 아이들과 신뢰를 다시 쌓아 갈 수 있게 해 주는 정서적 정직으로 한 걸음 나아갈 수 있었다.

변화의 과정을 시작하기

정혁 씨는 자신의 감정을 온전히 느끼고 이를 정직하게 표현할 수 있도록 도와줄 지지집단을 찾았다. 하지만 평생을 정서적으로 정직하지 못한 삶의 패턴으로 살아왔던 정혁 씨에게는 이것이 쉬운 일이 아니었다. 그는 정서적 정직을 위해 필요한 그 무엇도 배운 적이 없었다. 그는 그의 가족과 마찬가지로 감정을 철저히 외면하며 살아왔다. 그의 가족은 말하지 않고, 느끼지 않고, 신뢰하지 않아야 생존할 수 있다고 여기며 살아왔다.

이러한 오래된 습관을 바꾸는 것은 쉽지 않았다. 하지만 정혁 씨는 "나는 할 수 있어. 그리고 아직은 늦지 않았어."라고 스스로 되뇌었다. 아이들과의 신뢰를 다시 쌓기 위해서는 매일매일 12단계 프로그램을 실천하고 정서적 정직을 유지하기 위한 연습을 해야 한다는 것을 깨달았다.

지지집단의 리더는 그들이 자녀와의 관계가 어려우며, 관계 개선을 위한 새로운 기술을 배우고자 하는 바람이 변화의 첫걸음임을 말해 주었다. 리더는 눈에 띄는 변화가 없더라도 스스로 자학하기보다는 그렇게 노력하고 있는 자신에 대해 칭찬하라고 정혁 씨를 격려하였다. 시간이 걸리는 것은 너무나 당연한 일이었다. 정혁 씨의 아이들은 부모로 인해 너무나 깊이 상처를 입어 왔고, 이를 부모에게 되갚아 주고 싶어 했다.

정혁 씨는 집단 리더의 말이 옳았음을 알게 되었다. 모든 것이 빨리 변화되기를 바랐지만, 아이들에게 다가가고 아이들의 삶에 관여하고자 할 때마다 그는 아이들의 거부를 경험하였다. 그가 뭔가를 물어보면 아이들은 아무런 말도 하지 않거나 그를 소외시키고자 하였다. 아이들은 "아빠는 한 번도 우리를 돌봐 준 적이 없잖아요. 근데 이제 와서 왜 이러는 거예요?"라는 말로 정혁 씨를 죄책감에 빠지게 했다. 그의 분노가 폭발하면 아이들은 "아빠 미워요."라며 방으로 뛰어 들어가 문을 쾅 닫아 버렸다.

정혁 씨의 아이들이 이상한 것은 아니었다. 너무 오랜 시간 불신 속에 살아왔던 아이들은 아빠를 신뢰하기 위해, 그리고 자신의 감정을 신뢰하고 이를 표현해도 괜찮다는 것을 믿기까지 시간이 필요할 뿐이다.

중독가정의 자녀들은 대부분의 시간을 혼자 남겨진 채 보내고, 누군가 주변에 있다 하더라도 외로움을 느끼며 지낸다. 중독자인 부모가 아이들을 적절하게 돌봐 줄 수 있는 부모가 아니라는 것은 분명한 사실이다. 비중독자인 부모와 함께 살고 있는 경우라도 공동의존자인 비중독자 부모 역시 적절한 자녀양육을 할 수 없기에 자녀들은 여전히 방치된다. 공동의존자인 부모는 대부분의 시간을 자녀가 아닌 중독자에게 몰입해 있기 때문이다.

죄책감과 수치심을 벗어나 정서적 정직으로 가는 길은 한 걸음씩 나아가는 계속되는 과정이지 한 번의 변화로 끝나는 일회성의 이벤트가 아니다. 지지집단은 정혁 씨가 정서적 정직으로 가는 과정 중에 어려움을 경험한다 하더라도 이 과정을 신뢰하고 지속해 나갈 수 있도록 끊임없이 격려해 주었다.

정서적 정직의 과정을 다시 살펴보기

정혁 씨가 가장 먼저 배운 것은 자신의 감정이 무엇인지를 정의하는 방법이었다. 대부분의 사람은 자신의 생각을 말할 수 있지만, 자신의 감정이 무엇인지를 이야기하는 것은 어려워한다. 그들은 평가하고 판단하고 합리화하고 비교하느라 너무 바쁘다. 이런 것들은 생각의 영역이지 감정의 영역이 아니다.

감정은 생각과 다르다. 감정은 우리의 내면에서 일어나고 있는 무언가를 묘사한다. 감정을 활용하는 법을 배우게 되면 당신 자신에 대한 풍부한 정보를 얻게 될 것이다. 감정에는 좋고 나쁜 것, 옳고 그른 것, 적절하고 적절하지 않은 것, 타당하고 타당하지 않은 것이 없다. 감정은 그저 감정일 뿐이다.

처음으로 감정을 표현하고자 할 때 많은 사람이 힘겨워한다. 그들은 감정 단어 뒤에 '~한 것 같아요.' '마치 ~인 것처럼' 등의 단어를 붙인다. 이러한 단어들은 말하는 사람이 지금 감정이 아닌 생각을 말하고 있음을 의미한다. 예를 들어, "나는 내가 그 무엇도 제대로 해낼 수 없을 것 같다고 느껴요."와 같은 표현은 감정이 아닌 생각의 표현이다. "난 좌절감을 느껴요."와 같은 표현이 아무 것도 제대로 할 수 없을 것 같다고 생각될 때의 느낌을 표현한 것이다. 만일 당신이 감정 단어 뒤에 이런저런 말들을 붙이고 있다면 아마도 그것은 느낌이 아닌 생각의 표현일 것이다. 감정을 알아차리고 그것을 표현하는 것은 연습이 필요한 일이다.

감정은 대부분 한 단어로 표현된다는 것을 아는 것이 도움이 된다. 행복하다, 상처받았다, 편안하다, 무섭다, 배고프다, 졸리다, 화난다, 슬프다, 무력하다, 절망적이다, 분통 터진다, 당황스럽다, 즐겁다와 같은 감정 단어들이 그 예가 될 것이다. 감정을 표현하기 위해 감정 단어를 하나 이상 사용하고자 하는 당신을 인식할 때, 천천히 마음을 가라앉히고 당신의 감정을 잘 표현해 줄 수 있는 하나의 감정 단어를 찾아보는 것도 좋을 것이다. 당신이 자신의 감정을 느끼고 인정했다고 해서 당신이 원하지 않는 어떤 것을 해야만 하는 것은 아님을 알 필요가 있다. 가장 중요한 것은 당신의 감정을 알아차리고, 감정에 이름을 붙이고, 이를 다른 사람에게 표현하는 것이다.

정서적 정직을 위한 연습을 하다

정혁 씨는 자신이 감정에 대한 표현을 할 때 '~같은'이라는 말을 쓰곤 한다는 것을 발견했다. 아이들에게 이야기를 할 때 "난 거부당한 것 같은 기분이야."라는 식이었다.

정혁 씨는 자신에게 질문을 하기 시작했다. "나는 거부당했다는 생각이 들 때 어떤 느낌을 가지는가? 상처받나? 화가 나나? 두려운가? 아니면 무가치감을 느끼나?" 그러고는 아이들에게 이렇게 말하는 연습을 하기 시작했다. "나는 너희가 나를 미워한다고 소리치면서 방으로 뛰어 들어갈 때 상처를 받았어. 이제 서로에게 상처 주고 소리 지르는 대신 서로의 마음을 이야기했으면 해. 예전에 내가 너희들에게 소리 지르고 상처 준 걸 잘 알아. 그에 대해서 미안하게 생각하고 있어. 하지만 이제는 우리가 서로 노력해서 함께할 수 있는 새로운 방법을 배웠으면 해."

때로 아이들은 정혁 씨에게 "알았어요, 아빠. 그땐 우리도 너무 화가 났어요."라고 말하기도 했다. 때로는 한동안 방문을 걸어 잠근 채 방에서 나오지 않기도 했지만 그 외 대부분의 시간에는 비교적 정혁 씨와 잘 지냈다. 정혁 씨가 정서적 정직을 유지한 채 아이들과 자신의 감정을 나누고자 할 때, 아이들 역시 계속해서 아빠에게 상처 주는 행동을 하기는 쉽지 않기 때문이다.

정서적 정직을 위해 노력하는 과정에서 정혁 씨는 감정과 행동의 차이에 대해서도 이해하게 되었다. 분노를 터트리는 행동과 분노의 감정은 완전히 다른 것이었다. 많은 사람이 분노의 감정과 분노행동이 같은 것이라는 잘못된 생각을 갖고 있어 분노의 감정을 억누르고자 애쓴다. 분노를 터트리는 행동은 소리를 지르거나 비판하고 타인을 비난하는 것과 같은 비이성적인 행동으로 나타나는 경우가 많기 때문이다.

분노의 표현은 단순히 "나는 이 상황에 대해 화가 나."라고 말하는 것이다.

46

긍정훈육 2

정서적 정직을 통해 친밀감과 신뢰를 쌓으라

이러한 표현은 자기 자신은 물론 타인을 존중하면서도 충분히 표현할 수 있는 것이다. 분노로 인한 어떤 행동을 하고자 할 때, 가장 좋은 방법은 당신이 어느 정도 진정될 때까지 기다리는 것이다.

정혁 씨는 아이들과 한 약속을 지키지 못해 실망한 아이들을 보며 느꼈던 수치심을 감추기 위해 자신이 얼마나 자주 분노를 터트렸는지를 떠올렸다. 어떤 경우에는 화가 나지 않았음에도 아이들 앞에서 화난 척하기도 하였다. 그는 분노를 터트리는 행동이 상황을 좋게 만들 것이라는 착각을 하고 있었던 것이다. 어떤 경우에는 화가 났지만 마치 화나지 않은 척했던 때도 있었다. 화난 것을 드러내지 않으면서 다른 사람들이 자신이 얼마나 기분이 나쁜지 알아주기를 바랐기 때문이다. 이제 정혁 씨는 감정을 표현하지 않으면 그 누구도 자신의 마음을 알 수 없다는 것을 알게 되었다.

정서적 정직을 연습하면 할수록 감정에 정직해지는 것이 점점 더 수월해진다. 어떤 감정을 느꼈을 때, 감정에 이름을 붙이고 그것을 다른 사람과 나누었다. 정혁 씨는 자신의 생각을 말하는 법도 배웠다. 마음속에 떠오른 것을 그대로 말했다. 아이들도 그의 말을 더 잘 받아 주게 되었다. 그리고 아이들도 아빠를 통해 다른 이들과 감정을 나누는 법을 배워 나가기 시작했다. 그들은 아무런 판단 없이 감정을 공유함으로써 더 커진 친밀감과 신뢰를 느끼게 되었다. 정혁 씨와 아이들은 정서적 정직을 통해 깨어졌던 신뢰를 다시 쌓아 가기 시작한 것이다.

정서적 정직은 감정을 정의하고, 감정에 이름을 붙이고, 이를 아무런 판단 없이 나누는 것을 배우는 것임을 기억하라. 정서적 정직을 결심했다고 해서 쉽게 변화되는 것은 아니다. 아마도 정서적으로 정직하기 위해 노력하는 과정에서 여러 어려움을 경험하게 될 것이다.

정서적 정직의 위험

　우리는 취약함을 갖고 있고 우리 주변의 모든 사람이 훌륭한 청자는 아니기 때문에 정서적 정직을 유지하는 것이 때로 위험하게 느껴질 수 있다. 어떤 사람들은 당신의 감정에 대해 해결해 주거나 고쳐 주려 할지도 모른다. 또 어떤 사람들은 당신이 정직하게 감정을 드러냈을 때 방어적 태도를 취하거나 당신을 공격할 수도 있다.

　많은 사람은 당신이 감정을 나누고자 했을 때 그것이 단지 당신 자신에 대한 이야기가 아니라 그들에 대해 무언가를 말하고 있는 것이라고 오해를 한다. 아마 그들은 "나는 정말 당신에게 화가 나요."라는 의미로 오해할 것이다. 당신이 진정으로 하고자 했던 말은 "당신이 한 어떤 행동에 대해 나는 화가 나고 그건 나의 감정이에요."인데 말이다. 당신은 그저 당신 자신의 감정에 대해 이야기하고 있는 것이다. 만일 당신이 감정에 대한 이야기를 하고자 할 때 사람들이 방어적 태도를 취한다면 그들은 당신의 감정에 대해 호기심을 갖기보다는 당신을 공격하거나 감정을 차단하려 할 것이다. 감정을 표현하는 것이 여전히 위험하긴 하지만 이러한 정서적 정직 없이 자기수용이나 타인 수용 그리고 성장은 쉽지 않을 것이다.

　사람들이 당신의 감정을 고쳐 주기 위해 노력하거나 방어적인 태도를 취할 때 이렇게 말할 수 있다. "나는 그저 내 마음이 그렇다는 것을 당신이 들어 주길 바랄 뿐이에요. 나를 고쳐 주거나 방어하거나 나에게 동의할 필요는 없어요." 물론 당신 역시도 다른 사람들의 감정을 고쳐 주거나 방어하려고 하는 자신의 모습을 발견하기도 할 것이다.

　정서적 정직은 두 가지 측면에서 이루어질 수 있다. 당신의 감정을 있는 그대로 표현할 때 당신은 정서적으로 정직하다. 또한 당신이 타인의 감정을 있는 그대로 경청할 때 역시 정서적으로 정직한 것이다. 정서적 정직을 통해 당신은 보다 좋은 청자가 될 수 있다.

정서적 정직의 걸림돌

다음은 정서적 정직을 방해하는 데 주로 사용하는 다섯 가지 방법이다.

① 감정을 경청하기보다는 고쳐 주려 하고, 설명하려 하고, 방어하려 한다.
② 무시하거나, 회피하거나, 주제를 바꾸려 하거나, 신경 쓰지 말라고 한다.
③ 목소리 톤이나 신체 언어 등을 통해 판단이나 방어의 비언어적 메시지를
   사용한다.
④ 말과 다른 행동 표현을 통해 이중적 메시지를 전달한다.
⑤ 감정의 표현이 당신이 아닌 자기 자신에 대한 이야기를 하고 있는 것이라
   는 사실을 망각한다.

정혁 씨가 참석하는 지지집단의 리더는 정서적 정직의 걸림돌에 대해 지지
집단에서 발표했다. 지지집단의 구성원인 덕은 씨는 "나는 오늘 배운 모든 걸
림돌을 다 사용하곤 했습니다. 나는 내 감정에 대해 사과함으로써 상황을 바꿔
보려 했어요. 그리고 사람들에게 더 이상 내 일에 신경 쓰지 말라고 하거나 상
황을 회피하려고도 했어요. 이야기의 주제를 바꾸려 하기도 했지요."라고 말
했다.
  덕은 씨는 걸림돌에 대한 집단 리더의 발표를 들으면서, 자신이 정서적 정직
을 막는 비언어적 의사소통을 했던 기억이 계속해서 떠올랐다. 그는 아들에게
날카로운 목소리로 말을 하곤 했다. 어깨를 세우고 눈썹을 찌푸린 채 허리에
손을 얹고 서곤 했다. 그는 10세인 아들 인수가 자신에게 "아빠, 왜 그렇게 입
을 앙다물고 있어요?"라고 물었던 것을 기억한다. 덕은 씨는 자신이 얼마나 자

주 비언어적 의사소통을 해 왔는지를 알지 못했다.

어느 날 저녁, 덕은 씨는 자신이 혼란을 주는 이중적 메시지를 사용하고 있음을 발견하였다. 그는 소리를 치는 것은 좋은 행동이 아니라고 아들에게 말하였다. 그러고선 전처가 인수와의 만남을 취소하기 위해 전화했을 때, 소리를 지르고 전화기를 던져 버렸다. 덕은 씨는 인수에게 엄마를 존중하고 사랑해야 한다고 말하면서도 정작 자신은 인수의 엄마에 대해 존중하는 모습을 보여 주지 않은 것이다. 이런 행동은 인수를 혼란스럽고 힘들게 했다. 인수는 엄마에 대한 사랑을 표현하려고 할 때마다 아빠가 화를 낼까 봐 두려웠다. 인수는 아빠를 화나게 하는 것도 싫었지만, 그렇다고 엄마에게 냉정하게 대하는 것도 원치 않았다.

덕은 씨는 자신이 화를 내는 것에 대해 항상 핑계를 대었다. 전처는 코카인 중독이었고, 그녀의 중독으로 인해 그의 삶이 너무나 힘들었다. 덕은 씨는 그녀와 이야기를 나눌 때마다 극도의 실망과 분노를 느끼곤 했다.

하루는 인수가 아빠와 엄마가 전화로 싸우는 소리를 들었다. 인수는 무척이나 화가 나서 아빠에게 "엄마한테 그렇게 말하지 마세요."라고 소리 질렀다. 이 말을 들은 덕은 씨는 이때야말로 자신이 집단에서 배운 것을 실천해 볼 수 있는 기회임을 알았다. 전화를 끊은 후, 덕은 씨는 인수에게 "사람들은 종종 화를 내고 싸운단다. 이런 감정을 갖는 것은 괜찮아. 이 다툼은 엄마와 나에 대한 문제이지, 너로 인한 것이 아니야. 엄마와 내가 싸우는 소리를 들었을 때 어떤 기분이었는지 나에게 이야기해 줄 수 있겠니?"라고 이야기하였다.

인수: 나는 너무 싫어요. 엄마한테 그렇게 함부로 하지 말아요.
덕은: (자신이 들은 그대로를 인수에게 알려 주었다.) 내가 엄마에게 함부로
       한다는 생각이 들어서 그게 싫었구나.
인수: 맞아요.
덕은: (인수가 자신의 감정을 표현하는 법을 모른다는 것을 알아차렸다.) 그렇

긍정훈육 2

정서적 정직을 통해 친밀감과 신뢰를 쌓으라

게 생각해 줘서 고마워. 네가 어떻게 느끼는지를 내가 알아맞혀 봐도

될까?

인수: 네.

덕은: 누군가 네 엄마에게 상처를 주고 있다고 생각될 때 상처를 받았니?

인수: 네.

덕은: 누군가 네 엄마에게 상처를 주면 화가 나니?

인수: 네.

덕은: 엄마를 보호해 주고 싶니?

인수: 네.

인수는 아빠의 도움 없이 자신의 감정을 정확히 인식하지 못했는데 한 번도 자신의 감정을 이해하고 인식하는 것을 배워 본 적이 없었기 때문이다. 덕은 씨는 인수가 자신의 감정을 이해하고 아무런 판단 없이 그것을 받아들일 수 있기를 바랐다. 그리고 인수가 감정과 행동의 차이를 배울 수 있도록 도와주고 싶었다.

감정과 행동의 차이를 알려 주기

덕은 씨는 인수의 감정을 알아차리기 위한 대화를 계속했다. "엄마에 대해 여러 가지 감정을 갖고 있구나. 상처받기도 하고, 화가 나기도 하고, 보호해 주고 싶기도 하고. 너의 감정은 너무나 정상적인 거야. 하지만 네가 느낀 감정과 네가 어떤 행동을 하기로 결정하는 것은 아주 다른 거란다. 너는 나에게 그렇게 하는 것이 싫다는 것을 말하기로 결정했지. 그건 정말 잘한 거야. 그거 말고 어떤 다른 행동을 할 수 있을까?"

인수는 "나는 아빠가 엄마와 그만 싸웠으면 좋겠어요."라고 대답했다.

덕은 씨는 말했다. "그건 네가 나에게 원하는 행동이야. 그리고 그건 좋은 생각이네. 나도 그러기 위해 노력할게. 하지만 앞으로 절대 싸우지 않을 거라는 약속은 할 수 없어. 이 역시 네가 기억하기를 바라는 것 중 하나인데, 우리는 다른 사람의 행동을 자기 마음대로 통제할 수 없어. 우리는 다만 우리 자신의 행동을 통제할 수 있을 뿐이지. 네가 할 수 있는 행동으로 또 다른 무엇이 있을까?"

"아빠와 엄마가 싸우는 소리를 듣고 싶지 않아요. 듣지 않고 방에서 나가 버릴래요." 인수가 답했다.

"너는 너를 돌보고, 아빠는 아빠가 돌볼 수 있게 해 줘서 정말 고마워. 그게 바로 서로를 존중하는 거지. 우린 둘 다 우리 감정을 받아들이고 우리가 어떤 행동을 할 것인지를 결정하는 것에 대해 많은 것을 배울 수 있을 거야." 덕은 씨가 말했다.

정서적 정직은 자기존중과 친밀감, 신뢰를 가져온다

덕은 씨와 인수는 자신의 감정을 알아차리고, 감정에 이름을 붙이고, 그것을 함께 나누는 연습을 계속했다. 이를 통해 신뢰와 친밀감을 갖게 되고 계속적인 치유를 경험했다.

덕은 씨는 이러한 변화에 놀라면서도 기뻤다. 모임에서 그는 "예전에는 내가 나쁜 사람이라고 생각했고 이를 숨기려고 애를 썼지요. 죄책감과 수치심이 번갈아 가며 끊임없이 나를 괴롭혔고, 모든 것을 바꾸고만 싶었어요. 나는 내 아들과도 좋은 관계를 맺지 못했고 참 많이 외로웠죠. 아들에게 내 감정을 솔직히 표현하면 상황이 더 나빠지는 것은 아닐까 두려웠어요. 무력하고 절망적이었죠. 지금은 진심을 말하는 것이 이렇게 큰 변화를 가져온다는 것이 너무 놀라울 뿐이에요."라고 자신의 경험을 이야기하였다.

정혁 씨와 덕은 씨는 정서적 정직을 연습한 만큼 자기가치감이 커지고 타인과 더 많이 연결될 수 있음을 알게 되었다. 또한 개방과 자기노출을 연습한 만큼 자녀들과의 관계가 개선되고 회복이 증진되었다.

부모가 정서적 정직에 대한 연습에 더 충실할수록 자녀들은 부모에 대해 더 큰 신뢰를 갖게 된다. 오랜 시간 동안 이어진 부정적 경험은 불신을 야기한다. 하지만 긍정적 경험의 시간이 지속될 때, 비록 과거에 불신이 있었다 해도 신뢰는 다시 싹튼다. 당신이 변한 만큼 당신의 자녀도 변하게 될 것이다. 그들에겐 시간과 안내가 필요하다. 과거에서 비롯된 많은 감정이 자녀들에게 남아 있지만, 그러한 감정들을 정의하여 이름을 붙이고 그것을 표현할 수 있도록 도와주었을 때 상황은 보다 나아질 수 있을 것이다.

정서적 정직을 통해 당신은 당신 자신에 대해 알게 되고 당신을 받아들일 수 있게 된다. 그리고 당신을 받아들이게 될수록 타인을 받아들이는 것은 보다 쉬워질 것이다. 당신은 아무런 판단 없이 서로에 대한 피드백을 주고받을 수 있게 될 것이다. 경쟁이나 비교 없이 서로를 도울 수 있게 될 것이다. 정직한 감정을 듣고 나누게 될 것이다. 타인에게 보다 친밀함을 느낄 것이며, 당신의 자녀들은 당신을 더욱 신뢰하게 될 것이다. 이는 정서적 정직의 위험을 감수할 만큼 가치 있는 변화이다.

정서적 정직은 자기존중과 친밀감、신뢰를 가져온다

외부의 지지집단과 연결하라

당신이 자기 자신을 돌보기 시작하면서 보다 건강해지고 통합적인 사람이 되어 가는 모습은 자녀들에게 좋은 모범이 될 것이다. 회복과정에서 자신을 잘 돌볼 수 있는 가장 효과적인 방법 중 하나는 외부의 지지집단과 연결되는 것이다. 지지집단에 참여함으로써 당신은 당신 자신과 자녀의 배움 및 성장을 더욱 촉진시킬 수 있다. 혼자 노력하는 것보다 지지집단 안에서 변화와 성장을 꾀하는 것이 훨씬 쉽다. 동료들의 격려를 받고 동료들을 통해 배울 수 있다. 비슷한 문제를 가진 사람들과 함께함으로써 당신이 혼자가 아니라는 것도 알 수 있고, 공동의존이 아닌 진정한 도움을 주고받을 수 있는 기회도 가질 수 있다.

지지집단은 공동의존적이지 않은 방식으로 타인을 도울 수 있도록 돕는다

타인의 문제를 해결하는 것이 얼마나 쉬운 일인지를 경험한 적이 있는가? 타인의 실수는 너무나도 분명하게 보인다. 당신은 객관적이고 이성적으로 그들의 삶을 바라볼 수 있다. 때문에 그들에게 도움이 되는 격려와 제안을 충분히 해 줄 수 있다. 다른 이들 역시 당신에게 그런 역할을 해 줄 수 있다. 우리 모두는 서로에게 의미 있는 조언자로서의 역할을 할 수 있다. 타인을 돕는 것은 자기치유를 위한 중요한 과정이다.

저명한 심리학자인 Alfred Adler는 정신건강의 핵심을 사회적 관심(social

interest)이라고 생각하였다. 사회적 관심이란 타인을 돌보고, 타인에게 헌신하고, 타인과 연결될 수 있는 능력을 말한다. 지지집단은 공동의존이 아닌 건강한 방식의 사회적 관심을 훈련할 수 있는 충분한 기회를 제공한다.

치료와 지지집단에 대한 오해

많은 사람이 자신의 문제는 스스로 해결해야 한다는 생각을 갖고 있기 때문에 치료와 지지집단을 외면한다. 도움을 요청하는 것은 자신들이 뭔가 잘못되었음을 인정하는 것이라 생각한다. 하지만 치료는 삶을 더 나아지게 할 수 있는 방법을 배우는 교육적 과정이다. 치료자와 집단의 동료들은 우리가 보지 못하는 것을 함께 봐 주고, 우리가 더욱 성장해 나갈 수 있게 조언해 주는 코치와 같은 역할을 한다(모든 챔피언은 좋은 팀과 좋은 코치를 필요로 한다).

우리 모두는 발전의 여지를 갖고 있다. 이는 다른 말로 우리 모두 잘못된 부분이나 부족한 부분을 갖고 있다는 것이기도 하다. 하지만 이것은 나쁜 것은 아니다. 읽기와 쓰기를 배우기 전에는 모든 사람이 부족한 사람들이다. 그리고 이러한 부족함을 바로잡기 위해 교육을 받고자 한다. 그 누구도 완벽해질 수 없다. 교육, 성장 그리고 변화는 회복의 중요한 부분이자 평생 지속되는 삶의 과정이다.

회복 중인 많은 사람은 12단계 모임이 성장과 변화에 매우 도움이 된다는 것을 알게 되었다. 어떤 이들은 12단계 모임만이 회복 중인 사람들이 반드시 참여해야 하는 유일한 지지집단이라고 믿는다. 하지만 더 건강하고 생산적인 삶을 위해 우리를 격려하고 돕는 것이라면 우리는 그 어떤 활동이나 모임도 권장한다. 다만, 아이들의 의견은 들어 보지 않은 채 억지로 회복 프로그램에 함께 참여시킴으로써 아이들을 힘들게 하는 것은 결코 좋은 방법이 아니다. 12단계 모임은 가족의 문제보다는 개인의 회복에 초점을 맞추고 있다.

부모 역할은 주변의 지지나 특별한 교육 없이도 효과적으로 수행할 수 있는 것 중의 하나라고 생각하는 사람들이 많다. 물론 어떤 사람들은 도움 없이도 부모 역할을 성공적으로 수행하겠지만, 대부분의 사람은 부모 역할에 대해 배우는 모임을 통해 많은 도움을 받을 수 있다. 이 책의 도입에서 강조하였던 것처럼, 회복 중인 부모는 과거에 아이들을 방치하고 학대했던 경험들로 인한 고통과 죄책감을 극복할 수 있도록 부모 역할 지지집단을 활용할 수 있다.

부모교육은 죄책감과 수치심을 다룰 수 있는 대안을 제공한다

자녀와 잘 지낼 수 있는 새로운 방법들을 실천할 수 있다면 회복은 더욱 굳건해질 수 있다. 회복 중인 많은 부모는 효과적이지 않은 자녀양육 기술들을 사용함으로써 자신들의 회복을 더디게 한다. 어떤 부모들은 예전에 아이들에게 잘못한 것을 과도하게 보상하려고 쩔쩔매면서 과잉보호를 하다가 오히려 아이들을 망친다. 이들은 아이들이 버릇없는 말썽꾼이 되어 가는 모습을 보며 좌절하고 후회한다. 또 어떤 부모들은 자신들의 개인적 회복에 너무 몰두한 나머지 중독에 빠져 있을 때 못지않게 아이들을 방치하기도 한다. 또 다른 회복 중인 부모들은 자신만 문제를 가진 사람이라고 생각하기 때문에 부모교육에 참여하는 것을 부끄럽게 생각하고 망설이기도 한다.

당신은 혼자가 아니다

신영 씨의 치료자는 그녀에게 부모교육을 받으라고 강권했다. 그녀는 동의하긴 했지만 두렵고 무서웠다. 그녀는 자신만큼 문제가 있는 부모는 없을 거라고 생각하고 있었다. 때문에 다른 모든 이가 '엄청나게 많은 어리석은 실수를 저지른' 자신을 비난할 거라 확신했다. 부모교육에 참여한 첫날, 신영 씨는 아무 말 없이 그저 듣기만 하겠다고 결심했다.

모임의 일원인 재희 씨가 알코올 중독자인 남편이 아이에게 폭언을 했던 경험을 나누었다. 그녀는 그런 일이 다시 발생할 때 어떻게 하면 좋을지에 대하여 도움을 받고자 하였다. 모임 구성원들은 그 상황에 대한 역할극과 함께 또다른 대안에 대한 브레인스토밍을 하였다. 그리고 재희 씨가 그중에 어떤 것을 실천해 볼 것인가를 선택하였다. 신영 씨는 재희 씨의 문제가 자신의 문제와 너무나 비슷한 것에 놀라워했다.

또 다른 모임 구성원인 병호 씨는 전처가 아이를 만나는 날 술에 취해 나타났던 일에 대해 이야기를 하였다. 그는 전처가 아이를 차에 태워 데리고 가려고 하는 것을 막으셨고, 결국 아이와 이웃 앞에서 못 보일 꼴을 보이고 말았다. 모임의 동료들은 병호 씨가 시도해 볼 수 있는 몇 가지의 제안을 전했다. 신영 씨는 한마디 말도 하지는 않았지만 병호 씨에게 제안되었던 몇 가지의 제안 중 하나를 실천해 보기로 결심했다. 몇 주 후 그녀는 부모교육 모임에서 다음의 경험담을 공유하였다.

당신은 혼자가 아니다

나는 이런 문제를 가진 부모는 나 혼자밖에 없을 거라 생각했어요. 저는 아이를 만나는 날 전남편이 술에 취해 나타났을 때 아이들 앞에서 보여선 안 되는 모습을 보이곤 했죠. 저는 몇 주 전 이 모임에서 나누었던 제안 중 하나를 실천해 보기로 했어요. 그렇게 하는 것이 저의 상식에도 맞고, 존중할 수 있는 방법이자 제가 원하는 방법이었죠. 그리고 전 아이들이 그렇게 행동하는 것을 배울 수 있었으면 좋겠다는 생각도 있었어요. 나는 전남편에게 말했어요. "나는 아이들이 안전하고 자기를 존중할 수 있는 방법으로 당신과 만났으면 해요. 앞으로는 당신이 아이들을 만나는 날, 맥도날드에서 만나기로 해요. 나는 주차장에서 기다릴게요. 당신에게서 술 냄새가 나거나 술에 취해 있어서 아이들이 당신 차에 타는 것을 무서워한다면, 아이들은 내 차를 타고 돌아오게 될 거예요. 만일 아이들이 당신을 만나기를 원치 않는다면 그 날은 그냥 돌아가고 다음에 다시 아이들을 만나러 오는 것으로 해요." 제 생각에 남편은 제가 하는 말을 이해한 것 같아요. 우리는 지금까지 3주간 아이들 앞에서 추한 꼴을 보이지 않을 수 있었지요.

신영 씨가 처음 모임에 참여하며 가졌던 수치심은 열망과 호기심으로 바뀌었다. 그녀는 부모교육에서 더 이상 침묵을 지키지 않았으며, 브레인스토밍 시간에 이런저런 제안을 하기도 하였다. 그녀는 다른 사람의 문제를 통해 어떤 해결책을 찾아가는 것이 얼마나 쉬운 일인가를 알게 되었다. 모임은 어떤 비난이나 판단도 하지 않았기에, 그녀는 어떤 제안을 하고 또 받아들이는 것을 편안하게 여기게 되었다. 모임의 동료들은 해결책에 초점을 맞추고 무조건적인 사랑을 주었다.

신영 씨는 부모 역할을 위한 기술을 배워 가면서 자신의 힘이 더 커지는 것을 느꼈다. 이러한 변화는 아이들 역시 스스로의 힘을 느끼게 해 주었다. 가족 모두는 과거 중독으로 인해 발생한 좌절의 사이클을 현저히 줄여 갈 수 있게 되었다.

긍정훈육 3
외부의 지지집단과 연결하라

부모교육은 중독으로 인한 좌절의 패턴을 깰 수 있다

주희 씨의 가족은 약물이 아닌 종교에 중독된 가정이었다. 주희 씨는 부모를 '교회 중독'이라고 표현하였다. 부모는 그녀가 자기 자신을 배려할 수 있도록 격려한 적이 한 번도 없었다. 부모는 그녀에게 무엇이 '옳은' 것인지를 알려 주고, 이를 행할 수 있도록 하는 것이 그들의 사명이라고 생각하고 있었다. 그녀는 자라면서 옳지 않은 행동을 할 때마다 자신이 '나쁜 아이'라고 생각했으며,

낮은 자존감을 가지고 성장했다. 주희 씨가 아이를 가졌을 때, 그녀는 자신이 그렇게도 싫어했던 부모님의 방식대로 아이를 키운다는 것을 발견했다.

주희 씨가 부모에게 배운 대로 아이를 키우자, 한 아이는 반항을 하였고 다른 한 아이는 수동적 저항의 모습을 보였으며 막내는 교활한 모습을 보이기 시작했다. 그녀는 뭔가 잘못되어 가고 있음을 느끼고 그녀의 양육 방식을 바꾸고자 하였다.

주희 씨는 부모 역할에 대한 책을 열심히 읽었고 다양한 부모교육에 참여하였다. 아이들과의 관계는 극적으로 좋아졌다. 그녀는 정기적으로 가족회의를 열었고, 아이들은 집안일을 돕거나 서로에게 칭찬을 하거나 대부분의 시간을 서로 협조적인 모습으로 지내게 되었다. 주희 씨는 자신에게 큰 도움이 되었던 다양한 기술을 다른 이들과 공유하고 싶어 부모교육 모임의 리더가 되었다.

그 무렵 그녀의 열 살짜리 아들인 민호가 약물을 사용하기 시작했고, 도둑질과 등교 거부를 하기 시작했다. 주희 씨는 패닉 상태가 되었고, 그러면서 부모에게 배운 대로 아이들을 통제하고 문제를 대신 해결해 주는 예전의 방식으로 되돌아갔다. 그녀는 자신이 배우고 가르친 것처럼 아이를 존중하는 방식으로 처리하기에는 너무나 심각한 문제라고 생각했고, 민호를 좋은 아이로 '만들어 가는' 것이 그녀의 책임이라고 생각했다.

그녀는 민호에게 처벌을 가하고 그가 가진 특권을 박탈했다. 민호는 더욱 거센 반항을 하였다. 결국 민호는 학교를 그만두었고, 대부분의 시간을 친구들과 술을 마시거나 약물을 하면서 보내기 시작했다. 민호가 처음으로 소년원에 가게 되었을 때, 주희 씨는 변호사를 고용해 그를 빼내 주었다. 그러고는 민호에게 불같이 화를 내었다. 그녀는 민호에게 끊임없이 잔소리를 하면서 통제를 하였고 점점 더 심하게 처벌을 하였다(대부분의 부모는 뭔가 잘못되어 간다고 느낄 때 그들의 행동을 변화시키는 대신 예전의 오래된 패턴으로 되돌아가곤 한다).

이후 민호는 다시 경찰에 잡혔다. 이 사건은 주희 씨에게 전환점이 되었다. 그녀는 자신이 도움을 필요로 하는 상황이라는 것을 알게 되었다. 그녀는 부모

부모교육은 중독으로 인한 좌절의 패턴을 깰 수 있다

교육 모임으로 다시 돌아갔고, 그녀에게 필요한 지지와 격려를 받았다. 모임은 민호가 자신의 행동에 대한 결과를 경험해야 하고, 보석으로 석방시켜 주는 것은 상황을 악화시킬 뿐이라는 것을 주희 씨가 인식할 수 있도록 도와주었다.

민호를 소년원에서 석방시켜 주는 대신, 주희 씨는 그에게 선택을 하게 하였다. 그녀는 민호의 문제가 그의 약물 남용으로 인해 발생한 문제이기 때문에 소년원보다는 치료 프로그램에 참여하는 것이 도움이 될 것이라고 사법기관을 설득하였다. 그들은 동의하였고, 그녀는 민호에게 치료와 감옥 중 선택하게 하였다.

민호는 그녀의 죄책감을 건드리며 감옥에서 빼내 줄 것을 요청하였지만, 그녀는 따뜻하지만 단호한 태도로 이를 거절하였다. 그녀는 선택은 민호의 몫이라는 것을 다시 한 번 확인시켜 주며, 만일 그가 감옥을 선택한다면 그를 방문하고 먹을 것을 가져다줄 수는 있을 것이라고 말하였다. 만일 그가 치료 프로그램을 선택한다면 치료비를 지원하겠지만, 치료를 선택하지 않거나 이러한 선택을 확실하게 공언하지 않으면 감옥에서 석방시켜 주지 않을 것임을 분명히 하였다.

민호가 자신의 선택에 따른 결과를 경험하도록 내버려 두는 것은 주희 씨에게 너무나 두려운 일이었다. 때로 그녀는 민호가 매 순간 '옳은' 일을 할 수 있도록 그를 '만들지' 못한 것에 대한 죄책감을 느꼈다. 하지만 민호가 자신의 삶을 통제할 권리를 가지고 있음을 인식한 것은 그녀의 태도를 가장 크게 변화시켰다. 그녀는 민호를 강하게 하는 것은 단기적으로 그녀에게 가장 어려운 일 (고쳐 주려 하지 않는 것, 통제하지 않는 것)이지만 장기적으로는 그에게 가장 도움이 되는 일(그의 선택이 어떤 결과를 가져오는지를 경험하는 것)임을 알았다.

민호는 다른 주에 있는 치료 프로그램에 참여하고 치료 후에는 그의 오랜 친구들과 멀리 떨어져 중간집(halfway house, 역자 주: 병원이나 치료 센터 이후 사회로 복귀하는 과정에서 이용할 수 있는 시설)에 가는 것을 선택하였다. 자녀의 문제를 대신 해결해 주고 비난하는 부모 역할 대신 자녀가 스스로 선택하고 책임질 수 있도록 힘을 부여하는 부모 역할을 하는 것은 종기의 고름을 짜내는 것과 같다. 그것은 매우 고통스러운 일이었지만, 민호는 필요한 도움을 받고 그의 삶에 책임을 지기 시작했다. 나중에 민호는 엄마가 자신의 문제를 대신 해결해 주려 했을 때보다 그렇게 하지 않았을 때 더욱 존중받고 사랑받는다는 느낌을 가졌다고 고백하였다. 선택이 온전히 자신의 몫이 되었을 때, 선택에 따른 결과와 자신이 어떤 선택을 해야 하는지에 대해 생각할 수밖에 없었음을 그도 알게 되었다.

주희 씨는 민호를 통제하는 것은 그만두었지만 그냥 내버려 둔 것은 아니었다. 그녀는 반응적인 부모 역할 대신 능동적인 부모 역할을 하기 시작했다. 그녀는 민호를 위한 선택을 제공하기 위해 적극적으로 도왔다. 그녀는 민호가 도움을 받을 수 있는 후속치료 프로그램을 적극적으로 찾아보았다. 그리고 자신이 얼마나 민호를 사랑하는지, 그가 어떤 선택을 하든 상관없이 얼마나 사랑할 것인지를 전달하기 위해 애썼다. 주희 씨의 모임에서는 그녀가 오래된 패턴을 버리고 새로운 방식을 훈련해 갈 수 있도록 도와주었다.

회복 중인 부모가 가족교육에 참석하고 가족관계를 개선하는 것이 얼마나 중요한지에 대해서는 아무리 강조해도 지나치지 않다. 그리고 개인의 성장을 위한 또 다른 지지집단에 참여하는 것 역시 권한다. 회복 중인 대부분의 사람은 회복의 과정을 촉진시켜 주는 12단계 집단으로부터 많은 도움을 받고 있다.

집단 동료는 우리의 역기능을 발견해 주고 건강한 변화를 해 나갈 수 있도록 지지해 준다

'역기능(mischief)'이란 당신의 회복과정에 도움이 되지 못하는 생각이나 행동을 말한다. 지지집단 안에서 당신은 사회적 상황에서 상호작용할 기회를 갖게 되고, 이를 지켜본 집단 동료들로부터 비판단적인 피드백을 받을 수 있다.

싱글맘인 나영 씨는 자기 자신을 위한 시간을 가진 적이 없다. 그녀는 문제를 해결하기 위해 애썼고, 자녀들을 위한 시간을 마련하였다. 지지집단에 참여하였고, 후원자와 12단계 프로그램을 해 나가는 데 시간을 투자하였으며, 읽고, 명상하고, 쓰고, 일하는 데 모든 시간을 보냈다. 하지만 가족들은 그녀가 아이들을 위한 시간을 갖지 않는다고 비난하였다. 가족들이 "너는 왜 그런 모임에 나가야만 해? 애들하고 집에 좀 있어."라고 할 때마다 나영 씨는 죄책감이 들었다. 그녀의 부담은 점점 커져 갔고, 왜 자신이 술을 끊었는지에 대해서조차 희미해졌다.

회복의 한 부분으로 그녀에게는 개인적 성장을 위한 그녀만의 시간이 필요했다. 그녀의 회복 멘토와 치료자도 가족들의 비난을 무시하고 그녀의 치유를 최우선에 놓는 것이 필요하다고 격려했다. 그들은 그녀가 다른 사람들을 기쁘게 하기 위해 노력하기보다는 자존감을 갖고 자신이 더 건강하게 느껴질 수 있는 일을 해야 한다고 이야기해 주었다.

나영 씨는 부모교육과 12단계 프로그램에 참여하고 있었다. 이 두 모임은 자신을 돌보는 것과 자녀를 돌보는 것 사이에 균형을 잡을 수 있도록 도와주었다. 다른 사람들의 경험담을 통해 그녀는 자기 스스로를 돌보지 못할 때 자신의 죄책감이 얼마나 쉽게 분노로 바뀌는지 알 수 있었다. 이는 그 누구에게도 도움이 되지 않음을 그녀도 알 수 있었다. 무엇을 해야 하는가에 대하여 가족들의 의견에 좌지우지되는 그녀의 역기능은 그녀가 하기 원하는 것(회복)이 무엇인가에 귀 기울이지 못하도록 하였다.

부모교육 집단은 나영 씨가 아이들과 함께하는 시간이 얼마나 그들에게 힘든 시간인지 볼 수 있도록 하였다. 그녀는 너무 과도하게 통제적이었다. 아이들이 책임감을 가질 수 있도록 가르치기보다는 그들이 해야만 한다고 생각되는 것을 억지로라도 하게 하는 것이 엄마의 역할이라고 생각했다. 그녀가 부담과 좌절을 경험할 것이라는 것은 너무나 당연했다. 자신이 모든 것을 해야만 한다는 생각에서 벗어나 모임에 가기 시작한 것은 나영 씨와 아이들 모두에게 많은 도움이 되었다. 그녀가 모임에 있는 동안 스스로 알아서 지낼 수 있는 방법을 아이들에게 가르침으로써 그녀는 보다 나은 부모가 될 수 있었다.

나영 씨는 아이들과 가족회의를 하기 시작했고, 아이들 모두 문제를 해결하는 데 함께 참여할 수 있었다. 아이들은 자신들이 참여한 계획이 실현되는 과정에 보다 책임감을 가지고 함께하였다. 그들은 가족이 함께 하는 놀이를 위한 계획을 짜기도 하였고, 이를 통해 가족 간에 더 친밀해짐을 느끼고 서로를 즐겁게 해 줄 수 있었다. 나영 씨는 자신의 노력에 대한 자신감을 가지면서부터 다른 이들이 어떻게 말하는지에 대해 더 이상 연연해하지 않게 되었다. 그녀는 자기 자신과 아이들이 성장하고 변화할 수 있도록 하였다.

지지집단을 통해 사람들은 자신의 공동의존을 내려놓을 수 있다. 이전에 나영 씨가 가족과 함께한 대부분의 시간은 공동의존적인 상호작용이었을 뿐이다. 모든 가족 구성원이 지지집단에 참여하기 시작하면서 그들은 서로의 공동의존 행동을 중단하고 개인적인 성장을 해 나갈 수 있었다.

가족은 지지집단을 통해 중독에 대해 그리고 자신을 돕는 방법에 대해 배운다

가족들이 중독과 공동의존에 대해 잘못된 정보를 얼마나 많이 갖고 있고 올바른 정보가 얼마나 부족한지는 놀라울 정도이다. 지지집단은 이러한 패턴을 깨고 치유와 성장을 촉진시킬 수 있는 건강한 패턴을 새롭게 배워 가도록 다양한 정보와 지지를 제공한다.

희라 씨는 지지집단에 오기 전까지 공동의존이 무엇인지는 물론 자신이 공동의존자인지도 알지 못했다. 종식 씨와 희라 씨에게는 5세가 되지 않은 어린 두 아이가 있었다. 종식 씨는 술과 코카인을 사용하고 있었다.

종식 씨가 폭음을 하고 나흘 동안이나 집에 들어오지 않은 것은 희라 씨에게 전환점이 되었다. 그는 집에 들어오지 않는 동안 자살을 시도했다. 희라 씨가 병원에서 그를 발견했을 때, 그녀는 "종식 씨, 만일 당신이 치료를 받지 않겠다고 하면 다시는 나와 아이들을 볼 수 없을 거예요."라고 말했다. 그때까지만 해도 그녀는 종식 씨 혼자만 도움을 받으면 된다고 여겼다.

종식 씨는 약물중독 치료 프로그램에 입소하였다. 가족치료사가 희라 씨를 불러 그녀가 종식 씨의 약물 사용에 기여하는 역할을 하고 있음을 설명하였다. 그리고 가족이 참여할 수 있는 모임에 대한 정보를 주었다.

희라 씨는 충격을 받았고 분노가 치밀어 올랐다. 그녀는 이 상황을 오직 종식 씨의 문제로만 보았고, 자신은 단지 희생자라고 생각했다. 이전에는 조력행동(enabling)이나 공동의존(co-dependent, 역자 주: 중독자의 가까운 가족이나 지인이 보이는 역기능적인 행동 패턴)이라는 용어는 들어 본 적도 없었다. 공동의존자는 자신이 해야 하거나 하지 말아야 할 행동보다는 타인이 어떻게 해야만 하는지에 초점을 맞추는 사람을 말한다. 조력행동이란 어려움에 처한 중독자의 문제를 대신 해결해 주거나 간섭함으로써 중독자가 자신의 행동에 따른 결과를 제대로 알지 못하게 하는 방식으로 행동하는 것을 말한다. 이러한 조력행동은 중독자에게서 자신의 선택의 결과를 통해 성장하고 배워 나갈 수 있는 기회를 빼앗아 버린다.

희라 씨는 모임에 참여하는 것은 종식 씨를 위한 것이라고 말하였다. 하지만 모임에 참석한 순간, 무엇이 조력행동인지에 대해 분명하게 알게 되었다. 그녀가 모임에서 들었던 모든 이야기는 바로 그녀에 대한 이야기였기 때문이다. 그녀는 조력행동이 불에다 기름을 붓는 것과 같은 것임을 알게 되었다. 자신이 종식 씨를 구하기 위해 했던 모든 행동이나 잔소리가 그에게 전혀 도움이 되지 않았으며 오히려 상황을 악화시켰음을 알았다. "나의 배움은 그때부터 시작이었어요. 나는 남편에게만 초점을 맞추는 것에서 벗어나 나 자신에게 초점을 맞추기 시작했어요."

사실 지지집단이 필요한 것은 중독자와 그의 배우자뿐만은 아니다. 중독은 가족 전체에게 다양한 방식으로 영향을 미친다. 그렇기 때문에 자녀를 포함한 모든 가족 구성원이 지지집단에 참여하는 것은 중요하다.

자녀집단에서는 자녀가 부모에 대한 부담감에서 벗어날 수 있도록 격려한다

자녀집단은 자녀들이 집에서 일어나는 일에 대해 이야기할 수 있는 안전한 장소를 제공하고, 그것이 그들의 잘못이 아님을 알려 준다. 또한 자신의 감정과 이를 공유하는 방법도 배운다. 어른과 마찬가지로, 아이들 역시 자신은 혼자가 아니며, 다른 아이들도 자신과 비슷한 문제를 갖고 있음을 배울 필요가 있다.

Jerry Moe와 Don Polman은 『아이들의 힘: 알코올 중독 가정 자녀들을 위한 치유적 게임(Kids' Power: Healing Games for Children of Alcoholics)』이라는 멋진 책을 썼다. 이 책은 아이들의 치유를 도울 수 있는 활동과 게임들을 알려 주고 있다. 이 책에서 저자들은 알코올 중독 가정의 자녀들이 '5S와 4C를 기억하는 것'이 얼마나 중요한지 강조하고 있다.

4C
나는 알코올 중독의 원인(Cause)이 아니다.
나는 그것을 통제(Control)할 수 없다.
나는 그것을 치료(Cure)할 수 없다.
하지만 나는 어떻게 그것을 극복(Cope)할 수 있는지 배울 수 있다.

5S
나는 알코올 중독을 시작(Start)할 수 없다.

나는 그것을 혼자서는 멈출(Stop) 수 없다.

나는 그것으로 인해 고통받을(Suffer) 필요가 없다.

나는 그것으로 인해 부끄러울(Shame) 필요가 없다.

나는 그것에도 불구하고 나 자신을 구할(Save) 수 있다.

자녀들이 비록 부모에게 더 이상 의존할 수 없는 상황이라 하더라도 자신의 삶을 보다 잘 살아 나가기 위한 기술을 배울 수 있도록 힘을 실어 주는 것은 중요하다. 효과적인 자녀집단 모임은 한 명 한 명의 자녀들 모두 자신이 얼마나 가치 있는 존재인가를 알고 스스로가 가진 독특성을 주목할 수 있도록 돕는다.

자녀들에게 중독에 대한 정확한 정보를 제공하는 것 역시 아주 중요하다. 중독인 부모와 함께 살아가는 많은 자녀는 부모의 이해되지 않는 행동이 뭔가 자신의 잘못 때문이라고 생각한다. 그들은 중독으로 인해 사람이 어떻게 변해 가는지 알지 못하기 때문이다.

자녀집단을 통해 아이들은 자신의 가족이 다른 가족과는 다르다고 생각하고, 가족을 부끄럽게 생각하는 것에 대해 가족을 배신하는 건 아닌가 고민하는 것이 정상적인 현상임을 알게 된다. 친구들과는 다른 이러한 모습을 숨기고 싶은 것 역시 너무나 정상적인 것이다.

아이들은 훌륭한 관찰자이긴 하지만, 자신의 눈앞에서 벌어진 일에 대해 정확하게 이해하고 해석할 만큼의 판단력을 가지고 있지 못하다. 그들은 자기 자신과 삶 또는 여러 가지 문제에 대해 잘못된 해석을 기반으로 한 잘못된 결정을 내리곤 한다. 세 명의 성인 내담자가 어린 시절 자신들의 잘못된 결정에 대하여 이야기를 해 주었다. 만일 이들이 자녀집단에 참여했더라면 아마도 자신의 경험에 대해 보다 현실적인 관점을 가질 수 있었을 것이다.

희영 씨가 여섯 살 때 알코올 중독자였던 그녀의 아빠는 술에 취한 채 그녀를 차에 태우고 술집까지 운전해 갔다. 그는 사람들에게 딸을 자랑하며 그녀에겐 사탕을 사 주고 자신은 보드카를 샀다. 그러고는 그녀를 데리고 나가 그녀에게 프릴이 달린 드레스를 사 주었다. 그들이 집에 돌아왔을 때, 그녀의 엄마는 아이에게 교복 대신 드레스를 사 주느라 돈을 다 써 버린 것을 보고 남편에게 소리를 질렀다. 희영 씨는 아빠와 좋은 시간을 보내고 온 것에 대해 소리를 질러 대는 엄마가 미웠다. 그녀는 아빠가 알코올 중독자라는 것을 전혀 알지 못했고, 그저 아빠는 좋은 사람이며 엄마가 나쁘다고 생각했던 것이다.

민정 씨는 매일 밤 아빠가 술에 취해 의자에 널브러져 잠이 든 것을 보곤 했다. 그녀의 엄마는 아빠가 술 때문이 아니라 혈압약 때문에 그러는 것이라고 말해 주었다. 민정 씨는 당황하고 혼란스러웠다. 그녀는 자신의 직감은 신뢰할 수 없는 것이라고 생각했다. 그리고 세상의 모든 남자는 불필요한 존재라는 생각을 하게 되었다.

태영 씨는 10대 시절에 아빠가 술집에서 카드를 긁어 술을 마시면서 엄마에게 함께 술을 마시자고 불러내곤 했던 것을 기억하고 있다. 집에 올 때쯤이면 엄마는 울고 있었고, 아빠는 서랍에서 옷들을 꺼내어 차에다 집어 던지면서 집을 나가 버리겠다고 협박하곤 했다. 태영 씨는 부모님이 모두 술에 취했다는 것을 알고 있었다. 이러한 장면은 매주 금요일마다 반복되었고, 그는 술이 아닌 결혼이 나쁜 것이라는 생각을 갖게 되었다. 그는 절대 결혼은 하지 않을 거라 결심했고, 성인이 되자마자 부모와는 다른 삶을 찾고자 집을 떠나왔다.

희영 씨와 민정 씨 그리고 태영 씨는 좋은 관찰자이긴 했지만, 술이 가족에 미치는 영향을 제대로 이해하지 못했던 전형적인 아이들이었다. 그들은 무슨 일이 벌어졌는가에 대한 부족한 정보와 잘못된 이해로 인해 어떻게 생존해야 하는가에 대한 그릇된 결론을 도출해 내고 말았다. 중독가정의 자녀들을 위한 자녀집단에서는 중독에 대해 알려 줌으로써 그들이 내린 잘못된 결론을 바꿔 가도록 도울 수 있다.

자녀집단에서는 자녀가 부모에 대한 부담감에서 벗어날 수 있도록 격려한다

집단모임은 중독의 사이클을 깨고
회복의 길로 들어서도록 돕는다

우리는 회복을 시작한 사람들이 회복을 굳건히 해 나가기 위해 어떻게 집단을 활용해 나가는지에 대해 이야기하였다. 또한 비중독자인 공동의존자 가족이 집단을 통해 얼마나 도움을 받는가도 보여 주었다. 다음에 이야기하게 될 고은 씨 같은 사람들은 회복을 시작하기 위해 집단의 도움을 받았다.

고은 씨의 친구인 보영 씨는 회복 중인 알코올 중독자이다. 보영 씨는 고은 씨에게 자신이 술에 취했을 때 어떤 행동들을 했는지 이야기해 주었다. 고은 씨의 관심을 끈 것은 아무도 보는 사람이 없을 때 술병을 몰래 숨겨 놓는 행동이었다. 고은 씨 역시 그런 행동을 해 본 적이 있기 때문이었다.

고은 씨는 '나도 중독자인 건 아닐까?' 하는 걱정을 하기 시작했다. 보영 씨가 자신의 이야기를 들려주기 전까지는 생각도 해 본 적이 없던 것이었다. 고은 씨는 자신도 보영 씨가 이야기한 행동들 중 많은 것을 해 왔음을 알게 되었다. 그것은 와인 박스를 쓰레기통에 넣기 전에 갈기갈기 찢어서 넣는 것이라든가, 파티 중에 술병을 주방에 몰래 숨겨 놓아 아무도 그녀가 술을 얼마나 많이 마시는지 모르게 하는 것과 같은 행동이었다.

그다음 주에 고은 씨는 모임을 열어 하루 종일 술을 마셨다. 아무도 그녀가 취한 것을 알아차리지는 못했지만, 그날 밤 그녀는 아무런 이유 없이 그녀의 남편을 못살게 굴며 힘들게 하였다. 그는 문득 알코올 중독이었던 그녀의 아빠가 엄마를 괴롭히던 장면이 떠올랐고, 자신의 행동이 아빠의 행동과 다를 바 없음을 깨닫게 되었다.

다음 날 남편이 출근한 후, 고은 씨는 남편에게 사과를 하기로 결심했다. 그녀는 아들을 학교에 데려다준 후 60마일 떨어진 남편의 직장으로 향했다. 그녀의 차는 차선을 이리저리 넘나들며 달려갔다. 사람들이 경적을 울려 댔고, 그

긍정훈육 3 외부의 지지집단과 연결하라

녀는 전날 먹은 술이 아직 깨지 않은 것을 알게 되었다. 고은 씨는 왜 이렇게 되었는지, 어떻게 해야 할지 궁금했다.

고은 씨는 보영 씨라면 이에 대한 답을 알 것이라고 생각했다. 둘은 점심 식사를 하면서 무슨 일이 있었는가에 대하여 이야기를 나누었다. 보영 씨는 술이 신체에 미치는 영향을 설명해 주었다. 고은 씨가 술이 깨는 데 시간이 점점 더 많이 걸리는 것은 내성이 증가하고 있다는 것을 보여 주는 신호였다. 그리고 이것은 알코올 중독의 초기 증상 중 하나였다. 보영 씨는 고은 씨와 중독에 대한 이야기를 좀 더 나눌 때가 되었다는 것을 알았다.

보영 씨는 자신이 술병을 찬장에 감추기 시작하면서 자신에게 뭔가 문제가 있다는 것을 알아차리기 시작했다. 아이들이 맥도날드에 가고 싶다고 말할 때, 그곳에서는 술을 마실 수 없었기 때문에 그녀는 "안 돼."라고 답하였다. 고은 씨 역시 똑같은 행동을 한 적이 있다.

보영 씨는 "네가 중독자로서 계속 살아갈 것인지는 너의 결심에 달려 있어. 나는 네가 알아차렸으면 하는 것들에 대해서 너에게 이야기해 주었어. 알코올 중독은 내려가는 엘리베이터와 같아. 너는 어느 층이든 엘리베이터에서 내릴 수 있어. 바닥까지 갈 필요가 없지. 하지만 네가 일단 엘리베이터를 탔다면 회복을 위해서는 외부의 도움을 받아야 할 거야."라고 말했다. 이 순간이 고은 씨에게 전환점이 되었다. 그녀는 자신의 행동에 두려움을 느꼈다. 알코올 중독자인 아빠처럼 되고 싶지 않았기에 그녀는 보영 씨가 이끄는 대로 AA모임에 참여하기 시작했다.

AA모임에서 비슷한 상황에 처해 있는 사람들의 경험담을 듣는 것이 엄청나게 힘이 된다는 것을 깨달았다. 오랜 단주생활을 실천하고 있는 사람들과 함께하는 시간을 통해 고은 씨는 새로운 패턴을 배워 나갈 수 있었다. 자신이 너무 늦지 않았으며 얼마든지 좋아질 수 있음을 알게 되면서 그녀는 희망을 갖게 되었다. 그녀는 아빠와 같은 알코올 중독자로서의 삶을 더 이상 살아갈 필요가 없었다. 고은 씨는 AA모임에 계속 참여하기로 했고, 회복 프로그램에 참여

집단모임은 중독의 사이클을 깨고 회복의 길로 들어서도록 돕는다

하기 시작했다. 사람들이 회복을 시작하는 것에 대해 한 번쯤 고민할 때, 지지집단은 그가 회복의 과정에 발을 들여놓을 수 있도록 이끌어 줄 것이다. 고은 씨의 경우에서 볼 수 있듯, 지지집단은 고립을 끝내고 희망을 제공하는 역할을 해 준다.

지지집단은 중독으로 인한 고립을 끝내고
당신이 더 이상 혼자가 아님을 알려 준다

중독자와 가족들은 고립된 세계에 살고 있다. 그들은 가족을 보호해야 한다는 잘못된 충성심에 사로잡혀 있기 때문에 너무 많은 비밀을 지켜야 한다. 이러한 파괴적인 고립을 극복하기 위해서, 회복을 시작하는 가족 구성원들은 고립 대신 외부 지지집단과의 연결을 위해 노력해야 한다.

고은 씨는 얼마나 많은 사람이 중독으로 인해 고통받고 있으며, 그들이 적절한 정보의 부족으로 인해 자신의 문제를 인정하지 못하는 부정(denial)의 상태에 있는지를 알게 되었다. 그녀는 이미 중독에 빠져들기 시작했으나 아무도 그에 대해 말하지 않았다. 자신도 아무런 도움을 받지 못한 채 계속 술을 마셨다면, 남편이 아무 말 없이 그녀를 떠나 버렸을 것임을 알게 되었다. 그녀의 남편은 전처의 음주 때문에 이혼을 했다. 그는 배우자의 중독 문제를 정직하게 직면하는 대신 떠나 버리는 방법을 택했던 것이다.

고은 씨는 자신도 비슷한 방식으로 행동하고 있었음을 알게 되었다. AA모임에 가기 전까지, 그녀는 술을 마시고 자신의 감정을 숨기는 데 많은 시간을 보내고 있었다. 모임에 참여하면서 자신이 아들을 방치한 것에 대해 죄책감과 부끄러움을 느꼈다. 하지만 모임을 통해 그녀가 혼자가 아니며 변화될 수 있음을 알게 된 것이다.

고은 씨가 알코올 중독에 대해 더 많이 알게 되면 될수록 모임을 통해 새로운 방법들을 배워 갈 수 있을 것임을 알게 되었고, 이는 그녀에게 용기를 주었다. 부모교육 집단은 그녀가 아들과 새롭게 상호작용할 수 있는 새로운 방법을 배워 가도록 도왔다.

요즘은 아들이 집에 돌아오면 아이가 어떤 하루를 보냈는가에 대한 이야기를 듣는 것을 가장 중요한 일로 여기게 되었다. 엄마의 이러한 관심에 대해 아들은 매우 고마워했다. 집에 왔을 때, "저 왔어요."라는 말에 누구도 대답해 주지 않았던 경험은 아이에게 큰 상처가 되었다. 이제 아이는 외로움이나 방치된 느낌이 아닌 엄마의 돌봄을 받고 있다는 느낌을 경험하고 있었다.

고은 씨는 모두가 캐럴을 부르고 있었고 자신은 술에 취해 있었던 어떤 크리스마스 파티를 떠올렸다. 그녀는 술을 너무 많이 마셨고, 아들에게 짜증을 내며 심술궂게 굴고 있었다. 아들이 그녀가 캐럴을 너무나 이상하게 부르는 것에 대해 불평을 하자, 그녀는 "귀찮게 하지 마! 날 좀 내버려 두라고! 난 정말 너랑 상대하기 싫어!"라고 외쳤다. 이제는 그녀가 맑은 정신으로 자신의 감정을 보다 잘 다루게 되면서, 아이에 대해서도 보다 인내심과 포용력 있는 엄마가 되었다. 잃어버렸던 유머 감각도 되찾고 이제는 이전처럼 방어적인 태도를 보이지 않게 되었다. "이제는 만일 아들이 나에게 너무 이상하게 노래를 부른다고 이야기한다면 이렇게 이야기할 거예요. '그럼, 당연하지.'"

고은 씨는 술을 끊는 것만으로는 회복을 효과적으로 해 나가기에 충분히 않다는 것을 알게 되었다. 그녀에게는 삶을 변화시키는 기술들이 필요했던 것이다. 술이나 약물 사용을 중단했음에도 불구하고 여전히 문제가 해결되지 않는 이유는 술이나 약물을 끊는 것만으로는 가족 내의 오래된 패턴 또는 술이나 약물에 대한 강박이 변화하지 않기 때문이다. '마른 주정'은 술이나 약물은 더 이상 사용하지 않지만 여전히 술이나 약물을 사용할 때의 행동과 감정, 생각을 지속하고 있는 것을 의미한다.

지지집단은 '마른 주정'의
사이클을 벗어날 수 있도록 돕는다

만일 회복자의 생각과 감정, 행동 방식이 바뀌지 않는다면 그들의 삶의 결과는 좋게 나오지 않을 것이다. 지지집단은 감정과 생각 그리고 행동에 대한 정보와 피드백을 줌으로써 이들에게 변화와 성장의 기회를 제공한다.

재홍 씨는 지난 9년간 술을 끊었다 다시 마시기를 반복하였다. 그러고는 술을 끊기 위해 다른 약물을 사용하기 시작했다. 그는 그것이 별로 효과적인 방법이 아님을 알았고 도움을 받기로 했다. 그래서 AA모임에 참석하기 시작했으나 자신은 모임의 사람들과는 뭔가 좀 다른 사람처럼 느껴졌고 약물 사용을 중단하는 데 모임은 필요 없다고 생각했다.

이번에는 성공적인 듯했다. 그는 약물과 술을 완전히 끊었다. 하지만 그의 행동은 변화하지 않았다. 그의 시간은 대부분 분노와 후회로 채워졌다. 재홍 씨는 자신의 모습이 알코올 중독자였던 아버지의 모습과 똑같이 닮아 있음을 알게 되었다. 아버지가 그랬던 것처럼 그 역시 아이들이 울음을 터트릴 때까지 소리치고 비난했다. 그는 아이들이 자신이 잘못되었다고 느끼게 되면 행동을 변화시킬 것이라고 생각했던 것이다. 하지만 어린 시절 자신이 그랬듯, 이런 행동은 아이들에게도 전혀 효과적이지 않았다. 그가 아이들과 함께해 주지 않았기 때문에 그의 가족은 그를 신뢰하지 않았다. 그는 자신이 한 약속을 지키지 않았다. 가족들이 다시 희망을 갖게 하고는 그걸 무너뜨려 버렸다. "나는 나를 전혀 돌볼 수 없고, 균형 잡힌 생활을 할 수가 없어요. 그런데 어떻게 내가 다른 누군가를 돌볼 수가 있겠어요?"

재홍 씨는 모임에서 마른 주정에 대해 나누었던 이야기들을 기억해 냈고, 자신의 모습이 그에 딱 들어맞는 것을 알게 되었다. 그는 약물 사용을 중단하였지만, 그 외의 어떤 것도 변화된 것이 없었다. 그는 자신의 행동을 변화시키기 위한 도움이 필요함을 알게 되었다. 그는 AA모임에 열심히 참석하기 시작했고, 모임의 후원자를 구했으며, 12단계 프로그램을 시작했고, 부모교육 집단에 참여하였다.

재홍 씨는 자신이 약물 사용을 중단한 후 너무나 고립되어 있었고, 문제를 부정했으며, 절망적이었고 무력했기 때문에 우선은 밖으로 나가는 것이 필요하다는 것을 알게 되었다. 지지집단 안에서 그는 자신의 감정과 문제를 공유하기 시작했다. 그 누구도 그를 비난하거나 잘못했다고 이야기하지 않았다. 다른 많은 사람이 그랬던 것처럼, 재홍 씨 역시 자신의 문제를 사람들 앞에서 공개하는 것이 그가 고립과 절망으로부터 빠져나오는 첫걸음이 되었다.

부모교육 집단에서 그는 아이들의 이야기를 듣는 법을 배웠고, 지금은 아이들에게 소리를 지르는 대신 그들과 편하게 이야기를 나눌 수 있게 되었다. 약속을 지키지 않는 것 역시 그의 큰 문제였기 때문에 그는 이제는 자신이 한 말을 지켜 나가기 위한 노력을 했다. 이 모든 것이 시간을 필요로 하는 일임을 알고 있었지만, 그는 이미 아이들이 점점 더 자신을 믿어 가고 있는 것을 느끼기 시작하였다.

재홍 씨는 자신의 삶을 이렇게 바꿔 갈 수 있는 방법과 정보를 알 수 있게 된 것에 대해 굉장히 안도하고 있었다. 지지집단에 참여하기 전에 그는 자신이 신뢰할 수 없는 나쁜 사람일 뿐이라 생각했다. 하지만 이제 그는 자신이 변화할 수 있음을 알고 있다.

지지집단은 자신의 내적 지혜를 신뢰할 수 있도록 확신을 준다

지지집단의 구성원들은 당신의 중독과 회복에 대해 공동의존자처럼 집착하지 않기 때문에 당신에 대한 피드백이 보다 정직하고 객관적일 수 있다. 당신은 현실을 객관적으로 보기 위해 타인의 확인이 필요할 때가 있다. 그들은 당신이 자신의 내적 지혜를 신뢰하도록 격려할 것이다.

형식 씨와 미애 씨는 형식 씨가 퇴근 후 한잔 하기 위해 성희 씨를 만나기 5년 전부터 결혼생활을 이어 왔다. 그와 성희 씨는 술에 취한 채 웃고 서로에게 추파를 던지며 시간을 보냈다. 미애 씨가 그 만남에 함께해도 되겠냐고 물었을 때, 형식 씨는 자신들이 사업상 이야기를 나누는 자리이기 때문에 아마도 지루하게 느낄 것이라고 이야기하였다. 그는 자신들의 수입으로는 베이비시터를 구할 여유가 없기 때문에 미애 씨가 집에서 아이를 돌봐야만 한다고 강조했다.

미애 씨는 형식 씨에게 성희 씨와의 관계가 단순히 사업상의 관계인지를 계속해서 물었다. 형식 씨는 그녀가 너무 의심이 많고 나쁜 아내라고 비난했다. 그는 성희 씨와 아이가 얼마나 소중한 존재인지를 이야기하며 자신을 의심한 것에 대해 미애 씨에게 욕설을 퍼부었다.

미애 씨는 너무나 힘들었지만 이에 대해 누군가와 이야기 나누기가 두려웠다. 그녀는 누구도 형식 씨에 대해 나쁘게 생각하거나 자신을 좋은 배우자가 아니라고 생각하는 것을 원치 않았다. 하루는 이웃이 커피를 마시기 위해 왔다가 미애 씨가 식탁에서 울고 있는 것을 발견했다. 그녀는 무슨 일이 있느냐고 물었고, 미애 씨는 "내가 남편에 대한 의심 때문에 미쳐 가고 있나 봐요. 남편은 나에게 너무 집착한다고 해요. 하지만 나는 너무 질투가 나고 남편이 나에게 어린애라고 할까 봐 겁이 나요."

이웃은 그날 밤 있었던 여성 지지집단에 그녀와 함께 갔다. 미애 씨는 아이를 돌보기 위해 집에 남아야 한다고 거부했지만, 이웃은 집단에 참석하는 것이 그보다 훨씬 중요한 일임을 강조했다.

집단 안에서 미애 씨는 다른 사람들이 자신과 비슷한 경험을 이야기하는 것을 들었고, 자신의 이야기도 함께 나눌 용기를 갖게 되었다. 집단의 누군가가 이야기했다. "누군가 나를 함부로 대한다면 나는 나 자신을 진정으로 사랑하기 때문에 그런 대접은 받지 않겠다고 이야기할 거예요. 만일 그럼에도 불구하고 그가 만일 부적절한 다른 관계를 지속한다면 그건 그의 문제겠지요. 하지만 그가 우리 관계를 다시 소중하게 생각하고 노력하는 모습을 보일 때까지 그를 집에서 내보낼 거예요."

미애 씨는 자신이 지지받는 느낌을 가지며 울기 시작했다. "당신의 이야기는 제가 너무나도 하고 싶었던 것이에요. 하지만 저는 제 자신을 믿지 못했지요. 이제는 제가 미친 게 아니라는 것을 확실히 알겠어요. 저는 제가 바보같이 살고 있다고 이야기하는 제 내면의 목소리를 들어 주지 않았어요."

집단 참여자들은 미애 씨가 포기하지 않고 남편과 이 문제를 해결해 갈 수 있도록 용기를 주었다. 그녀는 남편에게 만일 우리의 결혼생활을 유지하고 싶다면 다른 여성과 시간을 보내는 것은 허용되지 않는다고 분명하게 이야기하였다. "나는 내가 미친 것이 아니고 단지 이로 인해 상처받은 것임을 알아요. 만일 내가 술집에서 다른 남자들과 술을 마시고 있는 동안 당신이 집에서 아이를 돌보아야 했다면 당신은 나처럼 참아 주지 않았을 거예요."

처음에는 형식 씨가 화를 내며 떠나겠다고 위협했다. 만일 계속 이렇게 질투하고 의심 많은 아내처럼 행동할 거라면 집에서 나가라고도 했다. 미애 씨는 "당신이 결혼생활을 깨는 행동을 계속하고 있는 사람인데 내가 왜 아이들과 집을 떠나야 하나요? 결정은 당신이 하세요."라고 대답했다.

형식 씨는 한동안 손님방에서 잠을 자긴 했지만, 미애 씨는 그가 매일 밤 퇴근 후에 집으로 들어오는 것을 확인할 수 있었다. 그녀는 그에게 고맙다고 말했다. 형식 씨가 다시 미애 씨와 함께 쓰는 침실로 돌아왔을 때, 미애 씨는 이에 대해 모임에서 이야기하였다. "우리의 관계가 내가 바라는 만큼 좋아진 것은 아니에요. 하지만 최소한 그가 나를 존중하지 않을 때 나 자신을 지킬 수 있어요."

미애 씨가 계속해서 지지집단에 참여한다면, 자신의 생각과 감정에 대한 객관적인 점검을 계속해 나갈 수 있고, 이는 공동의존 행동이 재발하는 것을 막는 데 도움이 될 것이다.

지지집단에 참여하면 오래된 습관을 바꾸고
재발을 피하는 것이 보다 쉬워진다

어떤 사람들은 자신의 문제를 사람들과 나누지 않고 자기 혼자 떠안고 있을 때 자신이 강한 존재라 생각하기도 한다. 하지만 이것은 전혀 효과적이지 않은 자기양육(self-patenting) 행동이다. 사람들과 자신의 문제를 나누는 것은 용기와 지혜가 있어야 가능한 것이다. 다른 이들에게 당신의 문제를 공개하고 그것에 대한 조언과 의견을 경청할 수 있다는 것은 용기가 필요한 행동이다. 그리고 그중 무엇이 나에게 맞고 무엇이 나에게 맞지 않는지를 가려내기 위해 지혜가 필요하다. 집단은 당신이 효과적인 자기양육을 계속해 나가는 데 필수적인 조건이다.

일단 한번 위기를 겪고 나면 효과적인 자기양육 행동을 그만두고 싶은 유혹을 느끼게 된다. 점점 바빠지면서 자신을 돌보는 것과 성장하고 배우는 것을 그만두게 된다. 재발은 이렇게 자기 자신을 돌보는 것을 그만두는 때에 발생한다.

희석 씨는 술을 끊으면서 회복 프로그램에 참여하기 시작했고, AA모임과 부모교육 프로그램에도 참석하였다. 그는 아이들과 점점 가까워지는 것과 스스로가 발전하고 있는 것에 대하여 뿌듯했지만 너무 많은 활동이 이따금 스트레스로 작용하였다. 6개월 후 그는 AA모임이나 부모를 위한 긍정훈육 프로그램에 더 이상 참여할 필요가 없다는 생각을 하였다. 자신이 도움 없이도 단주를 잘할 수 있고, 부모로서의 역할도 점점 더 나아질 것이라고 생각하였다. 모임과 부모를 위한 긍정훈육 프로그램을 하지 않는 시간에 그는 집 주변에서 한가롭게 앉아 쉬거나 TV를 보면서 여유로운 시간을 가졌다.

이후 단주를 유지하고 있음에도 불구하고 아이들과 아내에게 소리를 지르는 희석 씨의 옛날 습관이 금방 다시 나타났다. 재발이라는 것은 단순히 술을 마시는 것을 의미하는 것만은 아니다. 재발은 자기학대적인 행동이나 그들의 삶을 더 나아지게 하는 데 도움이 되지 못하는 행동을 할 때 일어난다.

희석 씨는 자기 자신과 자신의 삶에 대해 실망하기 시작했다. 그리고 거기서 벗어나기 위해 다시 술을 마시려 하기도 하였다. 하지만 결국 그는 AA모임과 부모를 위한 긍정훈육 프로그램으로 돌아갔고 다시 회복의 길을 걷기 시작했다. 그가 참여한 프로그램에서는 재발의 길로 되돌아가지 않고 회복의 길을 나아가며 중독적 패턴을 바꾸기 위한 세 가지의 중요한 가이드라인을 따르고 있었다.

① "나는 나의 오래된 행동 패턴을 반복하기로 결심할 수도 있다. 또한 나는 나의 행동을 바꾸도록 새로운 결심을 할 수도 있다."

② "나는 나의 오래된 행동이 더 이상 나의 삶에 효과적이지 않음을 알게 된 순간 변화에 대한 동기를 갖게 되었고, 효과적이지 않은 행동을 반복하는 것을 그만두었다."

③ "내가 무엇을 반복하든, 나는 그것을 더 잘하게 될 것이다. 만일 내가 오래된 행동을 반복한다면 나는 그것을 점점 더 잘하게 될 것이다. 지지집단의 도움 속에서 나는 새로운 결심과 행동을 반복하고 연습할 수 있다."

지지집단을 찾고자 할 때, 이러한 세 가지의 가이드라인을 잘 실천할 수 있는 집단을 찾는 것이 중요하다. 이는 당신을 피해자화하는 대신에 당신의 삶에 대한 책임감을 갖게 해 주고, 변명보다는 행동으로 실천할 수 있도록 격려하며, 당신에게 새롭게 실천할 수 있는 행동을 가르쳐 주는 집단을 의미한다. 이러한 가이드라인을 따르는 집단은 당신에게 도움이 될 뿐 아니라 무조건적 사랑이나 수용으로 다른 이들을 도울 수 있는 기회를 제공할 것이다.

지지집단은 무조건적인 사랑과 수용을 제공한다

당신이 자신의 가치를 알고 또한 당신의 가치를 믿어 주는 사람들과 함께 있을 때, 당신은 사랑받는다는 느낌을 갖게 될 것이다. 당신이 자기 자신과 타인에 대한 신뢰를 가질 때, 당신은 사랑받는다는 느낌을 갖게 될 것이다. 당신이 어떠한 판단이나 비난 또는 조롱 없이 있는 그대로 편안함을 느낄 때, 당신은 사랑받는다는 느낌을 갖게 될 것이다.

지지집단을 선택할 때 격려하고 힘을 주는 집단 그리고 참여자들이 무조건적인 사랑을 받는다고 느낄 수 있는 집단을 선택하는 것이 중요하다. 무조건적인 사랑이 있는 곳에서는 한없는 치유와 개인적 성장이 가능해진다. 당신이 성장하고 더 건강해질수록 당신 주변의 모든 사람에게도 좋은 영향을 미치게 될 것이다.

사랑과 보살핌이 있고 판단 없이 지지해 주는 지지집단은 '신뢰하지 말 것, 말하지 말 것, 느끼지 말 것'이라는 중독가정의 규칙을 깰 수 있도록 돕는다. 중독과 위기에서 벗어나 생존하기 위해 당신에게는 용기와 책임감, 협력과 성공을 북돋울 수 있는 지지집단이 필요하다.

긍정훈육 4

오래된 공동의존적 패턴을 깨라

회복을 하고 있는 부모는 자신들의 과거가 더 이상 미래로 그대로 이어지지 않을 것이라는 희망적인 시선을 갖는 것이 필요하다. "나는 뭔가 다르게 살고 싶어."라는 말은 회복 중인 부모가 흔히 하는 말 중 하나이다. 오래된 공동의존(co-dependence)의 패턴이 깨지고 독립(independence)적이면서도 상호지지(interdependence)할 수 있는 관계가 될 때 이러한 희망은 현실이 된다.

회복 중인 부모는 이미 공동의존의 파괴성과 실망을 경험하였다. 부모가 자녀에게 독립적이면서도 의존이 아닌 상호지지의 방법을 제대로 배우고 가르치게 될 때, 가정은 지지적이고 양육적인 분위기, 상호존중의 분위기, 그리고 성장할 수 있는 분위기를 가진 장소가 될 것이다. 또한 그 안에서 모든 가족 구성원은 편안함을 느끼기 시작할 것이다.

의존에서 독립으로 그리고 상호지지로

우리 모두는 의존적인 존재로 태어난다. 성장과정과 부모의 양육 그리고 시간의 흐름을 통해 우리는 독립적인 존재가 되어 간다. 독립적(우리가 누구이며, 어떻게 우리 자신을 돌봐야 하는지를 아는 것)이 되는 것은 상호지지(타인과 협력하는 것)를 향해 나아가는 첫 번째 단계이다. 대부분의 부모가 독립적이고 상호지지적인 자녀로 키우기보다는 의존적이거나 공동의존적인 사람으로 키운다.

중독에서 회복 중인 대부분의 부모는 어린 시절 엄격한 규칙을 정하고 순종적인 아이로 키우는 가정에서 성장하였다. 어떤 부모들은 아이들이 자신의 행동에 따른 결과를 경험하고 실수를 통해 뭔가를 배울 수 있는 기회를 주지 않고 모든 것을 대신 해 주려 하였다. 또 다른 부모들은 중독에 빠져 자녀들을 방치하였다. 그들은 가족보다는 약물이나 술에 더 몰두해 있었다.

통제되거나 과잉보호를 받거나 방치되는 경우, 아이들은 독립이나 상호지지의 기술을 배워 나갈 수 없다. 이들은 자기 스스로 생각하고, 감정을 느끼고, 자기만의 의견이나 가치를 살펴볼 수 있도록 격려받지 못한다. 아이들은 이러한 상황에 반항하거나 순응할 수는 있지만 어떻게 가족에 기여하고 자기 자신에 대한 긍정적 감정을 가질 수 있는지에 대해서는 알지 못한다. 이러한 가정에서는 독립적 존재로 성장하는 것을 격려받는 대신, 타인의 가이드라인이나 의견을 따르도록 키워진다. 만일 이들이 독립적이고 온전한 자기 자신이 되려고 한다면 가족의 비난과 조롱을 받을 것이다.

이렇게 자란 아이들이 성장해 가족을 떠날 때, 그들은 자신이 의존(공동의존)할 수 있는 또 다른 사람을 찾는다. 태어날 때부터 부모에 의해 의존적인 사람으로 키워진 이들이 어떤 대상에게 의존했다가 또 다른 누군가에게 의존하는 방식으로 계속해서 의존적 관계를 맺을 것이라는 것은 당연한 것이다. 그리고 이러한 의존의 대상에는 술이나 약물도 포함된다.

독립적이 된다는 것이 혼자가 된다는 것을 의미하는 것은 아니다

독립적인 사람이 된다는 것은 다른 누군가를 필요로 하지 않는 것이라는 그릇된 생각을 가지는 사람이 많다. 그들은 가족 중 누군가가 독립적인 사람이 될 때 부모나 배우자를 필요로 하지 않고 가족을 떠나게 될 것이라는 두려움을 갖는다. 어떤 이들은 가족 구성원들이 독립적인 사람이 될 때, 그들이 가족을 위해 무엇을 하든 다른 가족에게 어떠한 보상도 받을 수 없을 것이라고 여기기도 한다. 이러한 잘못된 믿음 때문에 이들은 가족 중 누군가가 독립적인 사람이 되는 것을 두려워한다. 그리고 독립적인 사람으로 성장하기보다는 공동의존의 관계 속으로 스스로를 다시 밀어 넣는다.

이는 근거 없는 두려움이다. 독립적이 된다는 것은 당신이 어떤 생각을 하고, 어떤 감정을 가지며, 무엇을 원하는지를 알게 된다는 것을 의미한다. 그리고 당신이 생각하고 느낀 바를 다른 사람들에게 긍정적인 방법으로 표현할 수 있다는 것을 의미한다. 독립적이 된다는 것은 때로는 당신 스스로 또는 다른 사람과 함께함으로써 당신이 원하는 것을 대부분 성취할 수 있음을 의미한다. 가족 구성원들이 독립적인 사람이 되고 각자의 독특성을 표현할 수 있을 때만이 공동의존의 패턴을 깨고 상호지지를 향해 나아갈 수 있다.

나는 나, 너는 너 그리고 우리 함께

상호지지(interdependence)는 공동의존(co-dependence)과는 아주 다르다. 두 사람이 서로를 의지하며 기대 서 있는 모습을 그려 보자. 만일 한 사람이 움직이면 다른 사람은 쓰러지게 된다. 이것이 공동의존이다. 이번에는 서로의 가까이에 서서 언제든 필요할 때 도움을 주고받으며 연결될 수 있지만 자신만의 방식으로 자신만의 삶을 살아가고 있는 두 사람의 모습을 그려 보자. 서로 다른 이 두 사람 사이에는 존중과 지지를 바탕으로 하는 많은 주고받음이 있다. 이것이 상호지지이다.

많은 사람이 가족이나 가까운 관계에 대해 생각할 때 상호지지에 대한 환상을 갖는다. 이러한 환상을 미처 인식하지 못하면, 그들의 두려움이 서로를 얽매고 놓아주지 않아 결국 상호지지를 방해하게 될 것이다.

공동의존의 사이클 깨기

중독에서 회복 중인 부모는 여러 가지 의존성의 문제를 갖고 있기 때문에 공동의존이 아닌 독립과 상호지지를 촉진할 수 있는 자녀양육 방식을 학습해야 할 필요가 있다. 이 책을 통해 우리는 그러한 자녀양육 방식을 강조하고 있다. 이 장에서 우리는 한 가정의 부모가 어떻게 통제를 포기하고 자녀양육 방식을 변화시켜 나가는지 보여 줄 것이다.

이들 부모는 자녀를 통제하지 않고, 자녀 역시 부모나 다른 가족 구성원들을 통제하지 않도록 함으로써 질서 잡힌 자유로움을 유지할 수 있는 방법을 배웠다. 타인을 통제하는 대신 그들은 자기 자신의 행동을 통제하는 방법을 배웠다. 그들은 정서적 정직(2장에서 다루었던)을 연습했고, 자신의 생각과 감정을 공유함으로써 아이들 역시 그렇게 할 수 있도록 격려하였다. 아이들의 모든 것을 고쳐 주려 하는 대신, 문제와 관련된 모든 가족이 함께 해결책을 찾고 실천해 나가도록 하였다. 또한 변명이나 설명 대신 필요할 때 'NO'라고 말할 수 있게 되었다.

다음의 사례들은 이러한 기술들이 공동의존의 패턴을 변화시키기 위해 어떻게 활용되는가를 보여 주고 있다.

수영 씨 이야기

회복 초기의 수영 씨는 최근 AA모임에서 막 회복을 시작한 필모 씨를 만났다. 그녀는 15세 때부터 지난 7년간 약물에 중독되어 있었다. 그녀는 자신이 온전한 한 사람의 존재라는 느낌을 여전히 갖지 못했고, 필모 씨가 약물이 빠져나간 공백을 채워 줄 것이라는 기대를 갖고 그와 시간을 보내기 시작하였다.

그녀의 의존성이 약물에서 필모 씨에 대한 중독으로 넘어간 것이다.

　필모 씨의 딸이 그들과 함께 지내기 위해 올 때까지는 필모 씨에 대한 수영 씨의 의존이 별다른 문제를 일으키지 않았다. 하지만 필모 씨가 4세 된 딸 라희와 시간을 보내기 시작하면서, 수영 씨는 위기감과 질투를 느끼기 시작하였다. 그녀는 거리를 두거나 시무룩한 모습을 보이기 시작했다. 수영 씨는 필모 씨가 그녀에게 줄 시간이나 사랑이 남아 있지 않을까 두려웠다. 필모 씨는 딸과 보내는 시간에 수영 씨도 함께하고자 노력했지만, 수영 씨는 화를 내거나 거부했다. 그녀에게 라희는 둘 사이를 망친 악동일 뿐이었다.

필모 씨 이야기

　필모 씨는 술을 먹으면서 딸을 방임했다. 그는 술을 마시기 위해 잠든 어린 딸을 혼자 집에 두고 나갔던 것을 기억하고 있다. 회복을 하면서 필모 씨가 느낀 죄책감과 수치심은 그의 부모 역할에 부정적인 영향을 끼쳤다. 필모 씨는 라희가 원하는 것을 너무 넘치게 채워 주려 함으로써 과거에 방치했던 것을 보상하려 했다. 필모 씨는 주말을 딸과 함께 보내게 되면서 모든 시간을 딸을 위해 써야 한다고 생각했고, 수영 씨와 단 둘만의 시간을 보내게 되면 죄책감을 느끼게 되었다. 그는 딸과 함께 있는 모든 시간을 딸을 위해 헌신함으로써 딸에게 '보상'해야 한다고 생각했다. 그리고 수영 씨도 자신처럼 해 주기를 원했다. 필모 씨가 딸에게 많은 것을 해 주려 하면 할수록, 라희는 더 많은 것을 요구하기 시작했다. 아이는 때로 정말 버릇없는 떼쟁이처럼 굴기도 하였다.

　자녀와 함께 살고 있지 않은 많은 부모가 자신을 방문하는 아이들을 위해 모든 시간을 온전히 쏟아부어야 한다고 생각한다. 하지만 부모들이 자신의 일상적 삶의 균형을 유지하고 서로가 함께하는 시간 외에 각자 혼자 있는 시간도 가질 수 있도록 하는 것이 서로를 보다 존중하는 방식임을 기억해야 한다.

공동의존의 사이클

　수영 씨와 필모 씨는 공동의존 관계였다. 수영 씨는 자신이 온전하다고 느끼기 위해 필모 씨에게 의존하고 있었고, 필모 씨는 수영 씨가 딸에게 자신처럼 헌신적으로 해 주기를 바람으로써 그녀를 통제하려 하였다. 이것이 공동의존의 사이클을 만들었다.

　필모 씨는 지친 나머지 자포자기 상태에 다다랐고, AA모임의 동료는 그에게 부모를 위한 긍정훈육 프로그램에 참석하기를 권유하였다.

의존에서 독립으로 그리고 상호지지로 옮겨 가기

　필모 씨가 자신의 행동이 누구에게도 건강한 방법이 아님을 알게 되기까지는 그리 오랜 시간이 걸리지 않았다. 그는 부모를 위한 긍정훈육 프로그램을 통해 배운 새로운 기술을 사용하여 양육 방식을 바꿔 보기로 결심했다. 먼저, 그는 지금의 상황에서 어떤 기분인지, 무엇을 원하며 왜 그런지에 대하여 수영 씨와 공유했다. 그는 "나는 당신과 내 딸의 관계가 좋지 않을까 봐 걱정되고 두려워요. 난 두 사람 모두를 사랑하고, 둘 사이에 누구 하나를 선택해야 하는 상황이 될까 봐 겁이 나요. 나는 우리 세 사람이 가족처럼 지내고 누구 하나 떠나는 일이 없기를 바라고 있어요."

　그리고 필모 씨는 수영 씨가 어떻게 해 주기를 바라는 대신 자신이 무엇을 할 것인가를 생각함으로써 타인이 아닌 자신의 행동을 통제하기 시작했다. 그는 수영 씨와 라희가 함께 무언가를 하기를 강요하지 않고, 그 둘이 관계를 발전시킬 능력이 있음을 믿고 기다리기로 했다. 딸에게 과거의 잘못에 대한 보상을 해 주거나 죄책감을 갖는 대신, 그는 자신의 감정을 표현하기로 했다. 그는 딸에게 사랑한다고 말하면서 딸과 함께 시간을 보내는 것도 중요하지만 수영 씨와 보내는 시간이나 혼자만의 시간도 필요함을 말해 주었다.

필모 씨와 라희는 주방 테이블에 함께 앉아 달력을 앞에 놓고 함께 즐길 수 있는 특별한 시간을 언제 가질 것인가에 대한 일정을 세웠다. 그들은 함께하고 싶은 활동에 대한 목록도 작성하였다. 그들이 미리 정한 일정이 다가오면, 그들은 그 목록을 보고 무엇을 함께할 것인지를 결정하였다.

필모 씨는 계속 함께 놀아 달라는 딸의 요구에 대해 때로는 혼자 있는 시간을 가질 것을 권유함으로써 거절하는 법을 배웠다. 그는 색칠공부나 장난감 가지고 놀기 등 라희가 혼자서 즐길 수 있는 것들의 목록을 함께 만들어 주었다. 아이가 떼를 쓸 때 필모 씨는 혼자 놀기 목록에서 두 개를 골라 선택하도록 하였다. 처음에는 라희가 둘 다 싫다며 아무것도 하지 않겠다고 심술을 부리기도 했다. 하지만 필모 씨는 "넌 분명 네가 할 만한 것을 선택할 수 있어. 나는 지금 바쁘단다."라고 말해 주고는 방에서 나갔다. 라희는 떼를 쓰는 것이 소용없다는 것을 알게 되었고 혼자 놀기 시작했다.

긍정훈육 4 오래된 공동의존적 패턴을 깨라

필모 씨는 또한 라희가 때로 베이비시터와 함께 있게 될 것이고, 아빠는 수영 씨와 커피를 마시러 가거나 산책을 할 것이라고 말해 주었다. 그는 "나는 너와 함께 보내는 특별한 시간도 아주 중요해. 하지만 수영 씨와 소중한 시간을 보내는 것도 중요하단다."라고 설명해 주었다.

필모 씨는 수영 씨에게도 그녀의 감정과 염려를 표현하라고 격려했고, 뭔가를 고치라고 요구하거나 방어하지 않고 그녀의 말을 듣겠다고 약속했다. 수영 씨는 필모 씨가 라희와 억지로 잘 지내라고 강요하는 것에 대한 복수로 라희와 함께 시간 보내기를 거부하기보다는 자신이 그에 대해 얼마나 화가 나는지를 필모 씨에게 알려 주기로 했다. 또한 그녀는 그가 한 걸음 물러나 그녀만의 방식으로 상황에 대처할 수 있도록 여지를 준 것에 대해 필모 씨에게 감사를 표현했다. 필모 씨는 방어하지 않고 수용적인 태도로 그녀의 말을 들어 줌으로써 그녀의 감정을 존중해 주었다.

그들은 세 사람이 가족으로서 함께하는 시간, 두 사람이 커플로서 함께하는 시간 그리고 아이와 함께하는 개별적인 시간에 대한 계획을 함께 세웠다.

수영 씨는 그녀와 라희가 함께 즐길 수 있는 특별한 시간을 배려한 것에 대해 감사했다. 그 둘은 필모 씨가 없는 시간을 함께 보내며 편안한 관계를 만들어 갔다.

수영 씨는 또한 필모 씨에게 매달린 또 다른 어린아이처럼 행동하지 않기 위해 자기 자신을 보다 성장시키려 노력하였다. 그녀는 회복을 위한 지지집단에 참석하였고, 친구들과 다양한 활동을 하고자 하였다. 가족 밖에서 즐거움을 찾을수록 수영 씨가 가족과 함께하는 시간도 보다 풍요로워졌다.

서로를 통제하지 않으면서 각자의 부모 역할에 책임지는 기술들은 서로의 공동의존적 사이클을 깨고 서로를 위한 독립적이고 상호지지적인 관계를 더욱 성장시켰다. 통제자나 구원자, 피해자의 역할을 포기했을 때, 그들 모두는 리더가 되는 법을 배울 수 있었다. 그들은 상대방을 통제하려 하기보다는 자기 자신의 행동을 통제했다. 자신의 내면에서 들려오는 목소리에 귀를 기울였고, 서로의 생각과 감정을 공유했으며, 서로의 이야기를 방어하거나 상대를 고쳐 주려는 마음 없이 경청하였다. 그들은 함께 일상성과 구조를 만들어 나갔다. 필모 씨는 필요한 경우 딸에게 'NO'라고 말할 수 있게 되었다. 이러한 과정들은 부모가 자녀를 통제하지 않고 아이들도 부모를 통제하지 않는, 자유롭지만 질서가 잡힌 가족 분위기를 만들어 갈 수 있도록 해 주었다.

변화에 대한 저항

아이나 어른들 대부분은 변화를 그다지 좋아하지 않는다는 것을 기억할 필요가 있다. 이는 변화가 그들에게 이로운 것이라 해도 마찬가지이다. 아기 새들은 둥지 밖으로 밀려 나가는 것이 그들에게 필요한 것임을 알지 못한다.

그것이 비록 과잉보호와 과잉통제라 하더라도, 의존적으로 살아가던 사람들은 독립이 처음에는 불안정하게 느껴지기 때문에 독립적이 되는 것을 거부한다. 이러한 저항은 정상적인 것이기에 당신이 저항에 직면하여도 좌절하지 않도록 우리는 이에 대해 계속해서 언급하게 될 것이다.

공동의존이 취하는 다양한 양상

알코올 중독 가정은 술이나 중독자에게 초점이 맞추어져 있어 자녀양육에 큰 관심을 쏟지 못한다. 그런 가정에서의 자녀양육은 일관성이 없으며, 예측할 수도 없고, 학대가 이루어지는 경우가 많다. 가족 구성원들은 고립감과 외로움을 느끼고 서로를 존중해 줄 수 있는 적절한 경계를 설정하는 데 실패한다. 아이들은 부모는 물론, 자기 자신도 믿지 못한다. 가족의 역할은 혼돈스럽거나 경직되어 있다. 부모들은 죄책감과 부적절감, 수치감과 함께 자신 없고 뭔가 뜻대로 되지 않는 듯한 감정을 느낀다.

수영 씨와 필모 씨는 가족을 다시 만들어 가는 것이 시간이 걸리는 과정이며, 그들이 강요하지 않을 때 비로소 관계가 좋아짐을 알게 되었다. 부모가 자녀의 독립과 상호지지에 초점을 맞출 때, 가족들은 모두 가족 안에서 자신의 자리를 찾을 수 있으며, 굳이 자신의 자리를 찾기 위한 경쟁을 벌이지 않아도 되었다.

수영 씨와 필모 씨는 라희와 함께하는 방법은 물론 서로에게 독립적이 되는 것을 배워 가고 있었다. 독립과 상호지지를 격려하면서, 그들은 주변 사람들을 더 이상 어린아이처럼 대하지 않게 되었다. 이러한 새로운 양육 방법이 항상 쉬운 것은 아니었다. 하지만 그들은 지금까지의 결과들에 만족했고, 실수를 하더라도 다시금 새롭게 배운 방법대로 계속해서 노력하고자 하였다.

부모가 자녀를 안내하고 이끌어 주는 기술을 사용할 때, 자녀는 더욱 책임감 있고 배려하며 유능한 사람이 되는 방법을 배울 수 있다. 이러한 모습은 독립적이고 상호지지적인 사람의 특성이다. 부모가 처벌이나 통제의 방법을 사용할 때, 아이들은 의존성이나 공동의존의 특성인 건강하지 못한 순응이나 반항 등의 기술을 배우게 된다. 모든 가족 구성원이 있는 그대로 자기 자신의 가치를 격려받을 때, 그 가족은 공동의존의 사이클을 깨고 치유의 과정을 시작하게 된다.

공동의존이 취하는 다양한 양상

긍정훈육 5

일상성과 구조를 만들어 가라

중독이 가족에게 가져오는 결과는 혼돈과 불안정성이다. 일상성과 구조를 세우는 것은 이러한 혼돈과 불안정성 대신 신뢰와 안정성을 만들어 가는 데 아주 중요하다.

부모가 현재 계속된 중독행동을 보이고 있는 가정에서는 일상에서의 규칙적인 활동들을 유지하는 것이 거의 불가능하다. 매일 예측할 수 없는 일들이 벌어지기 때문에 아이들은 오늘은 또 무슨 일이 일어날 것인가를 계속해서 걱정하게 된다. 여기에서 일관성은 거의 찾아볼 수 없다. 아이들은 삶은 예측할 수 없고 일관성 있는 모습을 보여 주지 않는다는 것만 기억하게 된다.

아이들은 이러한 가족 분위기에 적응해 나가겠지만 거기에는 대가가 따른다. 그들은 일상의 부드러운 리듬을 만들어 가거나 고요한 기대감을 가지는 데 실패한다. 그들의 삶은 무질서하고 정돈되지 않으며, 때로는 혼돈과 광기에 휩싸여 아이들을 공포와 불안, 혼란에 빠트린다. 마리의 집이 바로 그랬다.

어느 날 아침, 마리가 잠에서 깨어났을 때, 엄마인 자영 씨 소리가 부엌에서 들려왔다. 그녀는 아래층으로 내려가면 부엌에 환한 햇살이 가득하고, 엄마가 자신과 동생 재호를 위한 아침을 준비하고 있을 것이라는 것을 알아차렸다. 또 어느 날 아침에는 잠에서 깨어났을 때 집 안에서 아무런 소리가 들리지 않는 날이 있다. 그날은 엄마가 전날 마신 술에 취해 침대에 누워 있는 것임을 마리는 알고 있다. 그런 날은 어두컴컴한 부엌에서 그녀 혼자 아침을 챙겨 먹어야 한다. 그리고는 자신과 동생의 점심 도시락을 챙겨 동생을 학교에 보내야 한다. 마리는 눈을 뜨기 전까지는 어떤 아침이 자신을 기다리고 있을지 전혀 예측할 수 없다.

94

긍정훈육 5

일상성과 구조를 만들어 가라

또 다른 집의 10세 준호와 7세 영호는 거실에서 카드 놀이를 하고 있었다. 엄마는 부엌에서 설거지를 하고 있었다. 그들은 아빠인 석호 씨가 오토바이가 돌아오는 소리를 들었다. 아이들은 서로를 한번 쳐다보고는 계속해서 카드 놀이를 하고 있었다. 문이 벌컥 열리고 석호 씨가 쿵쾅거리며 집으로 들어왔다. 엄마가 부엌에서 소리를 지른다. "도대체 어디 있다 이제야 들어오는 거예요? 애들 배고픈데 7시까지 당신 기다렸잖아요. 밥 안 먹었으면 알아서 뭐든 데워 먹어요."

석호 씨가 그녀의 말을 무시하고 아이들에게 소리를 질렀다. "지금까지 안 자고 뭐하는 거야?"

준호가 볼멘소리로 "이제 겨우 7시 45분이잖아요. 우리가 무슨 애기도 아니고……."라고 항의했지만 석호 씨는 "당장 방으로 가란 말이야."라며 고래고래 소리를 질러 댔다.

"오늘은 또 왜 이래." 아이들은 카드를 집어 던지며 투덜거렸다.

전날에는 아빠가 늦게 집에 돌아와서 아이들과 함께 카드 놀이를 하며 10시 넘어서까지 잠을 자지 않아도 아무 말 하지 않았다. 준호는 황당하고 화가 났다. 도대체 아빠가 원하는 것이 무엇인지를 알 수가 없었다. 준호가 이에 대해 엄마에게 물어보았을 때, 엄마는 아빠를 화나게 하는 어떤 말도 하지 말라고 주의를 주었다. "너 아빠가 어떤 사람인지 알잖아." 준호는 이 말을 뭔가 시끄러워질 만한 그 무엇도 하면 안 된다는 의미로 받아들였다. 그는 아빠가 그렇게 변덕스러운 행동을 하는 것이 아빠의 약물 사용 때문이라는 말을 들은 적이 없었다. 준호는 저녁이 되면 속이 꼬이는 것을 느끼면서 자신이 불안을 느끼고 있다는 것을 알아차리게 되었다.

이런 아이들에게 학교는 일관성과 일상성을 통해 안도감을 제공하는 곳이다. 학교는 매일매일 정해진 일과에 따라 다양한 활동이 진행된다. 학교는 정해진 활동들로 하루 일과가 시작되고 이는 또 다른 정해진 활동들로 이어진다. 정해진 시간에 받아쓰기 수업이 진행되고, 쉬는 시간이나 점심시간도 정해져 있다. 학교에서의 대부분의 날은 정해진 일과대로 흘러간다. 그곳에서는 예측 가능한 질서와 규칙적 일상에 따라 일과가 진행된다. 적어도 그곳에서는 아이들이 신뢰를 배울 수 있다.

회복 중인 부모는 술에 취한 채 남발하던 약속 대신 규칙적인 일상을 세워 가고 이를 준수하는 일관성 있는 모습을 실천해 가야 한다. 예측 가능한 규칙적 일상을 통해 아이들과의 신뢰를 새롭게 쌓아 갈 수 있다. 이러한 일상은 예측 가능하고 일관성이 있으며 모두가 존중할 수 있는 일상이다. 어떤 일이 일어날지에 대해 부모가 좌지우지하는 것이 아니라 예측 가능한 일상이 이들의 삶을 지배한다. 아이들은 상황에 따라 무엇이 필요하고 무엇이 일어나야 하는지에 주목할 수 있고, 그에 따라 필요한 일들을 해 나가는 것을 배울 수 있다.

마리의 엄마가 도움을 받다

마리의 엄마인 자영 씨는 약물중독을 치료할 수 있는 입소 치료시설에 입원했다. 퇴원한 후 집으로 돌아온 그녀는 좋은 부모가 되고 싶었으나 어떻게 시작해야 할지를 알 수 없었다. 그녀는 아침의 일상을 규칙적으로 바꿔 보기로 했다. 하지만 상황이 좋아지기는커녕 점점 더 나빠지는 것을 보며 당황하기 시작했다. 그녀의 아침 시간 대부분은 학교 갈 준비를 하지 않고 방에서 장난감을 갖고 빈둥거리는 재호를 달래거나 그에게 잔소리하거나 소리 지르는 것으로 채워졌다. 엄마가 치료를 받기 전에 이런저런 도움을 주곤 했던 마리는 이제는 엄마가 가족들을 위한 아침을 모두 차려 놓았음에도 불구하고 혼자만의 아침을 챙겨 먹고는 더러운 프라이팬과 접시를 싱크대에 던져 두고 문을 쾅 닫고 학교로 가 버렸다. 자영 씨는 이런 상황이 너무 어이가 없고 화가 났다.

자영 씨가 치료시설에서 퇴원해 집으로 돌아온 첫날, 책상 위에는 학교에서 온 유인물이 놓여 있었다. 그 유인물은 긍정적인 부모 역할을 위한 교육 프로그램에 관한 것이었다. 그때는 별 관심도 없었고, 그것 말고도 할 일이 너무 많다고 생각했기 때문에 그 유인물을 치워 버렸다. 하지만 아이들과 보낸 전쟁 같은 몇 주가 지난 후, 자영 씨는 그 유인물을 떠올렸고 그걸 찾아내어 다시 읽어 보았다. 그녀는 도움이 필요하며 혼자서는 감당할 수 없음을 알게 되었다. 그녀는 부모를 위한 긍정훈육 프로그램에 참석하기로 마음먹었다.

자영 씨는 새로운 많은 것을 배우며 정말 기뻤다. 부모를 위한 긍정훈육 프로그램의 강사는 문제와 관련된 모든 사람을 문제해결과정에 포함시키는 것이 중요함을 강조하였다. 자영 씨는 아침의 일상이 더 나아지기는커녕 왜 계속 엉망이 되어 갔는지를 이해할 수 있었다. 그녀는 새로운 아침의 일상을 만들어 가는 과정에 아이들을 포함시키지 않음으로써 아이들에게 민감하지 못했고, 아이들과 그들의 욕구를 무시한 것이었다.

아침의 규칙적 일상을 만들어 가기

다음 날 아이들이 학교에서 돌아온 조용한 오후에 자영 씨는 아이들을 불러 앉히고 이야기를 시작했다. 그녀는 엉망진창인 아침 모습에 대해 얼마나 속상한지에 대하여 말했다. 아이들 역시 아침에 별로 기분이 좋지 않았다고 이야기하였다.

자영 씨는 재호에게 아침에 일어나는 것쯤은 스스로 해낼 수 있으니 이제부터는 아침에 알람시계를 맞춰 놓고 일어나면 좋겠다고 제안했다. 그리고 다음 날 오후에 함께 가서 알람시계를 사기로 약속했다. 자영 씨는 만 원이 넘지 않는 가격 한도에서 어떤 시계든 고를 수 있다고 말해 주었다. 그리고 집에 돌아와 시계를 어떻게 사용하는지 알려 주겠다고 약속했다.

그러고 난 후 자영 씨는 재호에게 물었다. "그 외에 네가 매일 학교에 가기 위해 준비해야 하는 것들이 또 무엇이 있을까?" 그녀는 재호가 자신이 무엇을 해야 하는지를 잘 알고 있다는 것에 대해 적잖이 놀랐다. 자영 씨는 엄마가 도 와줘야 하는 것이 있는지 물었다. 재호는 누나가 자기에게 아침마다 무엇을 해야 하는지를 일러 주던 것이 도움이 되었다는 것을 기억했다. 자영 씨는 아들이 누나에게 얼마나 의지하고 있는가를 비로소 알게 되었다.

자영 씨는 마리에게도 아침에 학교 갈 준비를 하는 데 무엇이 필요한지 물었다. 그녀는 딸이 아침 식사 준비가 자기 책임이라고 생각하고 있다는 사실에 놀랐다. 자영 씨는 "너희는 둘 다 아침에 해야 할 일이 많아."라고 말해 주었다. 그리고 재호에게는 아침에 해야 할 일들을 적은 일정표를 만들어 벽에 붙여 줄지에 대해 물었다. 재호가 좋다고 답했고, 자영 씨는 마리에게 동생을 위한 일정표 만들기를 도와줄 수 있는지 물었다. (자영 씨는 마리도 동참한다는 느낌을 갖게 하고 싶었다. 하지만 동시에 마리가 모든 것을 할 필요가 없다는 것을 알려 주고도 싶었다.) 마리는 동생을 위한 일정표를 만드는 것에 동의했다.

일정표가 완성된 후, 자영 씨는 일정표에 따라 할 때 어떻게 될 것인지에 대해 함께 연습해 보았다. 그들은 함께 웃고 떠들며 즐거운 시간을 보냈다. 가족 모두는 자신들이 무엇을 해야 할지를 명확히 알게 되었다.

마리가 아침 식사 준비를 중요하게 생각하고 있다는 것을 알게 된 자영 씨는 이에 대해 어떻게 하면 좋을지를 물었다. 함께 이야기를 나누는 과정에서 자영 씨는 딸이 아침에 얼마나 많은 부담을 갖고 있는지에 대해 알게 되었다. 자영 씨는 아이에게 부담스럽지 않은 방식으로 아침의 일상을 새롭게 만들어 가고 싶었다. 그래서 아이들이 등교하는 날에는 자영 씨가 아침을 준비하고, 학교에 가지 않는 토요일과 일요일에는 마리가 가족을 위한 아침을 준비하기로 했다.

이틀 후, 아침의 일상이 시작되고 있었다. 알람이 꺼졌지만 여전히 재호가 침대에 있다는 것을 알게 된 자영 씨는 깊은 한숨을 쉬며 아들을 깨우고 싶은 마음에 저항하고 있었다. 그리고는 주방으로 가 아침을 준비하기 시작했다. 마리가 동생을 깨우며 달래는 소리를 들은 자영 씨는 딸에게 가서 이전과는 다른 방식으로 동생을 도와줄 수 있는지 물었다. "재호가 스스로 일어날 수 있는 기회를 가지도록 해 주면 어떨까?"

마리는 동의하고 다시 자신의 등교 준비를 하기 시작했고, 자영 씨 역시 주방으로 가 아침 준비를 계속했다. 얼마 지나지 않아 재호가 허둥거리며 돌아다니는 소리가 들려왔다. 재호는 등교 시간이 다 되어서 마리가 학교를 가기 위해 나갈 때가 되어서야 부엌에 들어왔다. 그러고는 배가 고프다고 말했고 자영 씨는 "배가 고프겠지. 하지만 너의 일정표에 가서 지금 무엇을 해야 하는 시간인지 확인해 봐."라고 말했다. 재호는 이미 학교에 가야 할 시간이 다 되었음을 확인하였고, 아침을 굶은 채 문을 박차고 나갔다. 자영 씨는 재호가 한 끼 정도 굶는다고 큰 문제가 생기는 것은 아닐 뿐 아니라, 자신의 선택이 어떠한 결과를 가져오는지 경험해 볼 수 있는 최선의 기회를 가질 수 있었기 때문에 자신이 그렇게 나쁜 엄마는 아니라고 스스로 되뇌었다. 얼마 지나지 않아 자영 씨는 아이들이 스스로 일어나 차분하게 등교 준비를 하고 아침 식사도 거르지 않는 모습을 볼 수 있게 되었다.

재호는 다른 아이들처럼 그렇게 저항이 심하지 않았다. 자영 씨는 재호가 저항을 하면 어떻게 대처할 것인지에 대한 계획을 갖고 있었다. 그녀는 재호의 담임 선생님을 만나 그녀에게 도움을 요청하였다. 자영 씨는 담임 선생님에게 재호가 아침에 일어나는 것과 등교 준비를 하는 것에 대해 책임감을 배울 수 있도록 돕는 계획을 설명하였다. 그리고 재호가 학교에 늦는 것에 대하여 그 결과를 경험할 수 있도록 도와줄 수 있는지 물었다. 재호는 구석에 혼자 서 있거나 방과 후에 늦은 만큼 보충을 해야 할 수도 있었다. 공부를 따라갈 수 없다면 낮은 점수를 받을 것이었다.

자영 씨는 부모를 위한 긍정훈육 프로그램에서 배운 가이드라인에 따라 아이들과 함께 일상을 다시 만들어 나가는 과정을 통해 그녀의 가족에게 일어난 변화에 대하여 매우 기뻐했다.

일상을 다시 만들어 나가기 위한 가이드라인

① 한 번에 하나의 문제에 초점을 맞추라.

② 모든 사람이 편안할 때(갈등이 없을 때) 아이들과 함께 이 문제에 대하여 의논하라.

③ 계획을 짤 때 아이들과 함께하라. 아이들의 아이디어를 물어보라. 그들이 제시하는 아이디어가 적절하지 않다면 제한된 선택을 사용한다. 예를 들어, 아이들이 "난 아무것도 하고 싶지 않아요."라고 말을 한다면 "너는 그 일을 아침 식사 전 아니면 저녁 식사 전에 하는 것 중 하나를 선택할 수 있어. 하지만 아무것도 하지 않는다는 것은 네가 선택할 수 있는 것에 포함되지 않아."와 같은 방식으로 제한된 선택권을 부여한다.

④ 차트나 목록표, 타이머, 사진 등의 시각적 도구를 사용하라. 아이들이 해야 할 일을 사진으로 찍어 출력한 다음 아이들의 일정표에 붙여 놓는 것도 좋은 방법이다.

⑤ 역할 연기를 통해 연습을 해 본다.

⑥ 단호하지만 따뜻한 태도로 이 과정을 함께한다. (안타까운 마음에 대신 해 주려 하거나 아이들에게 훈계하는 것을 자제하라. 다만 아이들에게 함께 만든 차트나 목록표를 보여 주거나 "우리가 함께 했던 약속이 뭐였지?"라고 물어보라. 아이들이 자신의 선택이나 행동에 의한 자연스러운 또는 논리적인 결과를 경험할 수 있는 기회를 주어야 한다. 하지만 이것이 처벌이 되어서는 안 된다.)

일상을 다시 만들어 가는 것은 장기적으로 볼 때 가족에게 많은 이득이 된다. 장기적인 이득에는 안전감, 안정된 분위기, 신뢰, 삶의 기술 등이 있다. 아이들은 자신의 행동에 책임지는 법을 배우게 되며, 할 수 있다는 자신감과 가족과 협력할 수 있는 법을 배우게 된다.

100

긍정훈육 5 일상성과 구조를 만들어 가라

중독자는 '즉효약(quick fix)', 즉 당장의 즉각적인 결과를 찾곤 한다. 이러한 즉효약은 임시변통으로서 일시적으로 문제를 해결한다. 잔소리, 재촉하기, 소리 지르기, 위협하기, 벌주기 등은 순간적으로는 문제를 해결하는 것처럼 보이지만 장기적인 관점에서의 문제해결은 점점 어려워진다.

부모들이 생각을 바꿔 장기적 변화를 위한 노력을 해 가고자 한다면 일상을 다시 만들기 위한 가이드라인과 같은 것을 따라 해 보는 것이 도움이 된다. 현실적인 기대를 갖고 한 번에 모든 것이 완벽하게 바뀌지 않을 것임을 이해하는 것 역시 도움이 된다. 아이들이 부모의 말이 진심이라는 것을 믿게 되기까지는 시간이 걸린다. 변화에 저항하는 것은 인간의 본성이며, 이는 그 변화가 우리에게 도움이 될 것이라는 것을 알거나 심지어 우리가 변화를 원할 때조차 마찬가지이다. 이것을 이해할 때, 우리는 저항이 끝날 때까지 계획한 바대로 계속해 나갈 수 있다.

자영 씨는 그녀가 배우고 경험한 것을 통해 최근 가족 내에서 큰 변화를 겪게 된 친구 하영 씨를 도울 수 있게 되었다. 하영 씨의 남편인 석호 씨는 중독자였다. 하영 씨는 친구인 자영 씨가 "더 이상 이대로는 안 돼. 석호 씨는 이제 더 이상 통제 불가능이야. 그는 중독에 빠진 것이 틀림없어. 나는 알 수 있어. 나도 중독자였거든."이라며 직면하기 전까지는 남편의 중독에 대해 부정하고 있었다.

하영 씨는 두 손으로 머리를 감싸고 흐느껴 울기 시작했다. 자영 씨는 "넌 도움이 필요해. 난 네가 내일 나와 함께 CODA(Co-dependents Anonymous, 익명의 공동의존자들)에 갔으면 좋겠어."라고 말했다. 하영 씨는 모임에 참여하기 시작했다. 하영 씨가 가족의 문제 중 제일 먼저 관심을 두었던 문제는 잠자리에 들 시간이면 벌어지던 가족 내의 혼란스러운 모습이었다. 하영 씨는 석호 씨에게 저녁 시간을 보다 편안하게 바꾸고 아이들이 안전할 수 있도록 도와줄 수 있겠느냐고 물었다. 석호 씨는 "날 좀 내버려 둬. 난 너의 심리학적인 놀이 따위에는 관심 없어."라고 말했다.

하영 씨는 화가 났지만 자기 자신에게 초점을 맞추고 석호 씨를 바꾸려 하기
보다는 변화를 위해 자기 자신이 무엇을 할 수 있는지를 보려고 하였다.

저녁 시간의 규칙적 일상을 만들어 가기

자영 씨는 하영 씨에게 일상을 만들어 나가기 위한 6개의 가이드라인을 말
해 주었다. 어느 토요일, 하영 씨는 10세인 준호와 7세인 영호 두 아들과 함께
앉아 잘 시간에 벌어지는 일들에 대해 어떻게 느끼고 있는지를 물었다. 영호는
울기 시작했고, 준호는 자신에게 소리 지르는 것이 너무 싫다고 말했다. 하영
씨는 그 상황이 모두에게 힘든 일이었음에 동의하고 이 문제를 해결하고자 하
며 그러기 위해서는 그들의 도움이 필요함을 말해 주었다.

그들은 우선 언제가 잠자리에 들 가장 합리적인 시간인지에 대하여 이야기
를 나누었다. 준호는 자신이 형이기 때문에 동생보다는 좀 더 늦게 자고 싶어
했다. 하영 씨는 두 아이에게 제한된 선택권을 주었다. 영호는 7시 45분이나
8시 중 하나를 고르게 하였고, 준호에게는 8시 15분과 8시 30분 중 하나를 고
르게 하였다. 그리고 금요일과 토요일에는 두 아이 모두가 원한다면 9시까지
놀 수 있도록 하였다. 영호는 8시를, 준호는 8시 30분을 선택하였다. 다음으로,
하영 씨는 아이들에게 잠자리에 들기 전 무엇을 해야 하는지에 대하여 물었다.
아이들은 파자마 입기, 양치질, 장난감 정리, 욕실 정리 등 각자 해야 할 일을
적은 목록을 작성하였다. 하영 씨는 이를 차트로 만들어서 아이들 방문에 붙여
놓도록 하였다. 그녀는 이런 일들을 해 나가는 데 시간이 얼마나 걸릴지에 대
해 아이들과 함께 계산해 보았다. 영호는 30분이 필요했고, 준호는 15분의 시
간이 필요했다.

하영 씨는 침대에 누워 잠을 자려고 할 때 책을 읽어 주는 것이 좋은지를 물
었다. 두 아이는 모두 찬성했다. 하영 씨는 각자 불을 끄기 전 15분 동안 책을

긍정훈육 5 일상성과 구조를 만들어 가라

읽어 줄 것을 약속하였다. 영호에게는 하영 씨가 책을 읽어 주고, 준호는 책을 읽는 것을 하영 씨가 들어 주기로 하였다. 아이들은 잘 준비를 하는 데 더뎌지는 경우도 있으므로 잘 준비를 시작하는 시간에 여유를 두어 정하고자 하였다. 영호는 7시 15분부터, 준호는 8시부터 잘 준비를 시작하기로 하였다.

두 아이는 각자 자신의 차트를 만드느라 바빠졌다. 영호는 자신이 해야 하는 일들의 사진을 잡지에서 잘라 왔고, 준호는 해야 할 일들을 직접 그림으로 그렸다. 아이들은 자신이 만든 차트를 벽에 붙였고, 해야 할 일에 대한 역할 연습도 함께했다. 그들은 타이머를 사용해서 각자 할 일들이 얼마나 시간이 걸리는지 알아보고 다시 연습해 보는 것이 재미있을 거라 생각했다. 하영 씨는 그들의 계획을 아빠에게도 알려 주겠다고 말했다. 그리고 아빠가 그렇게 행동하는 이유는 약물 때문이며, 우리 때문이 아님을 설명해 주었다(아이들에게 약물에 대해 어떻게 이야기해 주는 것이 좋은지 알고자 한다면 8장을 참조하라).

다음 날 두 아이는 거실에서 놀고 있었다. 하영 씨가 "7시 15분이야."라고 말해 주고 아이들에게 타이머를 가져다주었다. 그러고는 부엌으로 가 설거지를 하기 시작했다. 7시 45분에 하영 씨는 침대에서 영호가 씻고 나오기를 기다리고 있었다. 영호는 서둘러서 파자마를 입었고, 7시 55분에 하영 씨는 책을 읽어 주기 시작하였다. 8시가 되자 그녀는 책 읽기를 멈추고 불을 껐다. 그러자 영호가 "너무해요. 아직 책을 다 읽지 않았잖아요."라며 울기 시작했다. 하지만 하영 씨는 아무런 대답 없이 영호에게 키스를 하고 방 밖으로 나왔다. 영호는 계속해서 투덜거렸지만 하영 씨는 아무 말도 하지 않았고, 이내 조용해졌다.

준호는 아빠와 함께 TV를 보고 있었다. 준호가 자려고 일어나자 아빠는 "나랑 같이 TV 보자."라고 말했다. 하영 씨가 들어와서 "여보, 아이들과 나는 잠자리에 드는 것에 대한 계획을 함께 세웠어요. 그리고 이것이 잘 지켜지려면 당신의 도움이 필요해요."라고 말했다. 석호 씨는 어깨를 으쓱하며 "좀 늦게 자도 상관없는 거 아니야?"라고 하였고, 그녀는 "우리는 함께 계획한 것이 있고, 당신의 도움이 필요해요."라고 답했다. 그는 다시 TV를 보기 시작했다.

준호는 부지런히 준비를 시작했고, 8시 15분에 하영 씨가 방에 들어가 준호에게 책을 읽을 것인지 물었다. 준호가 제일 좋아하는 책을 읽었고, 8시 30분이 되자 하영 씨가 "이제 불을 꺼야 할 시간이야."라고 말하며 아이에게 키스했다. 그녀는 매일 밤 함께 정한 대로 지켜 갔고, 가족들은 그러한 일상에서 편안함을 느끼게 되었다. 잠자리에 드는 시간은 거의 예외 없이 지켜지고 안정되어 갔다. 언젠가부터 석호 씨 역시 이러한 일상이 얼마나 잘 돌아가고 있는가를 인식하기 시작했고, 그가 맑은 정신으로 집에 있는 날에는 아이들에게 책을 읽어 주는 시간에 함께하기도 하였다.

하영 씨는 석호 씨가 변하기를 기다릴 필요가 없음을 알게 되었다. 그녀는 자기 스스로를 변화시킬 수 있었다. 그녀는 변화를 위한 계획을 세우고 성공적으로 이루어 가면서 자기 자신에 대해 보다 긍정적으로 느끼게 되었다.

부모는 아이들과 함께 새롭게 일상을 만들어 나갈 수 있는 많은 기회를 갖고 있다. 더 많은 가족이 일상을 새롭게 만들어 나갈 때, 더 많은 구조와 질서를 경험해 나갈 수 있다. 예를 들어, 식사 시간은 또 다른 혼란의 시간이 될 수 있으며 일상을 구축해 나가야 하는 영역 중 하나이다.

긍정훈육 5 일상성과 구조를 만들어 가라

저녁 식사 시간의 규칙적 일상을 만들어 나가기

저녁 식사 시간이 정돈된 느낌을 갖게 될 때 그 이후의 저녁 시간은 긍정적 분위기를 만들어 갈 수 있게 된다. 저녁 식사 시간의 일상을 만들기 전의 전형적인 모습이 어떤지는 지석 씨 가족을 통해 확인할 수 있다.

지석 씨는 베이비시터에게 맡겨 두었던 두 아이를 데리고 지금 막 집에 도착했다. 이미 7시 30분이 되어 가고 있었다. 아이들은 배가 고프다며 칭얼거리기 시작했다. 반려견인 방울이는 먹이를 달라며 눈에 보이는 모든 사람에게 달려

들고 있었다. 지석 씨는 냉동실에 있는 뭔가를 데워 먹을 수 있다는 것은 전혀 생각하지 못하고 있었다. 아내인 아영 씨가 집을 떠난 지 이제 겨우 3일이 되었지만 지석 씨는 거의 미쳐 가고 있었다. 아영 씨는 알코올 중독 치료를 위해 치료 센터에 입소했다. 지석 씨는 이런 상태로 자신이 오래 버티지 못할 것이라는 것을 알고 있었다.

치료 센터에 있는 가족상담 전문가의 도움을 받은 지석 씨는 저녁 식사 시간의 일상을 다시 만들어 봄으로써 혼란을 줄이고 질서를 만들어 나가기로 결심하였다. 5세인 혜리와 9세인 준모 역시 아빠를 돕고자 하였다. 어느 일요일, 아빠와 두 아이는 아침 식사를 마친 후 둘러앉아 해야 할 것에 대한 계획을 짜기 시작했다. 우선 그들은 구체적으로 해야 할 일들이 무엇인지에 대해 이야기하였다. 해야 할 일의 목록에는 상 차리기, 요리하기, 설거지하기 등이 포함되었다. 지석 씨가 방울이에 대해 언급하자, 아이들은 "맞아, 방울이에게 밥 주는 것도 해야 할 일에 넣어야 해."라고 답했다.

해야 할 일들이 적힌 목록을 보며 혜리는 자신은 상 차리는 것을 도울 수 있다고 하였고, 준모는 강아지에게 밥 주는 것을 자신이 하겠다고 하였다. 지석 씨는 이번 주에는 요리와 설거지를 하겠다고 말했다. 그는 또한 아이들을 5시 30분에 데리러 갈 수 있도록 퇴근 시간을 좀 당겨 보기로 했다.

저녁 식사 시간을 위한 새로운 계획을 실천한 지 하루 만에 그들은 얼마나 많은 것이 평온해졌는지를 알 수 있었다. 일주일이 지난 후, 그들은 한 주간 잘해 왔으며 지금까지처럼 계속해 나가기로 했다. 며칠 후 혜리는 강아지에게 밥 주는 것을 하고 싶다고 했다. 지석 씨는 이 문제를 일요일에 있을 가족회의 시간에 함께 이야기해 보자고 하였다. 그리고 가족회의를 통해 그들은 지금까지의 역할을 조금 바꿔 보기로 했다. 혜리는 강아지에게 밥 주는 것을 책임지기로 하였고, 준모는 상 차리는 것을 돕고 화요일 저녁에는 3분 카레를 데워 저녁 식사를 준비해 보기로 하였다. 혜리도 하루 저녁 정도는 자신이 식사를 준비해 보고 싶다고 하였다. 지석 씨는 혜리에게 무엇을 준비해 보고 싶은지 물었다.

잠시 고민해 보던 혜리는 "내가 제일 좋아하는 핫도그를 만들 거야."라고 답했다. 지석 씨는 기뻐하며 가족회의가 끝나는 대로 혜리에게 전자레인지 사용법을 알려 주기로 하였다.

다음 주에 그들은 또다시 회의를 했고, 강아지 밥 주기와 상 차리기 준비를 격주로 돌아가며 하는 것으로 결정했다. 아이들은 일주일에 한 번씩 스스로 저녁을 준비하였고, 하루는 두 아이가 힘을 합쳐 저녁 식사를 준비하기도 하였다. 지석 씨는 아이들에게 일주일에 한 번은 가족이 함께 외식을 하고, 일주일에 두 번은 일회용 접시를 사용하자고 제안했다. 가족 모두는 아영 씨가 집에 돌아오기를 기다리며 각자의 역할에 충실하였다.

3주의 치료를 마친 후에 아영 씨가 집으로 돌아왔다. 그녀는 지석 씨와 아이들의 변화된 모습에 불안과 부담을 느꼈다. 그녀는 '요리는 나의 할 일인데, 이제 나는 더 이상 가족들에게 필요한 사람이 아닌 것 같아.'라고 생각했다. 아영 씨는 아이들에게 이젠 더 이상 요리를 하거나 설거지를 도울 필요가 없다고 말해 주었다. 하지만 아이들은 "우리는 엄마를 도와주고 싶어요!"라고 반대했고, 아영 씨는 "그건 내가 할 일이야!"라고 고집을 피웠다.

지석 씨는 이 상황에 대해 화가 났다. 새로운 일상이 자리 잡아 잘 돌아가고 있었다. 그는 아이들과 함께하는 것이 즐거웠고, 이를 계속하고 싶었다. 아이들 역시 자신들이 새롭게 배워 가는 것들에 대해 기뻐하고 있다는 것을 알고 있었다. 지석 씨는 다음 주가 되면 아영 씨가 다시 직장에 복귀하고 AA모임에 참석하기 시작하면서 그녀의 일정이 다시 바빠질 것이라고 생각했다. 그는 아영 씨가 새로운 저녁 식사 규칙이 가족 모두에게 유익함을 알기를 원했다.

아영 씨가 직장에 복귀하고 난 후 일주일이 되어 갈 무렵, 그녀는 완전히 지쳐 가고 있었다. 아이들을 베이비시터에게서 데리고 오면서 오는 길에 저녁 장을 보고 저녁 식사 준비와 설거지를 마친 후 미친 듯이 달려가 AA모임에 참석하는 것은 엄청난 일이었다. 지석 씨는 아이들과 함께 저녁을 준비하는 것이 행복하다고 했지만, 아영 씨에게는 그것이 도저히 감당할 수 없을 것만 같은 일이었다.

2주가 지나갈 무렵이 되자 지석 씨는 점점 두려워지기 시작했다. 그가 보기에 아영 씨는 재발을 향해 달려가고 있는 것 같았기 때문이다. 그녀는 우울하고 불쑥불쑥 화를 냈으며 모두에게 공격적이었다. 그녀가 편안해하는 시간은 AA모임에 참석하는 시간이 유일하였다.

지석 씨는 아영 씨가 모임에서 돌아오기를 기다렸다. 그러고는 그가 얼마나 불안한지, 그리고 그녀가 모든 일을 감당하려고 하는 것이 그다지 효과적인 방법이 아님을 이야기하였다. 그녀는 거의 언제나 화가 나 있는 것처럼 보였다. 아이들과의 관계도 지석 씨를 피곤하게 하였다. 그는 그들이 서로 협력하면 틀림없이 잘할 수 있을 거라 생각했다. 아영 씨가 치료 센터에 있을 동안 그들이 만들어 갔던 일상은 분명 서로에게 편안한 시간이었으며, 지금도 그것을 계속해 나갈 수 있을 거라 확신했다.

107

저녁 식사 시간의 규칙적 일상을 만들어 나가기

아영 씨는 충격을 받았고 방어적인 태도를 보였다. "당신은 내가 이렇게 고생하고 있는데 어떻게 나를 비난할 수가 있어요? 당신은 틀림없이 나보다 당신이 좋은 부모라고 생각하고 있군요." 그녀는 이렇게 쏘아붙이며 벌떡 일어나 침실로 가 버렸다. 다음 날 아침, 아영 씨는 지석 씨에게 아이들을 데려오라고 하고는 퇴근 후에 바로 AA모임으로 가겠다고 했다. 그녀는 지석 씨가 자신보다 유능하니 자신보다 뭐든 훨씬 더 잘 해낼 거라고 말했다. 그는 그녀가 그렇게 생각하게 만든 것에 대해 사과하면서 언젠가는 그녀가 기꺼이 가족 모두와 함께 협력할 수 있는 날이 오게 되기를 바란다고 말했다.

지석 씨는 아이들에게 상황을 설명하였고, 그들은 다시 저녁 식사 시간의 일상을 재조정해 나가기 시작했다. 이후 아영 씨는 가족들과 거의 저녁 식사를 함께 하지 않았다.

모든 상황이 해피엔딩으로 끝나는 것은 아니다. 모든 가족 구성원이 동참하지 않을 때는 쉽지 않다. 하지만 원하는 가족 구성원들만이라도 이러한 과정을 함께하는 것은 얼마든지 가능하며 충분히 의미 있는 일이 될 수 있다.

일상의 규칙을 만들어 나가기 위한 가이드라인은 자기 자신을 위한 시간을 만들어 나가는 것, 부부가 함께 보내는 시간을 만들어 나가는 것, 가족이 함께하는 시간을 만들어 나가는 것, 부모가 아이에게 집중할 수 있는 질적 시간을 만들어 나가는 것 등 다양한 상황에서 활용될 수 있다.

일상의 규칙을 만들어 나가는 것은 가족 구성원들이 협력하는 방법을 배울 수 있을 뿐 아니라 서로 연결되어 있는 느낌과 성취감을 경험할 수 있는 좋은 방법이 된다. 또한 가족 내의 혼돈을 질서로 바꿔 감으로써 무너진 신뢰를 다시 만들어 나갈 수 있는 좋은 토양이 된다.

긍정훈육 5 일상성과 구조를 만들어 가라

제한 설정과 일관성을 지키라

낭떠러지 앞에 서 있는 자신의 모습을 상상해 보라. 낭떠러지 끝까지 걸어가서 허리를 굽혀 절벽 밑을 내려다본다. 발 앞의 돌을 차면 그 돌은 낭떠러지 밑으로 굴러떨어져 끝이 보이지 않는 곳까지 튕겨 내려간다. 그 광경을 바라보고 있는 당신의 기분은 어떠한가? 뱃속 깊이 두려움의 감정이 느껴지는가?

이번에는 똑같은 낭떠러지를 그려 본다. 하지만 이번에는 낭떠러지 끝에 튼튼하고 강한 쇠로 만든 울타리가 땅에 박혀 있다. 그 울타리가 얼마나 튼튼한지 충분히 느껴질 정도이다. 당신은 낭떠러지를 내려다보며 어떤 기분을 느끼는가? 아마도 보다 편안하고 안전한 느낌이 들지 않는가?

누구든 어떤 일정한 제한(limits)이 있을 때 보다 안전하고 편안하게 느낀다. 제한은 가족 내에서의 안전감과 안정감을 제공한다. 가족 내에 중독의 문제가 있을 때, 그 문제는 가족 내의 제한을 침범한다. 제한이 있음으로 해서 느낄 수 있는 안전감과 안정감은 사라진다. 가족 구성원들은 두려움과 불안정감 그리고 실망감을 경험한다. 이러한 부정적 감정은 흔히 불평이나 분노, 우울, 음주, 싸움이나 폭력 등의 부정적 행동으로 감추어진다. 성수 씨 가족은 이러한 제한이 침범당하고 일관성이 존재하지 않을 때 가족 내에 어떤 일들이 벌어지는지를 전형적으로 보여 준다.

일요일마다 성수 씨 가족은 6세인 민서와 9세인 윤서와 함께 아이들이 좋아하는 레스토랑으로 외식을 하러 간다. 집에서 출발할 때쯤이면, 이미 아빠는 맥주를 잔뜩 마신 후였기 때문에 엄마인 지혜 씨가 운전을 하곤 했다. 그 장면은 언제나 변함이 없었다. 집에서 출발하자마자 두 아이는 뒷좌석에서 싸우기 시작한다. 엄마는 아이들이 싸우거나 말거나 아빠가 술을 마신 것에 대해 계속 화를 내며 운전을 계속한다. 대신 아빠가 아이들을 위협한다. "너희, 당장 그만 두지 않으면 외식이고 뭐고 집으로 돌아갈 거야. 이번에는 진짜야."

아이들은 이런 식의 협박을 수없이 들어왔고, 이번에도 아빠는 말만 할 뿐일 것임을 이미 알고 있었기 때문에 더 요란하게 싸우곤 하였다. 급기야 엄마가 끼어들어 소리를 지르고 운전을 하는 와중에 아이들을 때리려고 덤벼들었다. 엄마가 셋을 세면서 협박을 해야 아이들은 조용히 식당까지 온다. 아이들은 음식 주문이 끝나기가 무섭게 다시 싸우기 시작한다.

엄마는 아이들을 못 본 척하며 아빠 역시 조용히 있어 주기를 원했다. 하지만 이 상황을 피하고만 싶은 그녀의 바람과 달리, 술에 취한 아빠가 식당 안에서 아이들을 때리는 당황스러운 상황에 맞닥뜨리게 된다. 아이들의 싸움이 점점 더 과격해지면서 결국 아빠가 아이들에게 소리를 지르고 엉덩이를 때리면서 식사를 내팽개치고는 차로 끌고 가 버렸다.

부모가 확고하고 명확한 제한을 설정해 주지 않을 때, 많은 가정에서 이와 비슷한 일들이 발생하게 된다. 확고하고 분명한 제한 설정 대신에 부모들은 구슬리기, 잔소리하기, 소리 지르기, 위협하기, 때리기 등을 사용한다. 이러한 방법은 전혀 효과적이지 못하며, 부모와 자녀들 간의 관계를 망가뜨릴 뿐이다. 아이들은 잔소리하거나 소리를 지르는 부모의 말에 점점 관심을 기울이지 않게 된다. 결국 부모와 자녀 모두 전혀 존중받지 못한다는 감정을 가질 뿐이다. 성수 씨 가족이 그랬던 것처럼 아이들은 끊임없이 제한을 침범하고 어른들을 테스트하게 되며, 그 마지막은 폭력으로 끝나게 된다. 모든 가족이 기분이 상한 채 마무리되는 것이다.

이 책에서 중요하게 다루어지는 부분은 어떻게 경계(boundaries)를 분명히 하고 제한을 설정해 나가는가이다. 경계와 제한은 명확한 부모의 일관성 있는 태도가 없다면 아무런 의미를 갖지 못한다. 만일 당신이 아이들에게 무언가 말을 한다면, 그 말은 반드시 그대로 실천되어야 한다. 그 말이 실현이 될 때, 당신의 말은 존중과 권위를 갖게 될 것이다.

　성수 씨는 술을 끊고 AA모임에 참여하기 시작하였다. 그는 회복이 진행되어 갈수록 아이들에게 좋은 부모가 되기 위한 뭔가를 시도하고 싶었다. 같은 시기에 지혜 씨 역시 Al-Anon 모임에 참석하기 시작하면서 남편보다는 자기 자신에게 초점을 맞추는 것을 배워 나가고 있었다. 그녀는 자신의 욕구를 보다 분명하게 인식하기 시작하였고, 가족들이 자신의 말을 그저 하는 말이나 위협이 아니라 있는 그대로 받아들여 주는 것이 얼마나 중요한지를 알게 되었다. 부부는 더 이상 아이들을 위협하지 않고 보다 존중하면서 대하는 것이 필요하다는 것을 알게 되었다. 부부는 부모를 위한 긍정훈육 프로그램에 참석하면서 제한 설정을 위한 4단계 과정에 대해 배웠다.

제한 설정을 위한 4단계

　제한 설정을 위해서는 4단계의 과정이 필요하다. 그것은 누구의 문제인지 생각해 보기, 경계를 명확히 하기, 경계에 대해 의사소통하기, 일관성 있는 태도로 실천하기이다.

1단계: 누구의 문제인지 생각해 보기

　첫 번째 단계는 그 문제가 누구의 문제인가에 대하여 생각해 보는 것이다. 문제가 아이들의 문제인가, 당신 자신의 문제인가, 아니면 부모와 아이들이 모두 연관되어 있는 문제인가? 많은 부모가 아이 스스로 다룰 수 있는 문제를 해결해 주려 함으로써 공동의존적 관계를 오래도록 지속시킨다. 부모가 아이의 경험에 대해 비난하거나 수치심을 주지 않는 안전한 환경 속에서, 아이들은 실수를 통해 배우고 자신의 선택에 따른 결과를 경험함으로써 성장할 수 있다. 만일 아이의 문제에 대해 당신이 너무 많이 관여하고 있다면 이를 내려놓는 연습을 하는 것이 우선되어야 한다. 그렇게 할 때 아이들은 자신의 문제를 스스로 해결해 나갈 수 있게 될 것이다. 만일 그 문제가 당신의 문제라면 다음 단계로 넘어가면 된다.

2단계: 경계를 명확히 하기

두 번째 단계는 당신의 경계가 되는 제한선이 무엇인지 명확히 하는 것이다. 당신이 무엇을 원하는지, 그리고 당신이 어디까지 참을 수 있고 어디서부터는 참을 수 없는지를 알아차리는 것은 중요하다. 제한을 명확히 할 수 있는 권리가 있음을 알고 이를 자신과 타인에게 분명히 할 수 있는 것은 건강한 성장의 한 부분이다. 자신에게 제한을 분명히 할 권리가 있다는 것을 알게 되는 것이 누군가에게는 높은 자기존중감의 중요한 과정이 되기도 한다. 또한 자기존중감이 높아야 당신의 제한에 대해 타인과 의사소통할 때 서로의 경계선을 존중할 수 있게 된다.

3단계: 경계에 대해 의사소통하기

일단 경계를 분명히 하는 제한이 명확해지면 이를 다른 사람들에게 분명히 알릴 필요가 있다. 당신의 제한에 대해 아이에게 알릴 수 있는 효과적이고 존중하는 의사소통 방법은 아이에게 제한된 선택권을 주는 것이다. 이를 통해 안전한 허용 범위 안에서 아이가 선택할 수 있도록 자유를 주고 쓸데없는 힘겨루기를 막을 수 있다. 서로의 책임을 분명히 하는 경계선을 두는 것이다. 당신이 아이에게 제안할 수 있는 두 개의 대안을 생각해 보고, 그중에서 아이가 더 좋다고 생각되는 것 하나를 선택하게 한다. 아이에게 어떤 대안이 있을 수 있는지 함께 아이디어를 내 보게 하는 것도 좋은 방법이다. 만일 아이의 의견을 하나의 대안으로 선택해 준다면 아이는 존중받는 느낌을 갖게 될 것이다. 만일 아이가 내놓은 아이디어가 용납할 수 없는 것이라면 "그것은 그다지 효과적인 방법은 아닌 것 같아. 만일 더 좋은 대안이 생각나지 않는다면 너는 앞서 말한

두 개의 대안 중 하나를 선택해야 해. 어떤 것이 너에게 최선의 선택일 거라 생각하니?"라고 말할 수 있다. 어른과 마찬가지로 아이들도 자신이 선택권을 가질 때 기뻐하고 보다 협조적이 된다.

4단계: 일관성 있는 태도로 실천하기

당신이 정한 제한을 알렸다면 말한 대로 지켜야 한다. 당신이 하겠다고 말한 그대로 행동하라. 단호하지만 애정 어린 태도를 유지하라. 중독자 가정의 경우 말한 대로 실천하는 것은 그다지 자주 볼 수 있는 장면이 아니었기에, 아이는 당신이 말한 대로 얼마나 지켜 나갈 수 있는가를 테스트하려 할 것임을 기억해야 한다. 아이는 부모의 말을 믿었다가 실망했던 과거의 많은 경험 때문에 처음에는 당신의 말을 믿으려 하지 않을 것이다. 이것은 당신이 말한 대로 실천해야 하는 또 다른 이유이다. 아이의 불신과 테스트에 실망할 것 없다. 그것이 정상적인 과정임을 이해하고 권위와 존중을 갖고 당신이 말한 대로 실천하라.

실제 생활에서의 제한을 설정하기

성수 씨 가족의 이야기로 돌아가서 그들의 제한 설정이 어떻게 회복의 과정을 돕고, 그들 가족의 안정성을 만들어 나가는지를 살펴보자. 성수 씨는 부모 역할을 위한 보다 적극적인 자세를 가지기로 결심했기 때문에, 아내와 마주 앉아 외식 날 벌어지는 일들을 어떻게 다루어 갈 것인가에 대하여 이야기를 나누었다. 제한 설정을 위한 4단계 중 1단계에서 언급되었던 것처럼 이 문제가 누구의 문제인가에 대해 이야기하였다. 그들은 그 문제가 자신들의 문제라는 것에 동의했다. 왜냐하면 그들은 싸움박질하는 두 아이를 데리고 공공장소에 가는 것을 좋아하지 않기 때문이었다. 아이들이 차 안에서 싸움을 할 때에는 가족 모두의 안전까지 위협받고 있었다.

성수 씨 부부는 2단계로 나아가 명확한 제한 설정을 하고자 하였다. 성수 씨는 두 아이가 식당에서 싸우지 않고 조용히 식사하기를 바라는 것이 결코 과도한 기대는 아니라고 생각했다. 그는 싸우는 두 아이와 함께 외식하는 것을 더이상 원하지 않았다. 싸우는 아이들을 태우고 운전하는 것이 가족의 안전을 위협하는 것이기 때문에 지혜 씨 역시 더 이상 그런 상황을 원하지 않는다는 것도 분명했다.

성수 씨 부부는 3단계로 넘어가 자신들이 정한 제한에 대해 두 아들과 이야기해 보기로 했다. 다음 날 저녁 식사 직후, 가족들은 식당 예절과 차 안에서의 행동에 대해 이야기하기 위해 모여 앉았다. 지혜 씨는 그간 외식을 위해 외출했을 때 있었던 일들을 언급하며 그에 대해 이야기해 보자고 했다. 성수 씨 역시 이에 동의하며, 그 역시 화가 났고, 모두에게 즐거운 경험이 되기를 바란다고 말했다. 아이들은 주먹으로 서로 치고받으며 낄낄거리기 시작했다.

성수 씨는 아이들에게 차 안과 식당에서의 보다 좋은 시간을 보내기 위해 좋은 아이디어가 있는지를 물어보았다. 아이들은 어떠한 아이디어도 내지 않았고, 대신 지혜 씨가 의견을 내었다. "운전하는 차 안에서 너희 둘이 싸우고 있으면 너무 위험해. 만일 너희가 싸운다면 나는 차를 세우고 싸움이 끝날 때까지 꼼짝도 하지 않을 거야. 나는 우리 모두가 안전하다고 생각될 때만 운전을 할 거야." 성수 씨는 자신이 운전할 때도 똑같이 할 것이라고 말하였다.

성수 씨는 "일요일이 되면 함께 외식을 하러 나갈지 너희의 의견을 물어볼게. 만일 너희가 가겠다고 하면 함께 갈 거야. 하지만 만일 너희가 가는 길이나 식당에서 싸운다면 우리는 식사를 하지 않고 바로 집으로 돌아올 거야. 그리고 그다음 주에도 똑같이 할 거야. 엄마와 나는 더 이상 그렇게 정신없는 외식을 하고 싶지 않아."라고 말했다.

두 아이 모두 대답했다. "좋아요."

시험 단계

모든 일이 계획했던 그대로 잘 이루어진다면 정말 멋진 일이지만, 그런 경우는 거의 없다. 대부분의 경우 인간은 변화에 저항하는데, 이는 최선의 이익이 되는 변화인 경우에도 마찬가지이다. 이전과는 다른 새로운 행동을 해야 하는 상황에 직면했을 때, 더구나 부모의 말이 진심임을 신뢰할 수 없다면 아이는 부모의 반응을 살피기 위해 부모를 시험하고자 시도한다. 아이에게 어른이란 계속 말로 위협하면서도 정말 화가 폭발할 때까지는 말한 대로 행동하지 않는 사람들이다. 아이는 어른이 화를 낼 때까지 화를 자극하면서 어른과의 익숙한 분노 게임에 뛰어든다.

오래된 패턴과 습관을 바꾸는 것은 오랜 시간이 걸리며, 가족이 함께 정하거나 부모가 자녀에게 했던 말을 분명하고 일관성 있게 지켜 가는 모습을 보여줄 때 가능하다. 민서와 윤서가 새로운 규칙에 동의를 했지만 그들은 부모가 이러한 규칙을 말한 대로 잘 지켜 나갈지 시험해 보고자 하였다.

일관성 있게 지켜 나가기

일요일이 되자, 성수 씨는 아이들에게 외식을 갈 건지 물었다. 아이들은 가겠다고 말하며 차로 달려갔다. 출발한 지 얼마 되지 않아 아이들이 싸움을 시작하자, 엄마와 아빠는 평상시처럼 잔소리를 하는 대신 서로 한 번 쳐다보고는 힘을 합쳤다. 지혜 씨는 차를 세우고 싸움이 멈추기를 기다렸다. 그들은 약속했던 대로 한마디도 말을 하지 않았다. 몇 분 후에 아이들은 싸움을 멈추었고, 가족들은 다시 출발했다.

식당에 도착한 이들이 주문을 마치기도 전에 아이들의 싸움은 다시 시작되

긍정훈육 6
제한 설정과 일관성을 지켜라

었다. 성수 씨 부부는 마주보며 윙크를 하고는 종업원을 불러 음식 주문을 한 것을 취소한다고 말했다. 아이들은 그제서야 상황이 심상치 않음을 알고 더 이상 싸우지 않겠다고 약속했다. 하지만 지혜 씨는 미소를 지으며 "우리 다음 주 일요일에 다시 한 번 노력해 보자."라고 말했다.

민서는 떼를 쓰며 식당에서 버티고 있었지만 성수 씨 부부는 식당 밖으로 나와 차로 갔다. 부부는 아이들이 차에 탈 때까지 기다려 주었다. 민서는 잔뜩 화가 나서 들리지 않게 구시렁거렸다. 윤서는 뒷좌석에 앉아 숨죽여 울고 있었다. 아무 말 없이 집까지 온 부부는 바로 부엌으로 들어가 저녁 준비를 시작했다. 이들은 "내가 분명히 말했잖아."라든가 다른 어떤 설교도 하지 않았다. 이 역시 일관성 있는 태도를 보여 주는 것에서 중요한 부분이다. Rudolf Dreikurs 는 "입을 다물고 행동으로 보여라."라고 말한 바 있다.

윤서는 "이건 너무해."라고 중얼거리면서도 저녁 식사 준비를 돕기 시작했다. 성수 씨 부부는 아이들과 부모 모두를 존중하는 방식으로 아이들에게 약속을 지키며 외식을 하러 나갈 기회를 다시 가져 볼 것인지 물었다. "우리는 생활 방식을 바꾸어 가고 이를 지켜 나갈 거야. 실수하는 것은 괜찮아. 누구나 실수를 해. 너희도 다시 한 번 노력해 볼 수 있어."

다음 주에 성수 씨 가족은 다시 외식을 하러 나섰다. 차 안에서 얌전하게 있었던 아이들은 주문한 음식을 기다리며 식당 안을 이리저리 뛰어다니고 소리를 지르며 다른 사람들을 불편하게 하기 시작했다. 성수 씨 부부는 이런 모습을 보고는 조용히 식당 밖으로 나와 차로 향했다. 두 아이는 울면서 부모를 따라 나왔고, 서로 상대방이 싸움을 시작했다며 비난하기 시작했다. 지혜 씨가 시동을 걸자 윤서가 "엄마는 나한테 신경도 안 썼잖아."라며 소리를 질렀다. 성수 씨는 아무 말 없이 조용히 윤서의 손을 잡아 차에 태웠다. 안전벨트를 매는 내내 윤서는 "아무도 나 같은 건 신경 쓰지 않아."라며 울부짖었다. 성수 씨 부부는 이 행동이 자신들을 조종하려는 전략임을 알고 있었고, 아무런 반응도 보이지 않았다.

가족들이 집에 돌아올 때쯤에는 모두가 조용해져 있었다. 아이들은 아무리 불평을 해도 상황이 변하지 않을 것이라는 것을 알기 시작했다. 테이블 위에 음식이 놓였고, 모두 말없이 저녁을 먹었다. 성수 씨 부부는 지난 일요일의 외출 때보다는 한결 덜 지친다고 느껴졌다. 아이들이 힘들게 하기는 했지만 그들에게는 목적과 계획이 있었다. 부부는 단호하게 잘 대처한 것에 대하여 서로를 격려해 주었다.

다음 주, 가족들은 외식을 아무런 문제 없이 즐겁게 잘 마칠 수 있었다. 이후에도 외식을 갈 때면 가끔 아이들이 다투곤 해서 차를 세워 놓기도 하였지만 싸움은 곧 마무리되었다. 시간과 노력을 들이고 용기를 가짐으로써 성수 씨 부부는 자신들이 만들어 가고자 했던 생활의 방식을 계획대로 잘 지켜 나갈 수 있게 되었다.

약속한 것을 지켜 나가는 것은 제한을 설정하는 데 있어 매우 중요한 부분이기 때문에 일관성을 갖고 제한을 지켜 나가는 데 방해되는 것들이 무엇인지를 알아 두는 것은 도움이 된다.

일관성 있는 태도를 방해하는 다섯 가지 함정

1. 사전에 구체적인 동의를 구하지 않는 것

구체적인 시간을 포함해 지켜 나가야 할 내용에 대하여 동의를 구하지 않으면 힘겨루기에 몰두하게 되고 일관성 있는 태도를 보여 주는 것은 더욱 어려워진다. 사전에 동의를 구함으로써 아이들은 부모가 동의한 내용을 지켜 주기를 기대한다는 것을 분명히 알게 되어 저항 단계의 극복을 보다 용이하게 한다. 성수 씨 부부는 어떻게 변화해 가고자 하는지 분명히 말하면서 아이들도 계획에 함께 참여하도록 하였다.

2. 아이에게 어른만큼의 열심을 기대하는 것

부모는 아이들이 어른과는 다른 관심과 우선순위를 갖는다는 것을 자주 잊어버린다. 아이는 함께하기를 원하기 때문에 부모의 계획에 동의한다. 청소하기나 잠자리에 드는 시간 등 어른이 중요하게 생각하는 것에 대해 동의를 하지만, 아이에게는 그것을 지켜 나가는 것이 어른에게만큼 중요한 일이 아니다. 솔직히 아이들은 적절한 시간에 잠자리에 들거나 청소를 하는 것에 그다지 신경 쓰지 않는다. 아이에게는 그 나이에 맞는 관심사가 있게 마련이다. 부모가 이러한 아이의 모습을 수용하고 그들이 자기 나이에 맞게 행동할 것이라는 것을 예상하고 있어야 덜 힘들다. 어른의 필요에 따라 상호 합의한 것들이 있음에도 불구하고 아이가 모두 함께 동의한 것을 잊는 것은 어쩌면 그 나이에 맞는 정상적인 모습일 것이다. 그들이 기억하지 못할 것을 미리 예상하라. 그리고 이에 대해 화를 내기보다는 그저 약속한 대로 일관성 있는 모습을 보이라.

3. 서로 다른 방식에 대한 이해의 부족

변화에 반응하는 '방식'이 서로 다를 수 있다는 것을 허용하고 이해해야 한다. 어떤 아이는 어른이 기대하는 대로 잘 따라와 준다. 또 어떤 아이는 부모에게 저항하고 테스트한다. 이 아이는 소리를 질러 대며 쿵쾅거리거나 부모를 이겨 보려 떼를 쓸지도 모른다. 이러한 모습은 자판기에 동전을 집어넣었지만 음료수가 나오지 않았을 때 보이는 모습과 흡사하다. 어떤 이는 누군가 자판기를 흔드는 모습을 보면서 가 버리지만, 누군가는 자판기를 발로 차기도 한다. 또 누군가는 소리를 지르고 쿵쾅 두드려 대며 원하는 것을 얻어 내기 위해 더 많은 노력을 하기도 한다.

아이의 반응에 따라 이리저리 흔들리지 않고 변화해야 할 목적에 초점을 둔 일관성 있는 모습을 보여야 하며, 당신이 말한 것과 당신이 해야 할 행동에 집중하는 것이 중요하다. 엉뚱한 것에 일일이 신경 쓰기보다는 당신의 에너지를 아껴서 성공적인 변화를 만들어 가야 한다. 성수 씨는 윤서가 화를 내도록 내버려 두었고, "아무도 나 같은 건 신경 쓰지 않아."라고 소리 지를 때에도 동요하지 않았다. 가족의 변화에 직면했을 때 아이가 화를 내는 것은 당연하다. 그들의 분노가 영원히 지속되는 감정은 아니다.

4. 계획을 고수하지 못하는 것

많은 부모가 앞으로 어떻게 하겠다고 아이 앞에서 말하고 나서도 막상 그 상황이 되면 다시 예전의 패턴으로 되돌아가 잔소리하고 위협하고 벌을 주곤 한다. Alfred Adler와 함께 일했던 심리학자 Rudolf Dreikurs는 말보다 행동이 중요함을 강조하였다. 하지만 우리는 모두 이것이 대부분의 부모에게 쉽지 않은 일임을 알고 있다. 계획을 갖고 있는 것은 도움이 된다. 만일 지혜 씨가 차를 세우지는 않고 아이들에게 세울 거라는 말만 계속했다면, 그녀는 위협하고 잔소리하는 예전의 패턴으로 되돌아갔을 것이다.

5. 아이와 어른 모두를 위한 존중과 권위를 지켜 주지 못하는 것

일관성을 유지하는 것은 단호하면서도 애정 어린 태도를 유지하는 것이 필수적이다. 성수 씨 부부가 화를 내는 아이의 팔을 잡아 비틀거나, 소리를 지르거나, 그들을 무시했다면 아이들은 존중받지 못했다고 느끼게 될 것이다. 아이에 대한 부모의 태도에 존중하는 모습이 없다면 아이는 바뀌어야 할 행동보다는 부모의 부당함이나 자신의 수치심에 초점을 맞추게 될 것이다.

제한 설정을 분명히 하여, 서로의 경계선을 일관성 있게 지켜 나가기

앞의 사례에서 보면 성수 씨 부부는 자녀양육 방식을 변화시킬 것임을 분명하게 표현하였다. 아이들도 더 나아지기 위한 계획에 동참하는 것에 대해 기뻐했지만 정작 변화하는 과정에서는 끊임없이 부모를 시험했다. 성수 씨 부부는 아이들이 보이는 저항이 정상적인 과정임을 이해하였고, 그럼에도 일관성 있게 지속해 나갈 준비가 되어 있었다. 존중을 바탕으로 일관성 있는 모습을 보여 주는 것은 저항 단계를 보다 유연하게 넘어갈 수 있는 핵심적인 측면이다. 일관성 있는 태도가 없다면 저항에 직면했을 때 좌절하기 쉽다. 또한 변화의 계획이 제대로 실현되지 못할 거라고 생각하거나 잔소리하고 소리 지르고 폭력을 휘두르는 예전 방식으로 쉽게 되돌아가게 된다.

부모 모두가 일관성을 가지는 것이 좋지만……

부모가 함께 일관성을 유지하는 것은 중요하다. 하지만 모든 부모가 함께할 수 있는 것은 아니다. 성수 씨 부부의 경우에는 부부가 함께 힘을 합한 경우이다. 어떤 가정에서는 부모 중 한쪽만이 변화를 위한 노력을 하게 된다. 이러한 경우도 나쁘지는 않은데, 이는 아이들이 서로 다른 두 어른에게 서로 다른 형태로 반응하게 되기 때문이다. 아이들은 변화를 위한 규칙을 만들고 이를 일관성 있게 지켜 나가는 부모에게는 그에 따라 반응하고, 그렇지 않은 부모에게는 또 다른 방식으로 반응하게 될 것이다. 배우자가 당신의 뜻과 다르게 행동한다 하더라도, 당신은 존중을 바탕으로 변화를 위한 당신의 방식을 일관성 있게 지켜 나갈 수 있다.

다른 가족도 일관성 있는 태도를 통해 혜택을 받을 수 있다

희태 씨는 아들 동우와 함께 살고 있다. 치료 센터에 가기 전, 희태 씨는 매일 마리화나를 피웠다. 퇴근해 집으로 돌아온 그는 저녁을 준비했다. 문제는 그가 동우에게 저녁을 먹으러 오라고 불렀을 때에 발생했다.

희태 씨는 식탁에서 저녁을 먹자고 했지만 동우는 TV 앞에서 먹고 싶어 했다. 희태 씨는 어떻게 아이와 함께 규칙을 만들고 이를 일관성 있게 지켜 나갈 수 있는지 알지 못했다. 그래서 동우는 거실에서 저녁을 먹게 해 달라 계속 조르곤 했다. 그럴 때면 희태 씨는 포기해 버리고 동우가 밥을 먹는 동안 신문을 읽으며 그저 자신을 귀찮게 하지 않는 것에 만족하곤 했다.

그런 일이 반복되면서 동우는 자신이 원하는 것이 있을 때 어떻게 하면 아빠를 자기 마음대로 할 수 있는지를 배워 가게 되었다. 희태 씨 역시 동우가 원하는 대로 해 주면 자신을 귀찮게 하지 않고 혼자 내버려 둔다는 것을 알게 되었다.

회복을 시작하면서 희태 씨는 동우가 버릇없고 제멋대로인 아이라는 것을 알게 되었다. 그리고 그런 동우의 행동은 부모로서 성실하지 못했던 자신의 탓이라는 것도 알았다. 하지만 어떻게 아이와 자신을 바꾸어 가야 하는지는 알지 못했다. 희태 씨는 좀 더 책임감 있고 효과적인 부모 역할을 하길 원했고, 그래서 부모교육 경험이 있는 치료자를 선택했다.

치료자는 희태 씨에게 일반적으로 가장 많이 발견되는 문제 사례들을 주었다. 희태 씨는 "쇼핑을 위해 외출을 할 때마다 동우는 뭔가를 사겠다며 돈을 달라고 조르곤 합니다. 아마도 예전에 그런 행동들이 통했기 때문에 지금도 내가 마지못해 돈을 줄 때까지 그런 행동을 고집하는 것 같습니다. 계속 아이에게 끌려다니는 나 자신에게 화가 나고, 주변에 아무도 우리 아들 같은 애가 없다는 것에 대해 자책감이 듭니다."라고 말했다.

치료자는 이 상황이 아이와 함께 새로운 규칙을 만들고 일관성 있게 실천해 볼 수 있는 좋은 기회라고 말해 주었다. 희태 씨와 치료자는 어떻게 제한 설정을 해 나갈지에 대해 이야기 나누었다. 그리고 동우가 어떻게 희태 씨를 테스트하려고 할지 예상하여 이때 어떻게 효과적으로 일관성 있게 약속한 것을 지켜 나갈지 역할극을 하였다.

희태 씨는 동우에 대한 허용의 한계를 정하기 위해 일정한 액수의 용돈을 주는 것이 좋겠다고 생각했다. 희태 씨와 동우는 두 사람 모두가 동의하는 적절한 용돈 액수를 정하고 언제 용돈을 지급할 것인가에 대해서도 결정하였다. 그리고 용돈을 원하는 대로 사용해도 좋으나 용돈 이외의 돈을 주거나 용돈 지급 날이 되기 전에 미리 용돈을 당겨서 주는 일은 절대 없다는 것을 분명히 하였다.

동우는 하루 만에 용돈 전부를 장난감 사는 데 써 버렸다. 다음 날 동우는 사고 싶은 또 다른 장난감을 발견했다. 희태 씨는 "용돈은 남아 있니?"라고 물었고, 동우는 "어제 다 썼어요. 아빠가 돈 좀 주세요."라고 답했다. 하지만 희태 씨는 "용돈 지급일은 금요일이란다."라고 말했다. 동우는 계속 졸라 대었지만 희태 씨는 이를 무시하고 쇼핑을 마쳤다.

희태 씨는 동우의 행동을 정확하게 예견한 치료자에게 놀랐다. 그리고 역할극을 통해 이러한 상황에 준비할 수 있어 다행이라고 생각했다. 그렇지 않았다면 동우의 행동에 대해 화를 참기 어려웠을 것이었다. 희태 씨는 동우에게 "제발 그렇게 버릇없게 굴지 마."라고 이야기하고 싶을 때 여전히 단호하면서도 애정 어린 태도를 유지하는 것이 쉽지 않았다. 때로는 너무 귀찮고 힘들어서 그냥 아이에게 한번 져 줄까 하는 유혹을 느끼기도 하였다. 부모를 위한 긍정 훈육 프로그램에 참여한 것이 많은 도움이 되었다. 그는 자신이 시도했던 단기적인 해결책들이 문제들을 장기적으로 영속화시켰다는 것을 알게 되었다.

또 다른 문제는 저녁 식사 시간에 일어났다. 희태 씨와 동우는 하루는 TV 앞에서 그리고 하루는 식탁에서 저녁을 먹는 것으로 약속했다. 그들이 TV 앞에서 저녁을 먹는 날에는 광고가 나오는 동안 TV 소리를 무음으로 하고 함께 보는 프로그램에 대한 이야기를 나누곤 하였다.

식탁에서 저녁을 먹기로 정해져 있던 어느 날, 동우는 약속된 규칙을 지키는 것을 처음으로 거부했다. 희태 씨는 TV를 꺼 버렸고, 동우의 손을 잡고 식탁으로 데리고 왔다. 동우가 바닥에 드러누워 떼를 쓰기 시작했지만 희태 씨는 이에 굴하지 않고 함께 정했던 규칙대로 실천했다. 희태 씨는 식탁에 앉아 조용히 동우가 소리 지르는 것을 멈추기를 기다렸다. 그러고 난 후 "우리가 함께 약속했던 내용이 뭐였지?"라고 묻자 동우는 말없이 삐죽거렸다. 희태 씨는 "난 네가 우리가 한 약속을 기억해 주기를 기다리고 있어. 함께 식탁에서 밥을 먹었으면 좋겠어." 동우는 계속 투덜거렸고, 희태 씨는 말없이 식사를 계속했다.

식사를 마치고 난 후, 희태 씨는 자리를 떠나며 "10분 후에 네가 치우는 것을 도와주러 올게."라고 말했다. 10분 후에 다시 돌아왔을 때까지도 동우는 여전히 툴툴거리며 아무것도 먹지 않고 있었다. 희태 씨는 아무 말 없이 식탁을 모두 치웠다(그들은 아직 식탁을 치우는 것에 대한 규칙을 따로 정하지 않았다).

그날 밤 동우는 혼자 부엌으로 가서 땅콩버터 샌드위치를 만들어 먹었다. 희태 씨는 엉망진창인 부엌을 보고서도 아무런 말을 하지 않았다. 그는 한 번에 하나씩 해결해 가는 것이 얼마나 중요한지 알고 있었고, 아들과의 힘겨루기를 원하지 않았다.

다음 날, 아빠와 아들은 TV 앞에서 즐겁게 이야기를 나누며 함께 저녁을 먹었다. 그리고 그다음 날 희태 씨가 동우를 불렀을 때, 동우는 TV를 끄고 식탁으로 와서 함께 저녁을 먹었다. 동우는 자신의 조종 전략이 전혀 먹혀들지 않음을 알게 되었고, 무엇보다 아빠와 함께 식사를 하고 싶었다.

아이들은 자신이 가족과 함께 한 약속을 지켜 나가고 타인을 조종하려는 노력이 용납되지 않을 때 자기 자신에 대해 보다 긍정적 감정을 갖게 된다. 그러나 그들은 이것을 직접 체험하기 전까지는 알지 못한다. 동우는 아빠가 일관성 있게 배우는 것을 위해 말한 의미를 깨달았다. 그들은 둘 다 서로의 비밀과 그들의 관계가 향상된 좋은 감정을 즐겼다.

적절하지 않은 일관성

어떤 부모들은 적절하지 않은 방법으로 일관성을 보이고는 왜 효과가 없는지 의아해한다. 수련 씨는 12세인 딸 윤지와 15세인 아들 윤호와 함께 살고 있는 싱글맘이다. 윤지는 몇 년째 학교생활에 적응하지 못하고 있었다. 수련 씨는 윤지가 학교생활을 잘 할 수 있는 충분한 능력이 있지만 게으르고 무책임하기 때문에 그렇게 하지 못한다고 생각하였다. 윤지는 학교 숙제를 잘 하지 않았고, 때로는 숙제 한 것을 잊어버리고 학교에 안 가져가곤 하였다. 담임 선생님이 이러한 문제로 엄마인 수련 씨를 부르곤 했다.

수련 씨는 윤지가 학교 숙제를 하도록 만드는 것이 엄마의 역할이라고 믿었다. 숙제를 해야 한다고 말해 주거나 잔소리를 해도 전혀 듣지 않을 때에는 윤지에게 친구를 못 만나게 벌을 주었다. 학교가 끝나는 대로 바로 집으로 와서 숙제를 하라고 했다. 수련 씨는 윤지가 숙제는 꼭 해야 하는 것임을 깨달을 수 있기를 원했다.

하지만 윤지의 담임 선생님은 윤지가 여전히 숙제를 해 오지 않는다고 말했다. 그래서 수련 씨는 윤지에게 TV 시청과 전화를 금시하고 매일 저녁 숙제를 마칠 때까지 책상에 앉아 있도록 했다.

그리고 난 후 수련 씨는 학교에 가서 선생님들을 만났다. 그녀는 매일 밤 윤지에게 숙제를 시키라는 선생님들의 조언을 받았다. 하지만 여전히 윤지는 숙제를 전혀 하려고 하지 않았다. 수련 씨는 너무 실망스러워서 완전히 포기한 채 거실 소파에 앉아 펑펑 울었다. 그리고 그때 자신이 어린 시절 비슷한 기분을 느꼈던 기억을 떠올렸다.

수련 씨는 매일 밤 아빠가 술에 취해 있던 가정에서 자랐다. 아빠는 매일 수련 씨가 끙끙거리며 숙제를 하던 식탁 옆에 서서 식탁을 쾅쾅 내리치곤 했다. 그는 딸에게 소리를 질러 대고 야단치고 비웃곤 했다. 수련 씨는 속상해 울었지만 그렇다고 아빠의 그런 행동이 숙제를 잘해 내는 데 도움이 되지는 않았다. 아빠처럼 절대 하지 않을 것이라고 스스로 다짐했는데, 지금 자신이 딸에게 하는 모습이 당시 아빠의 모습과 꼭 닮아 있음을 알게 되었다.

수련 씨는 자신이 뭔가를 하고 있다는 것이 곧 '일관성 있는 태도'를 보이는 것이라고 잘못 생각하고 있었다. 실제로 그녀는 딸을 위해 뭔가를 한다는 핑계로 공동의존자의 역할을 하고 있었고 윤지의 문제를 자신의 문제로 여기고 있었던 것이다. 수련 씨가 윤지 없이 선생님들을 만나고 계속해서 숙제하라며 잔소리함으로써 윤지가 책임져야 할 부분들을 대신 책임지고 있었던 것이다. 하지만 그런 태도가 효과적이지 않음을 알게 되었을 때, 수련 씨는 태도를 바꾸어 아이를 위협하고 벌주기 시작했다. 무시하거나 아이들이 좋아하는 것을 못하게 하고 강압적인 방법을 사용하는 것은 문제 상황을 다루는 존중의 방법은 아니다.

'누군가를 위해' 하거나 '무엇을 하기 위해' 하는 것이 아닌 '누군가와 함께' 하는 것

수련 씨는 부모를 위한 긍정훈육 프로그램을 찾았다. 그녀는 자신이 설정한 제한을 일관성 있게 지켜 나가는 효과적인 전략으로서의 '함께하기(doing with)'를 배웠다. 수련 씨는 오랜 시간 동안 골치를 앓아 왔던 딸의 숙제 문제를 해결해 갈 생각에 흥분해 있었다. 그녀는 집단에서 그 문제를 공유하였고, 집단 구성원들은 문제해결을 위한 계획을 짜는 것을 도와주었다.

수련 씨는 윤지에게 앞으로 도움을 요청하면 도움을 주겠지만, 더 이상 숙제를 억지로 시키거나 잔소리를 하지 않을 것이라고 말했다. "나는 네가 이 문제를 해결해 나갈 수 있을 거라 믿어. 그리고 너의 선택을 통해 네가 스스로 배워 나갈 수 있을 것이라는 것을 알게 되었어."

수련 씨는 뭔가 더 많은 것을 하기보다는 오히려 하지 않는 것을 연습해 나가는 것이 중요했다. 그녀에게는 윤지의 문제를 윤지에게 맡기고 내려놓음으로써 딸의 행동을 통제하지 않는 것이 오히려 힘든 일이었다. 특히 딸의 담임선생님에게 전화를 받았을 때 이전과 다르게 반응하기란 정말 힘들었다. 하지만 그녀는 "우리 아이에게 관심 가져 주셔서 감사해요. 전화를 바꿔 드릴 테니아이와 직접 이 문제에 대해 이야기해 보세요."라고 말할 수 있었다.

윤지가 스스로 선택하고 그 결과를 통해 자신의 선택에 대한 책임을 배워 나가는 과정임을 모르지 않았지만, 수련 씨는 딸의 잘못된 선택과 그로 인한 힘겨운 결과를 지켜보는 것이 너무나 힘들었다. 집단 구성원들의 지지와 격려를 통해 수련 씨는 윤지의 숙제 문제를 그저 지켜보며 내려놓을 수 있었다. 시간이 필요했지만, 수련 씨는 딸이 조금씩 변화해 나가는 것을 볼 수 있었고, 딸과의 관계 역시 조금씩 좋아지게 되었다.

자신이 한 말에 책임을 지기

회복 중에 있는 많은 부모가 자녀에게 많은 말을 하지만 그 말을 실천하는 것은 어렵다는 것을 알게 된다. 일관성 있는 태도를 보이는 것은 자신의 말에 대한 실천을 연습할 수 있는 좋은 기회이다. 그저 말을 하는 것만으로 아이에게 변화가 일어나게 하는 것은 힘들다. 좋은 의도와 잘 짜인 계획도 부모가 단호하고 따뜻한 태도로 일관성 있게 실천해 나가지 못한다면 효과를 보기 어렵다.

제한 설정을 하고 이를 일관성 있게 지켜 나가는 것은 부모와 아이 모두에게 긍정적 결과를 가져올 수 있는 최고의 효과적인 방법이다. 제한 설정을 해 주는 것은 아이가 책임감을 배우는 과정에서 안전감과 안정감을 느끼도록 할 수 있다. 그리고 부모에게는 혼돈 대신에 질서를 만들어 나갈 수 있는 계획을 제공한다.

건강한 의사소통 기술을 배우라

무 엇이든 반복하면 할수록 더 잘할 수 있게 된다. 건
강하지 않은 의사소통을 더 많이 사용할수록 당신
은 건강하지 않은 의사소통을 더 잘하게 된다. 건강한 의사소통을 연습하면 당
신은 더 건강한 의사소통 기술을 갖게 된다.

중독자와 공동의존자는 건강하지 않은 의사소통 방식, 즉 '느끼지 말라, 말
하지 말라, 믿지 말라'를 지속한다. 이러한 의사소통 방식은 서로를 억압하고
고립시킨다. 회복 중인 가정은 완전히 다른 의사소통 방식을 연습할 수 있는
기회를 갖게 된다. 이러한 새로운 방식은 개방적이고 치유적이다. 이 장에서는
건강하지 않은 의사소통 방식에서 건강한 의사소통 방식으로 변화해 나가는
방법을 알려 줄 것이다.

의사소통은 한 사람이 다른 사람에게 메시지를 전하고, 받은 사람은 이에 대
한 피드백을 되돌려 주는 과정을 말한다. 의사소통은 언어를 통해 이루어지기
도 하고 행동을 통해 이루어지기도 한다. 즉, 의사소통에는 언어적 의사소통과
비언어적 의사소통이 있다. 건강한 의사소통은 수평적 의사소통과 수직적 의
사소통 간의 차이를 이해하는 것에서 출발한다.

수직적 그리고 수평적 의사소통

수직적 의사소통을 할 때 우리는 옳고 그름, 좋고 나쁨의 비교를 하게 된다.
Rudolph Dreikurs는 이를 '과장하기 위한 수축(deflating to inflate)'이라고 부른

다. 이는 누군가는 잔뜩 위축된 상태(열등)에서 그리고 또 다른 누군가는 으쓱한 상태(우월)에서 대화를 마무리하게 되는 상태를 말한다. 누군가와의 대화에서 우월감을 얻을 때, 우리는 일시적인 안전감을 느끼게 된다. 하지만 우월한 상태를 유지하기 위해 우리는 많은 것을 지불해야 한다. 우리는 누군가를 계속해서 내 밑에 두어야 한다. 이를 위해 다른 누군가를 좌절케 하고 부적절감과 불안전감을 유발해야 한다. 또한 불평등을 강화해야 하고, 비난하고 판단하고 비평하고 옳고 그름을 일일이 가려야 한다. 수직적 의사소통은 모든 사람의 자신감과 자기존중감을 깎아내린다.

반면, 수평적 의사소통에서는 자신의 기본적인 가치를 이해하는 것은 물론 타인의 가치를 인식하게 된다. 수평적인 의사소통을 할 때, 당신은 타인을 힘으로 누르려 하기보다는 협력에 중점을 두게 된다. 비난하기보다는 해결책을 찾게 된다. 다름의 가치를 이해하고 독특성을 격려하게 된다. 수평적 의사소통은 상호존중을 강조하고, 자신은 물론 타인의 가치를 인정하게 한다. 당신은 자신의 책임이 아닌 다른 이의 책임을 떠맡지 않는다. 당신은 당신이 자신을 변화시킬 수 있는 유일한 사람임을 안다. 수평적 의사소통을 통해 모두의 자신감과 자기존중감이 증가한다.

다음의 질문들은 당신이 수평적인 의사소통을 하는지, 아니면 수직적인 의사소통을 하는지 알게 해 줄 것이다. '예'가 더 많을수록 당신의 의사소통은 수평적이다.

① 당신은 의사소통을 할 때 타인을 동등하게 대하는가?
② 당신은 의사소통을 할 때 있는 그대로의 타인의 모습을 격려하고 무조건적으로 수용하는가?
③ 당신은 의사소통을 할 때 자기노출과 어떻게 서로를 도울 수 있을까에 대한 토론을 환영하는가?
④ 당신은 의사소통을 할 때 다름의 가치를 인정하고, 관련된 모든 이의 가

치가 존중받을 수 있는 새로운 대안에 대하여 개방적인가?

⑤ 당신은 의사소통을 할 때 호기심을 갖고 상대의 말을 더욱 명료화하고 보다 깊은 의미를 파악하기 위한 질문을 함으로써 상대의 의도를 완전히 이해하고자 노력하는가?

⑥ 당신은 의사소통을 할 때 자신의 생각과 느낌 그리고 욕구를 표현하는 데 자유롭고, 상대 역시 당신과 같은 생각이나 느낌을 가지거나 당신이 원하는 것을 해 줄 것이라는 기대로부터 자유로울 수 있는 개방적인 태도를 취하는가?

주영 씨와 태민 씨 두 사람은 모두 중독자인 아버지 밑에서 성장하였다. 태민 씨는 13세 이후부터 매일 술을 마시며 아버지와 같은 중독의 문제를 갖게 되었다. 주영 씨는 어머니가 그랬던 것처럼 태민 씨와 공동의존적인 관계를 맺고 있었다. 그들은 지난 1년간 회복하고 있었다. 주영 씨와 태민 씨는 세 딸을 사랑했지만, 긍정적인 양육 기술을 갖고 있지는 못했다. 그들은 자신들이 성장하며 배웠던 건강하지 못한 방식의 대물림을 바꾸고 싶었고, 그래서 부모를 위한 긍정훈육 프로그램에 참여하기로 결심했다. 프로그램에 참여하면서 태민 씨와 주영 씨는 가족회의를 하기로 결심했고, 이를 통해 세 딸은 가족의 문제 해결과정에 동참하게 되었다.

가족회의는 협력을 가져오고 수평적 의사소통을 촉진한다

태민 씨와 주영 씨는 서로를 통제하던 기존의 방식 대신 가족 간에 상호 협력하는 모습을 원했다. 그들에게는 가족 모두가 가족회의에 기여하는 것이 중요했다. 과거에 그들이 아이들과 함께 앉는다는 것은 아이들이 무엇을 해야 할지에 대해 일방적으로 이야기하는 것을 의미했다. 태민 씨와 주영 씨는 더 이상 이런 방식을 원하지 않았지만, 이와 다른 방식을 경험해 본 적이 없었다. 두 사람은 흥분되기도 하고 걱정스럽기도 했지만, 새로운 방식을 배울 수 있는 유일한 길은 일단 시작해 보는 것이라고 생각했다.

첫 번째 가족회의에서 태민 씨와 주영 씨는 딸들에게 말했다. "우리는 일주일에 한 번씩 모든 가족이 모여 가족회의를 할 거야. 우리는 함께 문제를 해결하기 위해 서로 도울 수도 있고, 가족이 무엇을 함께할 것인지에 대한 계획을 세울 수도 있어. 그리고 우리 모두에게 중요한 것에 대해 함께 이야기도 나눌 거야. 한 주 동안 냉장고 위에 우리가 함께 이야기하고 싶은 주제를 쓸 수 있는 종이를 붙여 놓을게. 무엇이든 가족회의를 통해 함께 이야기하고 싶은 것을 적으면 돼. 매주 일요일 점심 식사를 하고 난 후에 가족회의를 할 거야." 딸들은 가족회의가 뭔지는 알지 못했지만 "좋아요."라고 대답했다.

다음 일요일, 태민 씨와 주영 씨는 딸들과 함께 둘러앉았다. TV를 끄고 전화기도 꺼 놓은 채 가족회의를 시작했다.

"우리 감사와 칭찬으로 가족회의를 시작하도록 하자. 우리 중 누군가에 대한 긍정적인 것을 이야기하면 되는 거야. 누가 시작할까?"

엄마가 말했다. "나는 며칠 전에 소라(8세)가 어질러진 부엌을 청소해 준 것에 대해 고맙다는 말을 하고 싶어."

10세인 소영이가 바로 이어서 말했다. "난 아빠에게 농구 시합장까지 태워다 주서서 고맙다고 말하고 싶어요."

6세의 소민이도 빠지지 않고 한마디 했다. "난 날 데리고 공원에 놀러가 준 언니에게 감사하고 싶어요."

그리고 난 후 아빠가 한 주간 냉장고 위에 써 놓았던 주제들을 읽어 주었다. 지난 한 주 동안 아빠와 엄마는 어떤 문제가 발생할 때마다 바로 해결하기보다는 가족회의를 위한 주제로 적어 놓기를 권했다.

가족회의 주제 목록에는 한 주에 한 번 가족들이 함께할 수 있는 놀이도 포

가족회의는 협력을 가져오고 수평적 의사소통을 촉진한다

함되어 있었다. 소라는 소영이가 말도 없이 자신의 스웨터를 입은 것에 대해 불평하는 내용을 적었고, 소영이는 조금 더 늦게 자게 해 주면 좋겠다는 제안과 함께 학교 과제를 도와달라는 요청을 적었다. 주영 씨도 주제 목록에 저녁 먹은 후 설거지를 도와주면 좋겠다는 제안을 적었다.

주영 씨는 15분의 시간 동안 목록에 적힌 각각의 주제에 대해 이야기를 나눌 것이라고 설명해 주었다. 모든 주제를 다루지 못했다고 해도 괜찮았다. 마치지 못한 이야기는 다음 가족회의 때 또 이야기를 나누면 되는 것이었다. 주영 씨는 어떤 주제들은 당장 뭔가를 바꿔 가기보다는 그에 대한 이야기를 나누고 생각해 볼 수 있는 시간을 가지는 것이 필요한 경우도 있다고 말해 주었다. 또 어떤 경우에는 브레인스토밍을 통해 문제해결 방법을 함께 생각해 보고, 다음 한 주간 가족 모두가 이를 실천하기 위해 함께 노력해 볼 수도 있었다.

가족회의 횟수가 늘어 갈수록 그들은 일정이나 돈 문제 그리고 집안일에 이르기까지 더 많은 것에 대해 서로 이야기를 나누게 되었다. 자신의 감정에 대해 정직하게 대화했고, 서로의 이야기를 판단이나 비난 없이 듣는 방법을 배워 나갔다.

어떤 날은 가족회의에서 누군가가 발을 굴리며 화를 내기도 하고, 울거나 힘겨루기를 하는 경우도 있었다. 비록 가족회의가 '완벽하게' 진행되지 않는 경우가 있긴 했지만 회복 전 가족 간에 이루어졌던 비개방적인 의사소통과 비교하면 엄청난 발전이었다. 주영 씨와 태민 씨는 가족회의와 정서적 정직 그리고 그 외 부모를 위한 긍정훈육 프로그램에서 배운 것들을 통해 가족이 많은 치유를 경험한 것에 대해 감사했다.

주영 씨와 태민 씨는 딸들이 자신의 생각과 감정에 정직해지는 것을 보며 너무나 기뻤다. 아이들은 어떻게 해야 한다거나 어떻게 생각해야 하는지에 대해 누구도 간섭하거나 비난하지 않을 것이라는 것을 금방 알아차렸다. 그들은 자신의 의견이 가치 있고 중요하다는 것을 알게 되었다. 눈물바람과 싸움으로 끝나곤 했던 많은 일이 이제는 가족회의 주제로 다루어졌다. 가족회의 때까지 기다려야 했기 때문에 감정을 가라앉히는 시간을 가질 수 있었고, 서로를 존중하는 방식으로 문제를 해결해 나갈 수 있었다. 위협과 억지 약속 대신에 가족 구성원들은 최소 한 주 동안 함께 지켜 나갈 합의 사항들을 만들어 나갔다. 만일 서로의 합의가 제대로 지켜지지 않으면, 그 문제를 다시 가족회의 주제로 올려서 또 다른 효과적인 해결책을 찾고자 하였다.

태민 씨와 주영 씨 가족이 더욱 가까워지는 데 의사소통 기술 외에도 여러 다양한 기술이 도움이 되었다. 어떤 가족들은 가족회의를 시작하는 것을 주저할지도 모른다. 어린 시절부터 폐쇄적인 분위기에서 성장했고 어른이 되어서도 여전히 그렇게 살아왔던 세호 씨에게 가족회의는 선뜻 시도하기에 너무나 커다란 변화였다. 조금은 편안한 시작을 위해 그는 작은 변화부터 시도해 보고자 하였다.

애정 어린 경청은 수평적 의사소통과 격려를 촉진한다

세호 씨의 어머니는 알코올 중독자였다. ACoA(Adult Children of Alcoholics, 성인아이) 모임에서 공유했던 그의 이런 시절 기억은 알코올 중독 가정에서 가족 구성원들이 상호작용하는 전형적인 방식을 보여 주고 있다. 그는 나들이 길에 사망한 세 살짜리 아이의 장례식에 참석했다. 세호 씨가 기억하는 유일한 장면은 그의 어머니가 울고 있는 장면이었다. 그는 어머니를 위로하기 위해 그녀의 손을 잡았으나 그녀는 그 손을 뿌리치고 눈물을 닦고는 아무렇지도 않은 척했다.

이 장면을 통해 세호 씨는 무의식적인 결정을 하게 된다. 그는 고통을 통제하는 것이 중요하며, 고통스러운 감정을 드러내거나 고통스러운 사건에 대해 이야기하는 것은 옳지 않다고 생각하게 되었다. 부모가 되면서 그는 고통스러운 일이 생기거나 가족에게 고통스러운 일이 발생할 때 감정을 감추고 상황을 통제하려고 노력하였다. 그는 자신이 모든 것을 통제할 때 고통은 사라질 것이라고 생각했다.

그는 어릴 적부터 몸에 밴 이러한 건강하지 못한 의사소통 방식을 그만두고 싶었다. 하지만 어떻게 시작해야 할지 알지 못했다. 어린 시절부터 지금까지 그는 건강한 의사소통을 하는 모습을 본 기억이 없었다. 그에게는 통제를 포기하는 첫걸음을 떼는 것이 너무나 두려운 일이었다. 변화에 대한 불안이 있었기에, 그는 자신의 감정을 표현하거나 타인이 자신의 감정을 표현하도록 허용하는 것이 두려웠다.

세호 씨는 부모를 위한 긍정훈육 프로그램에 참여하는 것을 원하지 않았다. 하지만 부모 역할이나 의사소통 기술, 관계 등에 대한 책을 읽는 것은 그리 어렵지 않았다. 그는 책에서 배운 세 가지를 실천해 보기로 하였다. Lynn Lott과 Dru West가 쓴 『함께 관계 구축하기(Together and Liking)』에서 나온 '입술 닫고 듣기' '세 번의 Yes' '~는 어때(What is it about that……)?'의 세 가지이다.

입술 닫고 듣기

'입술 닫고 듣기(Listening with Closed Lips)'는 아이가 이야기를 할 때 '음~음~음? 으음~~' 같은 입술 닫힌 소리를 내는 반응만을 보이는 것을 말한다. 자신의 감정을 차단하기 위해 노력하면서, 세호 씨는 딸들의 감정이나 그들이 하고자 하는 이야기에도 귀를 닫았다. 그는 자신이 입술을 닫고 듣는 것을 연습하면 딸들의 이야기를 더 많이 들을 수 있고 그들에 대해 더 많은 것을 알 수 있을 거라 생각했다. 일단 다른 무엇보다 딸들의 이야기를 듣겠다고 결심한 이후, 그는 딸들과 함께 연습해 볼 수 있는 많은 것이 있다는 것을 알게 되었다.

세호 씨의 열세 살짜리 딸인 민영이는 학교를 자주 결석하는 화가 많은 아이였다. 학교상담사는 정기적으로 학교에 민영이의 문제에 대한 보고서를 제출했다. 선생님 중 한 명은 그 아이가 숙제를 전혀 하지 않는다고 집에 알렸다. 세호 씨가 딸의 학교 문제를 해결했던 예전의 방식은 잔소리하고, 설교하고, 혼내고, 명령하고, 위협하는 방식이었다. 이 방식은 전혀 효과적이지 않았고, 세호 씨와 민영이의 대화는 금세 싸움으로 번졌다.

세호 씨는 입술 닫고 듣기를 실천하면 상황이 더 나빠지지는 않을 거라 생각했다. 책에서는 질문으로 대화를 시작하고 그 이후에는 입술을 붙이고 있도록 제안하고 있었다. 편안한 분위기를 만들기 위해 어느 정도의 소리를 내는 것은 괜찮지만, 분명한 것은 말하는 것이 아닌 듣는 것에 중점을 두는 것이었다.

그날 밤, 세호 씨는 민영이에게 학교 문제에 대한 이야기를 했으면 좋겠다고 말했다. 민영이는 삐딱한 얼굴과 말투로 "그러죠."라고 답했다. 민영이는 틀림없이 한 시간 이상 설교가 이어질 거라 예상하면서 아빠의 잔소리를 한 귀로 듣고 한 귀로 흘리는 것에 단련이 되었기 때문에 그저 들어 주는 척이나 하자고 생각했다.

하지만 놀랍게도 아빠는 "내가 그동안 너의 학교생활에 대해 네 이야기는 듣지 않고 내 말만 해서 미안해. 네가 학교생활이 별로 즐겁지 않은 건 알겠어. 네가 왜 그러는지 너의 이야기를 듣고 싶어."라며 대화를 시작했다.

민영이가 반항적인 목소리로 "네, 좋아요."라고 대답하자, 세호 씨는 입을 다물고 듣기 시작했다. 침묵이 흐르자 민영이가 말을 이어 갔다. "아빠는 내가 무슨 말을 해도 안 믿을 거예요. 아빠는 항상 선생님 편이잖아요."

세호 씨는 계속 입술을 닫고 고개를 끄덕이며 계속 들어 주었다. 민영이는 이럴 때 어떻게 해야 할지 종잡을 수가 없었다. 아빠가 말을 꺼내기를 기다렸지만, 아빠가 말없이 계속 자신에게 시선을 집중하고 관심을 보여 주자 자신이 말을 계속했다.

"난 학교가 싫어요. 선생님은 나만 미워해요. 선생님들은 공부 잘하는 애들만 좋아하거든요. 선생님들은 날 신경 쓰지 않고 나도 선생님들 상관 안 해요."

세호 씨는 민영이의 어깨를 다독이며 말했다. "많이 힘들었겠구나. 이렇게 이야기해 줘서 고맙다."

"별거 아니에요." 민영이는 뾰로통하게 말하며 방으로 들어갔다. 세호 씨는 자신이 변화를 위한 작은 한 걸음을 떼어 놓았음을 알았다.

자신이 잘해 냈다는 생각과 함께, 세호 씨는 계속해서 의사소통 기술을 연습해 가는 것에 대한 자신감을 얻었다. 그는 매일 밤 연습을 계속해 보기로 했다. 입술 닫고 듣기를 몇 번 더 연습해 본 세호 씨는 '세 번의 Yes'를 연습해 보기로 했다.

세 번의 Yes

세호 씨는 민영이가 세 번의 'Yes' 또는 긍정적 반응을 할 때까지 질문을 계속해야 했다. 이는 딸에 대해 알고 싶어 하는 태도를 연습하는 것이고 판단이나 설교를 하지 않기 위함이다.

궁금증을 가지고 대할 때 당신은 아이가 어떻게 느끼고 생각하는지를 알 수 있게 된다. 때로는 아이가 당신의 말에 동의하지 않을 것이고, 때로는 듣기 싫은 이야기를 할 수도 있다. 아이의 이야기를 들어 주는 것이 아이에게 동의한다는 것을 의미하는 것은 아니다. 그건 아이의 의견을 아이의 관점에서 존중하는 것이고, 아이가 세상을 어떻게 바라보고 있는지 알 수 있게 도와주는 것이다. 듣는 사람이 자신의 이야기를 비난하고 판단할 거라는 생각이 들 때, 그 누구도 자신의 개인적 이야기를 하려 하지 않을 것이다. 상대에 대해 알고자 하는 태도를 연습해 볼 수 있는 다양한 방법이 있는데, 초보자들에게는 '세 번의 Yes(The Three Yeses)'가 유용하다. 다음에 사례가 있다.

세호 씨는 "민영아, 네가 학교에 대해 이야기한 것 중에 내가 이해가 좀 안 되는 것이 있어서 물어보고 싶어. 너 혹시 학교를 그만두고 싶다고 말한 거니?" 라고 물었다.

'너 혹시 ~라고 말한 거니(Are you saying……)?'라는 방식으로 질문을 시작함으로써 세호 씨는 딸의 생각과 감정에 대해 보다 많은 것을 알 수 있게 되었다.

"내가 학교를 그만두고 싶어 한다고요? 내 친구들이 다 학교에 있어요. 난 그냥 선생님이 싫다는 거지 학교가 싫다는 뜻은 아니에요." 민영이의 표정은 마치 아빠를 보며 이런 생각을 하는 듯했다. '어른들은 도대체 왜 저렇게 멍청하지?'

"그 말은 선생님이 너의 감정에 대해 좀 더 관심을 기울여 주기를 바란다는 뜻이야?"

"그렇죠. 그럼 좋겠지만 근데 그런 일은 절대 없을 걸요."(첫 번째 Yes)

"그건 너를 존중해 주지 않는 선생님의 숙제는 하고 싶지 않다는 뜻일까?"

민영이는 놀라 휘둥그레진 눈을 크게 뜨고 아빠를 바라보았다 "어떻게 아셨어요?"(두 번째 Yes)

"그저 추측이야. 근데 이제 네 맘을 알겠어. 너는 널 존중해 주지 않는다고 생각되는 사람의 말은 듣고 싶지 않은 거구나."

"내 맘을 안다고요?" 눈물을 글썽거리며 민영이가 물었다.

"물론. 나 역시 그런 기분을 느낀 적이 있거든. 그런데 그건 만일 선생님이 변하지 않는다면 그 과목은 낙제해도 상관없다는 의미야?"

"낙제하려고 작정한 건 아니지만 그럴 수도 있겠죠. 만약 내가 계속 숙제를 제출하지 않으면 그렇게 될 수도 있을 거예요."(세 번째 Yes)

"애야. 내게 좋은 생각이 있어. 아마 가끔은 너도 내가 무슨 생각을 하는지 관심이 있을 것 같은데 들어 볼래?"

민영이는 아빠의 고리타분한 설교를 들을 생각에 잔뜩 의심스러운 눈으로 아빠를 보았지만 세호 씨는 아무 말 하지 않았다. "뭐 어쩌면 아빠가 무슨 생각을 하는지 궁금할 수도 있겠지만요. 오늘은 아니에요."

세호 씨는 민영이가 낙제할 수도 있다는 것에 대해서는 속상했지만, 딸과 좀 더 가깝게 대화할 수 있는 것에 대해서는 너무 기뻤다.

'~는 어때(What about That~)?'는 생각과 감정을 명료화할 수 있도록 돕는다

이 방법은 '~는 어때?'라는 표현을 통해 아이의 관심사에 대한 분명한 이야기를 들을 수 있는 연습 방법이다.

어느 날 밤, 세호 씨와 민영이가 함께 TV를 보고 있었다. 민영이가 아빠를 돌아보며 말했다. "아빠, 나 낙제할 것 같아요. 뭔가를 해 보기엔 이미 너무 늦었어요. 아빠 이야기를 듣지 않아서 미안해요. 하지만 난 그저 충고를 듣고 싶지 않았을 뿐이에요."

세호 씨는 TV를 끄고 말했다. "내가 듣기 싫은 충고를 하면 넌 어떠니?"

"아빠가 충고를 하면 난 아빠 말대로 따라야만 할 것 같아요."

"하기 싫은 걸 내가 하라고 하면 어떤데?"

"아빠, 너무 뻔한 질문이잖아요. 난 이제 열네 살이 다 되어 가요. 내가 알아서 할 수 있을 만큼 컸다고요."

"내가 너에게 어떤 제안을 하면 넌 내가 너에게 이래라 저래라 하는 것처럼 느껴지는구나. 넌 너 스스로 뭔가를 결정하고 싶은데 말이지."

"아빠도 내 나이 때 이런 기분 느껴 본 적 있지 않아요?"

"물론 있지. 하지만 난 네가 내 말대로 하기를 바란 적은 없어. 그저 네 생각과 함께 내 의견도 나누고 싶었던 것뿐이야. 내가 너보다 더 많은 가능성을 볼 수 있지 않을까?"

"아빠, 내 나이쯤 되는 애들은 아직은 아빠가 시키는 대로 해야 할 것만 같단 말이에요."

"민영아, 난 너와 다투거나 네 마음을 바꾸려고 애쓰고 싶지 않아. 우리가 다른 방식으로 노력해 볼 수 있는 기회를 주었으면 좋겠어."

"생각해 볼게요, 아빠. 그리고 제발 그렇게 속상한 표정 좀 짓지 말아요. 난 괜찮아요. 여름 계절학기로 낙제 과목을 보충하면 돼요. 내 친구들과 함께 들을 거예요." 민영이는 아빠에게 활짝 웃어 보이며 TV를 켰다.

세호 씨는 딸과 이렇게 대화를 나누는 것이 얼마나 행복한지 믿을 수 없을 정도였다. 그는 힘들 것이라는 지레짐작으로 딸과 가까워지는 것을 두려워했던 지난 시간이 스쳐 지나갔고, 딸과 더 이상 시간 낭비를 하지 않아도 된다는 생각에 안도의 한숨을 쉬었다.

주영 씨와 태민 씨 그리고 세호 씨는 개방적인 의사소통의 길을 찾았다. 가족이 치유되어 가고 수평적인 의사소통을 연습해 가면서 그들은 상호존중을 요구하는 갈등해결 기술을 연습해 볼 준비가 되었다.

효과적인 갈등해결 기술

서로를 존중하며 갈등을 해결해 나가는 것은 가족 간에 친밀감을 키워 주고 개방적인 의사소통을 가능하게 해 주는 수평적인 방법이다. 수직적인 의사소통으로 갈등을 해결하는 것은 거리감과 고립을 가져온다. 가족의 분위기를 훈훈하게 만들어 가는 방법으로 우리는 수평적인 의사소통을 제안한다. 여기에는 말보다는 행동, 제한된 선택권, 무엇을 할 것인지에 대한 결정, 원하는 것에 대한 질문, 문제해결과정에의 동참 그리고 브레인스토밍 같은 것이 포함된다.

희준 씨 가족은 중독의 문제를 갖고 있었다. 희준 씨는 깨어 있는 시간의 대부분을 사무실에서 보냈다. 그는 새벽에 사무실로 나가고 아이들이 모두 잠든 깊은 밤에야 집으로 돌아왔다. 희준 씨 가족은 일곱 살이 되지 않은 아이가 셋이나 있었고, 희준 씨의 아내인 진숙 씨는 혼자서 아이들을 돌보며 완전히 만신창이가 되어 있었다. 그녀는 너무 큰 부담감과 함께 완전히 방치된 느낌이었다. 아이를 갖겠다는 것이 아이를 모두 혼자서 책임지겠다는 의미는 아니었다. 그녀는 존재하지 않는 남편과 함께 살고 있는 기분이었다.

중독자와 산다는 것은 존재하지 않는 사람과 함께 살아가는 것이 어떤 기분인가에 익숙해지는 것이다. 중독자는 중독의 대상이 되는 것 이외에 그 어떤 것, 어떤 사람에게도 관여하거나 관심을 갖지 않는다.

희준 씨는 아내의 힘겨움과 도와달라는 애원을 무시했다. 그는 양육은 엄마의 역할이고 그녀가 좀 더 지혜롭다면 충분히 혼자 할 수 있을 것이라고 말했다. 진숙 씨는 반박할 말이 없었지만 비참하고 외로웠다. 그녀는 희준 씨가 다른 사람이 되어서 모든 것이 좋아질 거라는 기대로 참고 기다렸다.

하지만 진숙 씨는 말로는 아무것도 해결되지 않을 것이라는 것을 깨닫게 되었다. 그녀는 말이 아닌 다른 방식의 의사소통에 대해서는 아는 것이 없었다. 그녀는 말이 아닌 행동으로 자신의 뜻을 전달할 수 있다는 것을 생각하지 못했고, 남편을 변화시키는 대신 자신이 무엇을 할 것인지에 대해 생각하고 있었다.

어느 날 진숙 씨는 TV 토크쇼에서 게스트가 공동의존에 대해 이야기하는 것을 듣게 되었다. 진숙 씨처럼 젊은 엄마였던 게스트는 자기 자신만이 상황을 변화시킬 수 있는 유일한 사람이라고 말했다. 변화의 책임이 자신에게 있다는 것을 알게 된 후, 그녀는 남편이 모든 것을 바꿔 주기를 더 이상 기다리지 않게 되었다고 이야기하였다. 진숙 씨는 그녀가 자기 자신을 어떻게 바꾸어 갔는지 알아내기 위해 토크쇼에 집중했다.

게스트는 말 대신 행동을 하는 것이 첫 번째 단계였다고 말했다. 그녀는 하루에 한 번씩 자기 자신에게 육아로부터의 휴식을 주기로 결심했다. 남편이 베이비시터를 위한 돈을 챙겨 주기를 바라는 대신, 그녀는 잠깐 낮잠을 자는 동안 아이들과 함께 놀아 줄 수 있도록 옆집의 열 살짜리 아이를 고용했다. 반찬 값을 조금 아껴 아이에게 줄 수고비를 만들었다.

진숙 씨는 '나도 저 정도는 할 수 있을 것 같아. 마카로니와 치즈를 일주일에 세 번만 먹고 돈을 모으면 그 정도는 모을 수 있어.'라고 생각했다. 일주일 후, 진숙 씨는 약간의 용돈을 벌고 싶어 하는 이웃집 6학년 학생을 찾아냈다. 매일 한 시간 정도 책을 읽거나 욕조에 몸을 담그는 동안 이웃집 아이가 아이들과 놀아 주었다. 아이들은 동네 형과 노는 것을 좋아했고, 진숙 씨는 휴식을 즐겼다. 진숙 씨는 말 대신 행동으로 실천하는 비언어적 의사소통의 힘을 발견하게 되었다.

진숙 씨는 토크쇼에서 아이에게 제한된 선택권을 주는 것이 갈등을 해결하는 데 도움이 된다는 것도 배우게 되었다. 아이들이 다툴 때, 진숙 씨는 "부엌에서 싸우지 않고 조용해 놀래, 아니면 거실에 가서 계속 싸울래?"라며 제한된 선택권을 주었다.

아이들이 대답하지 않으면 진숙 씨는 "거실 외에 다른 선택은 없어. 너희는 15분 후에 다시 부엌으로 돌아올 수 있어."라고 말했다. 그리고 난 후 진숙 씨는 아무 말도 하지 않고 아이들의 손을 잡고 거실로 데리고 나감으로써 행동으로 실천하였다. 그리고 아이들이 다시 부엌으로 돌아오고자 하면 "난 너희가 싸우지 않았으면 좋겠어."라고 말했다.

당신이 원하는 것을 요구하기

진숙 씨가 더 자신감을 가지게 되면서, 그녀는 자신이 원하는 것에 대해 요구해도 괜찮다는 것을 알게 되었다. 진숙 씨는 희준 씨가 자신의 마음을 알아주기를 원했다. 하지만 그는 전혀 알아주지 않았고, 진숙 씨는 보다 직접적인 방법으로 시도해 보기로 했다. 그녀는 '지금보다 더 나빠질 건 없어.'라고 생각했다.

어느 날 진숙 씨는 희준 씨에게 말했다. "난 한 주에 하루, 아이로부터 자유로운 날을 갖고 싶어요. 그럴 때는 당신이 아이들을 좀 돌봐 주었으면 좋겠어요. 아니면 베이비시터를 구할 수 있도록 돈을 좀 넉넉하게 주어도 좋을 것 같아요. 돈이 문제라면 당신이 아이들을 어머님 댁에 데려가는 것도 방법이 되겠네요."

비록 희준 씨가 진숙 씨의 요구를 거절했지만, 그녀는 자신의 바람을 꺼내 놓은 것만으로도 기분이 나아졌다. 바라는 것을 말한다는 것이 곧 원하는 대로 될 것임을 의미하는 것은 아니다. 하지만 이것만은 분명하다. 당신이 말해 주지 않으면 누구도 당신이 원하는 것을 알 수 없다.

진숙 씨는 그녀가 뭔가를 요구할 때마다 희준 씨가 얼마나 거부적인지를 알게 되었다. 희준 씨는 아이 키우는 일을 도와준 적이 없었다. 그가 "난 당신을 도와줄 생각이 없어."라고 명확하게 이야기했기에, 진숙 씨는 그가 어떻게 행동할 것이라는 것을 분명히 알 수 있었다.

가족의 문제를 함께 해결하기 위해서는 두 사람이 협력해야 한다. 진숙 씨는 희준 씨와 함께 문제를 해결하고 싶었지만, 그가 원하지 않는다면 억지로 할 수는 없었다. 대신 그녀는 매 순간 그녀가 어떻게 행동할 것인지를 선택할 수 있었다. 가족 내의 최소 두 사람이 기꺼이 함께 하고자 한다면, 동반 문제해결 (joint problem-solving) 기술을 통해 함께 해 나갈 수 있다. 여기 여섯 단계의 문제해결 기술이 있다.

동반 문제해결을 위한 6단계

① 당신이 발견한 문제와 이에 대해 어떻게 하면 좋을지를 분명히 하라. "나는 _____가 문제라고 생각해요. 그리고 이 문제를 어떻게 다루어 갈지에 대해 모두에게 도움이 될 방법을 찾아가기 바랍니다. 서로에게 상처 주거나 공격하지 않고 진지하게 동의할 수 있기를 원해요."

② 문제에 관여된 다른 사람들이 문제를 어떻게 바라보고 있는지 그리고 그에 대해 어떻게 느끼는지 물어보라. 이야기를 들은 후 당신이 듣고 이해한 내용을 그들에게 다시 이야기해 주고 확인하라. 만일 당신이 그들의 말을 정확하게 이해하지 못했다면 이를 바로잡을 수 있도록 하라.

③ 문제에 대한 당신의 감정과 관점을 이야기하라. 그리고 다른 사람들에게 그들이 이해한 대로 당신이 무슨 말을 했는지 다시 이야기해 주기를 부탁하라. 당신의 이야기를 듣고 이해해 준 배우자나 아이들에게 감사를 전하라.

④ 먼저 물어보라. "뭔가 다른 방법을 생각해 본 적이 있나요?" 그렇지 않다고 하면 함께 어떤 대안이 있을지에 대하여 브레인스토밍하라. 또는 당신에게 마술 지팡이가 있다고 가정하여 새로운 대안을 만들어 내라.

⑤ 모두가 동의할 수 있고 하루나 한 주 등의 짧은 시간 동안 실천해 볼 수 있는 대안을 선택하라. 가능하다면 선택한 대안에 대해 역할극을 해 본다.

⑥ 함께 실천해 보는 기간에 상황이 어떻게 변했는지 확인할 수 있도록 점검 일자를 결정하고 함께 한 모든 이에게 감사를 표현하라.

진숙 씨는 희준 씨와 동반 문제해결을 시도해 보기로 했다. 그날 밤 그녀는 일을 마치고 돌아오는 남편을 맞이하며 말했다. "희준 씨, 당신에게 할 말이 있어요. 같이 이야기 나눌 수 있게 저녁 식사를 함께해요."

"난 골치 아픈 일에 관여하기 싫어. 오늘 하루도 일하느라 얼마나 힘들었는지 알아?"

"하지만 난 당신과 나누어야 할 중요한 이야기가 있어요." 진숙 씨는 진지하게 다시 말했다.

"만일 나더러 애들을 봐 달라는 말을 하는 거라면 절대 그럴 일은 없어."

"희준 씨, 난 당신을 억지로 대화에 끌어들일 수는 없어요. 하지만 난 당신의 도움이 필요해요. 더 이상 이 모든 것을 혼자 감당할 수가 없어요. 난 너무 지쳤고 두려워요. 무너져 버릴 것만 같아요."

"나에게 뭘 원하는 거야?" 희준 씨가 물었다.

동반 문제해결의 첫 번째 단계

진숙 씨는 문제해결을 위한 첫 번째 단계를 시작했다. "희준 씨, 난 당신이 좀 도와주었으면 좋겠어요. 당신이 퇴근 후에 집에 오면 많이 피곤할 거라는 것을 알지만 나도 아이들에게서 벗어나 쉬는 시간이 필요해요. 난 내가 도움을 요청할 때 당신이 화를 내는 것 같다고 느꼈는데 왜 그러는지 알고 싶어요. 난 서로에게 상처 주거나 비난하지 않고 우리 사이에서 일어나는 일에 대해 함께 이야기를 나눠 보고 싶어요. 난 이 문제를 진지하게 다루어 보고 싶어요."

"난 당신을 비난하고 싶지 않아." 희준 씨가 말했다. "하지만 난 당신이 내 말을 안 들을 때 너무 화가 나. 서로 상처 주거나 비난하지 않고 대화를 하자는 것에 대해선 기꺼이 동의해."

"좋아요. 드디어 대화가 되기 시작하네요." 진숙 씨가 말했다.

동반 문제해결의 두 번째 단계

"난 당신의 이야기를 듣고 싶어요. 다시 한 번 노력해 봐요." 진숙 씨가 말했다.

희준 씨는 "난 하루 종일 열심히 일했어. 그리고 집에 오면 편안하고 조용하게 나만의 시간을 가질 권리가 있어."라고 말했다.

"그 말은 당신이 너무 지쳤고, 저녁만이라도 당신 혼자 쉴 수 있는 시간을 가지고 싶다는 거네요."

"그렇지. 난 이 가족을 위해 이미 많은 것을 하고 있다고 생각해. 당신은 원하는 모든 것을 가졌잖아."

"당신이 이미 우리를 위해 많은 것을 하고 있는데도 내가 너무 과도한 것을 요구하기 때문에 화가 나는 거군요."

"맞아. 요즘 내가 당신에게 하고 싶었던 말이 바로 그거야."

146

긍정훈육 7 건강한 의사소통 기술을 배우라

동반 문제해결의 세 번째 단계

진숙 씨가 물었다. "내 이야기를 좀 해도 될까요?"

"뭔데?"

"난 하루 종일 아이들과 있어요. 아이들을 무척 사랑하지만 아이들을 돌보는 일은 너무 힘들고 지치죠. 난 아이들 문제를 혼자서 책임져야 한다는 것이 두렵고 외로워요."

"당신이 나에게 원하는 게 뭐야?" 희준 씨가 물었다.

"난 그저 당신이 내 기분을 좀 이해해 준다면 도움이 될 것 같아요."

"그건 좀 어려운데. 아이를 원한 건 당신이잖아."

"아이들을 가진 것에 대해 나에게 화를 내는 것 같네요. 당신은 우리가 아이를 갖지 않기를 바랐나요?"

"물론 아니지. 하지만 난 이미 많은 것을 하고 있다고."

"당신은 내 기분을 전혀 알지 못하는군요. 어떻게 해 달라는 게 아니에요. 그저 내가 얼마나 힘든지, 얼마나 외롭고 두려운지를 이해해 달라는 것뿐이에요."

마지못해 희준 씨가 말했다. "알았어. 모든 걸 당신 혼자 해야 한다는 생각에 힘들고 두렵다는 거잖아."

"고마워요, 희준 씨. 당신이 나와 똑같이 생각하지 않는다는 거 알아요. 하지만 그건 괜찮아요."

동반 문제해결의 네 번째 단계

그러고 난 후 진숙 씨가 물었다. "우리 둘의 문제를 해결하기 위한 다른 방법을 생각하도록 도와줄 수 있나요?"

"무슨 생각을 하고 있는데?"

"잘 모르겠어요. 하지만 우리 둘 모두에게 도움이 되는 뭔가 새로운 아이디어를 생각해 낼 수 있지 않을까요? 목록을 함께 작성해서 우리가 잠깐이라도 함께 노력할 수 있는 것이 있는지 생각해 봐요. 한 주 정도 시험을 해 볼 수 있을 거예요. 브레인스토밍을 통해 우리가 만들어 낼 수 있는 대안이 얼마나 많은지 보자고요."

진숙 씨가 제안하기 시작했다. "우선 토요일이나 일요일에 당신이 아이들을 데리고 햄버거 가게나 공원에 가는 건 어때요? 아니면 당신이 30분 정도 집에 일찍 와서 아이들이 자기 전에 책을 읽어 주는 것도 할 수 있지 않을까요?"

희준 씨가 말했다. "한 주에 한 번씩 아이들을 당신 집에 데려다주는 건 어떨까?"

"그것도 목록에 적어 놓죠. 또 다른 방법은 베이비시터를 구하는 것이에요."

희준 씨도 제안했다. "일요일 아침에 애들을 베이비시터와 있게 하고 함께 아침을 먹으러 나가는 건 어떨까?"

동반 문제해결의 다섯 번째 단계

"목록에 있는 내용 중에 우리가 이번 주에 실천해 볼 만한 것이 있을까요?" 진숙 씨가 물었다.

"난 일요일 아침에 아이들을 베이비시터에게 맡기고 함께 아침을 먹으러 나가는 것을 실천해 보고 싶은데……."

"그건 내가 가장 원하는 방법은 아니에요. 하지만 한번 해 볼 만할 것 같아요."

"당신이 가장 원하는 건 뭐지?"

"난 당신이 아이들과 시간을 좀 보내는 것을 가장 원해요. 왜냐하면 아이들도 당신이 함께 시간을 보내 준다면 좋아할 것이 틀림없거든요. 당신이 아이들을 데리고 어딜 간다면 난 아이들 방해 없이 주변을 돌아다닐 수 있고요."

"그게 당신이 가장 원하는 것이라는 것은 알겠어. 그런데 난 아직 그렇게 할 준비가 되어 있지 않아. 일단 일요일에 함께 나가 아침 먹는 것부터 해 보고 어떻게 될지 보자고."

동반 문제해결의 여섯 번째 단계

진숙 씨가 대답했다. "알았어요. 일단 그렇게 해 보고 다음 주 월요일에 우리의 계획에 대해 같이 이야기해 봐요."

"고집 부리지 않고 이해해 줘서 고마워, 여보."

"당신도 함께 도와줘서 고마워요."

이 사례에서 볼 수 있듯이, 효과적인 의사소통을 할 수 있다 해서 모든 문제가 해결되는 것은 아니다. 보다 친밀한 관계를 만들어 주고 서로에 대해, 서로의 기분에 대해, 서로의 바람에 대해 알 수 있도록 도와줄 뿐이다. 효과적인 의사소통은 고립과 외로움을 끝내고 관련된 모든 사람에 대한 존중과 존엄을 바탕으로 해결책을 찾고 합의를 이끌어 내도록 도와준다.

약물에 관하여 아이와 의사소통하라

회복 중인 부모들은 약물과 술을 남용하는 현실과 위험에 대해서 직접적인 경험을 통해 알고 있다. 그들은 자신이 겪었던 생지옥을 그들의 자녀가 다시 겪는 것만은 절대적으로 피하고 싶다. 그들은 중독의 대물림이 멈추기를 바란다.

중독의 세대 전이를 막아야 한다는 중압감과 자신의 아이들이 큰 위험에 처해 있다는 공포심은 이들로 하여금 역기능적인 방식으로 과잉반응하도록 할 수 있다. 그들은 극단적으로 통제적인 양육 방식을 통하여 자신의 자녀가 술이라고는 손도 대지 않았다는 것을 확인하려 들 수도 있다. 그러나 통제하려고 하면 할수록 그것은 더 부정적 결과를 가져온다. 자녀의 약물 문제를 무시하거나 방임하는 것 또한 효과적이지 않은 것은 마찬가지이다. 현실을 부인하고 술이 존재하지 않는 것처럼 하는 것은 그 어떤 과잉반응적인 통제 수단보다도 청소년들에게 더 큰 악영향을 미칠 수 있다.

술이나 약물에 대해서 효과적으로 의사소통하기 위한 네 가지 핵심 사항

자녀가 술과 약물, 약물의 사용법 그리고 발생할 수 있는 남용 현상에 대해서 이해하도록 돕기 위해서는 정직하고(honest), 정확한 정보에 기초하며(informative), 판단적이지 않고(non-judgemental), 개방적인(open) 의사소통이 필요하다.

① 정직하다(honest)는 것은 '그것에 대해 있는 그대로 이야기하는 것'을 의미한다. 만약 당신이 느낌이나 신념을 가지고 있다면, 그것을 당신의 의견으로 나누는 것은 중요하다. 다만 그것이 현실을 보는 유일한 방식이 되어서는 안 된다(이와 관련하여 2장에서 다룬 바 있는 정서적 정직에 대해서 다시 살펴보자). 어떤 부모들은 자신의 음주 문제에 대하여 이야기하면 자녀들이 자신을 낮게 평가할까 봐 이야기하기를 주저하거나, 어떤 분명한 의견을 말하기 꺼리는 경우도 있다. 하지만 정직함이야말로 진정한 의사소통으로 이어질 수 있다는 것이 우리가 발견한 사실이다. 부모들 또한 잘못을 저지를 수 있는 평범한 사람이라는 것을 알게 되면 아이들은 자신의 존재가 가진 불완전함에 대해서 걱정할 필요가 없으며 숨기려고 애쓸 필요가 없다.

② 정확한 정보에 기초한다(informative)는 것은 당신이 나누는 정보가 정확하며 단지 당신의 개인적인 의견이 아니라는 것을 의미한다(술이나 약물 그리고 효과에 대한 최신의 자세한 정보를 찾기 위해서는 인터넷을 활용하자. 자녀와 함께 토론할 수 있는 많은 다양한 의견을 쉽게 찾을 수 있을 것이다). '만약 너희가 술을 마신다면 곧 중독자가 될 것'이라고 말하는 것(혹은 다른 협박들)은 아이가 당신에 대해 가지고 있는 신뢰감을 잃도록 만든다. 처음 술을 마신 이후 별다른 나쁜 결과가 일어나지 않았을 때, 아이들은 자신의 부모가 실제로는 아무것도 모른다고 생각할 수 있다. 음주를 막기 위해 아이들의 불안을 야기하는 전략은 어렸을 때는 효과적일지 모르지만, 일단 사춘기에 접어들기 시작하면 오히려 역효과를 불러일으킨다. 어떤 아이는 어른들이 얼마나 '멍청하고 틀렸는지'를 보여 주어야겠다는 생각을 하기도 한다. 아이들에게 정확한 정보를 줄 때, 그들은 자신의 선택과 그것이 가져올 수 있는 가능한 결과들에 대해 진지하게 고려할 수 있다.

③ 개방적인 의사소통(open communication)이란 것은 토론이 이루어지지 못

하도록 막는 것이 아니라 토론에 초대하는 것을 의미한다. 대개의 경우 비판적이지 않고 조종하려 하지 않는 사람들과 이야기를 나눌 때 편안하다고 느끼게 된다. 그들은 다른 사람들이 비록 자신과 같은 방식으로 생각하지 않는다고 하더라도 이를 존중한다. 그리고 꼭 의견이 일치해야 한다는 생각 없이 자연스럽게 자신의 의견을 타인에게 말한다.

④ 비판단적(nonjudgemental)이란 것은 문제를 단지 '옳거나 틀린 것'으로 보지 않는 것을 의미한다. 언제나 자신이 옳아야만 하는 사람과 이야기하는 것은 최악의 의사소통이다. 어느 누구도 자신이 틀렸다거나 어리석다는 소리를 듣고 싶어 하지 않는다. 당신이 진정한 호기심을 가지고 질문을 하며 아이들의 생각을 듣고자 다가가는 태도를 보인다면, 당신이 가지고 있는 판단적인 태도를 자제하는 데 도움을 줄 것이다.

일단 아이들이 술을 마시거나 약물을 사용해 보겠다고 마음을 먹었다면 이를 막을 수는 없다. 당신이 할 수 있는 일은 정직함을 실천하고, 술과 약물에 대한 정확한 정보를 주며, 어떤 상황에서도 아이들을 사랑할 것이라는 것을 알려 줌으로써 항상 대화의 문을 열어 놓는 것이다. 또한 아이가 어떤 말을 한다 해도 안전할 것이라는 것을 느끼도록 하는 신뢰관계를 형성하고 비판단적인 태도를 유지하는 것이다. 당신이 판단적인 태도를 보이지 않을 때, 아이는 술이나 약물을 시험적으로 사용해 보는 상황에서도 자신의 부모가 정직함과 사랑을 갖고 항상 그 자리에서 자신을 지지하고 있을 것이라는 것을 알게 된다.

우리는 술이나 약물을 사용하는 자녀에게 정확히 어느 시기에 무슨 말을 해야 할지에 대해서 정답을 제공해 줄 수 없다. 다만, 중요한 것은 계속해서 대화할 수 있고 성장할 수 있는 가까운 관계를 만드는 것이다. 그리고 당신이 개별적 현실에 대해서 이해를 한다면 이러한 가까운 관계를 만들기가 더 쉬울 것이다.

개별적 현실

진정으로 중요한 것은 우리에게 일어나는 일 자체가 아니라 그 일에 어떻게 대응할 것인가라는 것을 이 책에서 여러 번 강조한 바 있다. 개별적 현실은 왜 동일한 상황에 연관된 각각의 개인이 상황을 다르게 해석하고 다른 결정을 내릴 수 있는지를 설명한다. 당신의 자녀 각각이 처해 있는 개별적 현실은 술이나 약물과 관련된 그들의 결정에 영향을 미칠 수 있다.

자녀의 음주나 약물 사용 여부는 그들이 결정할 문제이다

많은 사람은 부모로서 옳은 말을 하고 옳은 일을 하면 자신의 자녀를 술과 약물 문제로부터 쉽게 구해 낼 수 있을 것이라고 믿는다. 하지만 이는 쉽게 빠질 수 있는 잘못된 신념일 뿐이다. 부모들은 자녀가 자신과 똑같은 방식으로 생각할 것이라고 가정한다. 그리고 자녀에게 닥친 문제들에 대해 자녀가 실제로 어떤 선택을 하는지를 직접 확인하지 않는다.

부모들은 항상 언어적·비언어적 메시지를 보내며, 아이들은 나름대로의 의식적·무의식적인 결정을 내린다. 이러한 과정이 이해된다면 부모로서 당신은 다음과 같이 물어볼 수 있다. "내가 아이에게 무슨 말을 하고 있는 거지? 그리고 아이는 어떤 결정을 내리게 될까?" 이 장을 읽어 내려가는 동안, 아이의 결정에 대한 부모의 가정과 바람에도 불구하고 아이들이 이러한 가정과 바람을 따라 줄 것이라고 확신할 수 없다는 것이 분명해질 것이다.

다음 사례는 부모들이 술이나 약물 그리고 아이의 결정과 관련하여 어떻게 아이들과 의사소통하는지를 보여 준다. 사례를 읽으면서 의사소통 과정에는 언제나 두 가지 부분, 즉 ① 대화의 내용, ② 대화에 따른 결정 내용이 있다는 사실에 주목하기 바란다.

몇 년간 미나는 알코올에 중독되어 있었다. 그녀는 자신의 중독 문제를 해결하기 위해 치료 프로그램에 참여하기로 결정하였다. 미나는 술을 끊고 프로그램을 마쳤으며, 계속해서 회복을 유지해 나가겠다는 결심을 했다. 그녀는 자신의 중독 경험을 10대인 아들과 나누기를 원했는데, 그것은 자신이 겪어야만 했던 고통을 아들이 겪지 않았으면 하는 바람 때문이었다.

미나는 아들인 인호에게 자신이 알코올 중독자이며, 이 때문에 인호 역시 중독을 겪을 가능성이 높다는 것을 말해 주었다. 그녀는 가족 구성원 중 한 명이 중독 문제를 가지고 있을 때 다른 가족 역시 중독을 겪게 될 가능성이 높아진다는 연구 결과를 설명해 주었다. 인호에게 중독의 가족력이 있기 때문에 중독의 유전적 성향을 가지고 있을 가능성이 높다고 말하였다. 그리고 이런 이유로 술이나 어떠한 약물도 사용하지 않는 것이 좋다고 말해 주었다. 또한 인호에게 청소년 자조모임에 참석하도록 하였으며, 자신이 참석하고 있는 AA모임에서 받아 온 자료를 집으로 가져와 인호에게 읽도록 권유하기도 하였다.

인호는 엄마의 말을 진지하게 들었고, 엄마에게 감사하다고 말하였다. 그리고 엄마가 가져다준 자료들을 읽고 함께 이야기를 나누기도 하였다. 미나는 그녀의 접근 방법이 성공적이었다고 생각했다. 인호는 이러한 모든 토론이 의미 있는 것처럼 행동하였으며, 엄마가 원하는 모습대로 커 가는 것처럼 보였다.

그러나 미나가 정직하고 정확한 정보를 제공하였으며 개방적이고 비판단적인 태도를 보였음에도 불구하고, 인호는 자신의 삼촌인 상우의 비언어적인 의사소통에 더 영향을 받았다. 인호는 12세 때 아버지를 잃었으며, 이후 상우는 인호의 남성 역할 모델이 되었고 많은 시간을 함께 보냈다. 문제는 상우가 담배를 너무 심하게 피운다는 것이었다. 상우는 담배를 피우는 것을 당연하게 여겼으며 오히려 담배를 피우지 않는 것을 남자답지 않다고 떠들어 대었다. 상우는 전형적인 '마초'였으며, 반항적이고 경솔한 인물이었다.

긍정훈육 8 · 약물에 관하여 아이와 의사소통하라

상우와 인호는 매우 친밀한 관계였으며, 많은 시간을 '남자다운' 역할을 함께 하는 데 보냈다. 그들은 오토바이 타기를 좋아했고, 격투기 등을 즐겼다. 비언어적인 의사소통을 통해 남자는 언제나 남자다워야 하고, 야성적이고 재미있는 일을 하는 것을 좋아하며, 이런 생활을 시시한 여자들이 모르게 하면 그만이라는 생각이 굳어져 갔다.

이후 인호는 입대를 하였고, 엄마와 멀리 떨어진 곳에 배치를 받게 되었다. 군사 기본 훈련을 받은 후, 인호는 매일 술을 마시기 시작했다. 친구들이 인호의 음주 운전에 대해 걱정을 했지만 그는 자신이 하고 싶은 것을 할 뿐이며 누구도 자신에게 무얼 하라고 말할 수 없다고 대답할 뿐이었다. 인호는 자신이 무적의 인물이라고 생각했으며, 자신은 삼촌과 같은 마초이기 때문에 어떤 일도 일어날 수 없다고 생각했다. 결국 인호는 이러한 생활양식을 공유하는 남자들과 친해졌고, 이는 음주에 탐닉하는 결과를 가져왔다. 물론 그는 이 모든 일을 어머니에게는 숨겼으며, 미나는 여전히 아들이 술의 위험 요소를 잘 알고 있는 이상 술에 손을 댈 리가 없다는 환상을 가지고 있었다.

언어적 메시지는 인호에게 술이 위험하며 그가 중독의 가능성이 높다는 것을 알려 주었다. 하지만 비언어적 메시지는 남자는 위험한 행동을 할 수 있고, 그들에게는 어떠한 일도 생기지 않을 것이며, 다만 남자들은 이러한 행동을 할 때 가까운 여성들의 눈에 띄지 않도록 해야 한다고 말하고 있었다. 인호의 결정은 그가 원하는 것이라면 무엇이든 할 수 있으며, 그는 아무런 부정적 결과도 경험하지 않을 것이고, 여자들에게는 그저 그녀들이 듣기 원하는 말을 들려주면 그뿐이라는 것이었다.

병수 가족의 경우, 아이들은 인호와 같이 이중적인 메시지를 듣지는 않았다. 그러나 이 가족의 아버지인 성구는 아집이 세고 비판적인 사람이었다. 이로 인해 아이들은 스스로 생각하는 대신 아버지의 의견에 찬성 혹은 반대 의견을 가질 수밖에 없었다. 성구는 아이들에게 술을 마시는 것은 어리석은 행동이라고 항상 말했다. 그는 젊은 시절 바텐더로 일한 적이 있는데, 이때 만난 어리석은

자녀의 음주나 약물 사용 여부는 그들이 결정할 문제이다

주정뱅이들에 대해 자주 이야기하였다. 그는 술에 취해서 경찰과 싸우다가 마침내는 경찰관의 귀를 물어뜯어 버리고 말았던 한 손님에 대한 이야기를 자주 하였다.

성구는 자신이 말한 대로 자신 역시 술을 마시지 않았다. 또한 가족들도 집에서는 절대로 술을 마시지 않았다. 가족 내에는 언어적 메시지와 비언어적 메시지 모두 음주는 어리석은 행동이라는 분명한 메시지가 존재했다.

장녀인 유리는 아버지가 옳다고 생각했고, 술에 손을 대지 않았으며, 술을 마시는 친구들과도 어울리지 않았다. 한번은 가장 친한 친구의 차에서 보드카 병을 발견했고, 유리는 '어리석은' 짓을 하는 사람과는 더 이상 어울릴 수 없다며 친구와의 절교를 선언했다.

한편, 유리의 여동생인 유정은 달랐다. 그녀는 가족의 모든 가치에 반항하였고, 술을 마시기 시작했다. 또한 그녀는 어른들의 이야기를 전혀 귀담아 듣지 않고 충동적인 행동을 서슴지 않는 또래 아이들과 어울리기 시작했다. 그들은 술을 마시면서도 자신들은 주위에 있는 '어리석은 어른'들과는 다르다고 생각했다. 그들은 취해도 어른들이 하듯이 그렇게 바보같은 행동은 하지 않을 거라 믿었다.

(이 이야기에는 흥미로운 속편이 있다. 어른이 되면서 유리와 유정은 어린 시절 했던 자신의 결정을 새롭게 바꾸었다. 유리는 나중에 습관적으로 술을 마시게 되었으며, 반면 유정은 비타민 C보다 강한 약은 무엇이든 섭취하기를 거부하게 되었다. 그녀는 자신의 결정과 행동의 결과를 통해 깨닫게 된 것이 있었다.)

아이들이 어른들에게 무엇을 말해야 할지 결정하는 데 있어 아이들의 자의식은 점차로 증가하며, 따라서 부모들은 자신의 의사소통 방식이 연령에 적절한 것인지에 대해서 생각해야만 한다. 아이들은 나이에 따라 받아들일 수 있는 정보의 수준이 다르며, 생각의 정교화 수준도 다르다. 부모들은 입학 전 아이와 사춘기 아이들에게 동일한 언어를 사용해서는 안 된다. 부모는 아이의 언어로 이야기하여야 하며, 예를 들 때도 아이의 경험과 관련이 있는 적절한 예를 사용해야 아이들이 이해할 수 있다.

많은 부모가 "네 살짜리 내 아이에게 술이나 다른 중독에 대해서 무슨 이야기를 해야 하죠?" "이제 한참 사춘기인 아이에게 어떻게 술이나 다른 중독에 대해 이야기를 하죠?" "만약 아이에게 술은 입에도 대지 말라고만 말해도 충분할까요?" 등의 질문을 한다. 아이에게 술과 다양한 중독에 대해서 정직함과 충분한 정보, 개방성과 비판단적인 태도를 가지고 이야기하는 것이 얼마나 어려운 일인가를 알고 있기 때문에, 우리는 이 장에서 연령별 그룹에 따른 대화 예시를 제시하고자 한다. 이러한 예시를 통해 당신은 이러한 문제뿐만 아니라 기타 다른 문제에 대해서도 보다 적절하게 대처할 수 있으리라 생각된다.

다음 대화들에서 어떤 부모들은 우리가 제시한 네 가지 가이드라인을 따른다. 하지만 어떤 부모들은 그렇지 않은 경우도 있다. 이러한 서로 다른 선택이 다른 결과를 가져온다는 것에 주목하기 바란다.

취학 전 아이에게 약물에 대하여 이야기하기

걸음마 단계의 아기가 아파서 약이 필요한 첫 시기야말로 '약물교육(drug education)'을 위한 출발점이 될 수 있다. 다음 대화는 부모로서 아이에게 약물에 대한 중요한 메시지를 줄 수 있는 좋은 기회를 어떻게 활용할 수 있는지를 보여 준다.

아이: (콧물이 흐르고 뺨은 열로 불그스레하다.) 엄마, 목이 아파요.
엄마: 우선 열 좀 재어 보고 열이 있는지 봐야겠구나. 근데 엄마가 보기에도 아파 보이는 걸. 이런, 열이 있으니 열 좀 가라앉혀야겠구나. 목이 아프니 어린이용 아스피린하고 오렌지 주스를 한 잔 줄게. 그런 다음 소파에 앉아서 같이 동화책을 읽어 보자. 그러면 편히 쉴 수 있을 거야. 그래도 기

159

취학 전 아이에게 약물에 대하여 이야기하기

분이 나아지지 않으면 다른 방법을 쓸 수도 있단다. 어떤 때는 아스피린이 필요할 때도 있고, 어떤 때는 낮잠이 필요할 때도 있고, 또 어떤 때는 병원에 가서 진찰을 받아야 할 때도 있단다. 그런 방법들을 써 본 다음 다시 열이 내렸는지 확인하는 거야.

아이: 오렌지 주스에 얼음을 많이 넣어 줄 수 있어요, 엄마?

엄마: 물론이지. 서랍장에 가서 아스피린 좀 가져다줄게. 근데 기억해 둘 게 있어. 아스피린은 엄마가 아이들에게 가져다줄 수 있는 거지 너희 마음대로 먹을 수 있는 게 아니란다. 왜냐하면 아스피린을 너무 많이 먹으면 더 아플 수가 있거든. 그래서 그것을 안전한 곳에 따로 보관해 두는 거야.

이 대화에서 엄마는 약물에 대한 정보를 제공하기 시작한다. 엄마는 약이 아이를 아프지 않게 할 거라고 장담하지 않으며, 약물이 문제를 해결할 수 있는 유일한 방식이라고도 말하지 않는다. 엄마는 약이 유일한 해결책이라고 생각하는 습관을 아이가 갖기를 원하지 않는 것이다. 또한 약이 도움이 될 수는 있지만 너무 많은 약은 위험하다는 사실도 분명히 언급된다. 중요한 것은 아이에게 몸 상태를 낫게 하는 몇 가지 약물이 있으며 또한 약물을 필요로 하지 않는 다른 많은 치유 방식이 있음을 가르쳐 주는 것이다.

동시에 부모가 해야 할 중요한 일은 약물 복용을 직접 살피며, 자신이 말한 바를 스스로 모델링해 주는 것이다. 이 나이의 아이들은 뛰어난 관찰자이며 부모가 하는 대로 훌륭히 따라 한다. 만약 엄마나 아빠가 몸의 컨디션을 회복하기 위해 약을 먹는 대신 낮잠을 자거나 산책을 한다면, 아이들은 그 메시지를 그대로 마음속에 기록할 것이다.

유아에게 중독을 겪고 있는
가족 구성원에 대하여 이야기하기

만약 술이나 약물에 취해 평범하지 않은 행동을 하는 친척이 있는 경우, 이에 대해서 유아(미취학 아동)에게 설명해야 할 수가 있다. 이때 "할머니가 오늘 아프시단다."라든지 "아빠가 오늘 몸이 안 좋으신가 봐."와 같이 말하는 대신 정직해야 할 필요가 있으며 실제 무슨 일이 일어났는지에 대해 정직하게 설명해 주는 것이 좋다.

> 네 살 아이: 아빠, 오늘 할머니를 봤는데 너무 즐거워 보이셨어요. 왜 그러셨죠?
>
> 아빠: 할머니가 너무 술을 많이 드시고 취해서 그렇단다. 사람은 때때로 자신에게 좋지 않은 행동을 할 때가 있어. 그리고 할머니가 바로 그렇게 자신에게 좋지 않은 행동을 하신 거란다. 할머니가 무서웠니?
>
> 네 살 아이: 할머니는 신나 보였어요.
>
> 아빠: 할머니는 아마 신나셨을지도 몰라. 하지만 그렇게 술을 많이 마시면 건강에는 좋지 않을 거고, 그래서 아빠는 할머니가 더 이상 그러지 않기를 바란단다.

아이가 점점 자라고 가족들과 떨어져 있는 시간이 더 많아짐에 따라 확실히 인지해야 하는 약물에 대한 새로운 메시지들이 있다.

5~10세 아이에게 약물에 대하여 이야기하기

5~10세의 아이들은 가족으로부터 떨어져 바깥세상으로 나아갔을 때 그들에게 닥칠지도 모르는 일에 대해서 대비해야만 한다. 당신은 아이들이 알고 싶은 것을 물어보게 하거나, 어른들이 하라는 대로 따르는 대신 그들이 어떻게 할 것인가에 대해 스스로 생각하도록 격려할 수 있다. 이 시기의 아이들은 보통 흑백사고를 하며 어른들의 경고에 귀를 잘 기울이는 경향이 있다. 또한 그들이 이미 받아들인 생각을 매우 고집스럽게 유지하려고 한다. 이 시기의 아이들에게는 생각의 내용을 알려 주는 대신 생각의 방식을 배울 수 있도록 도와주는 질문을 함으로써 열린 방식의 의사소통을 촉진해 나가는 것이 중요하다. 이를 통해 아이들이 미래에 독립적으로 살아 나갈 수 있도록 도울 수 있다.

많은 아이가 이미 초등학교 시절 이전부터 술을 마셔 본 경험이 있거나 다양한 종류의 약물에 접근할 수 있다. 이런 어린 시기에조차 그들은 술이나 약물을 쉽게 접할 수 있는 환경에 노출된다. 따라서 아이들은 술이나 약물이 좋은 것이라고 말하는 사람들을 만났을 때 어떻게 대처해야 하는지를 배워야만 한다. 역할 놀이는 이러한 기술을 가르칠 수 있는 재미있는 방식이다. 아이들에게 술을 권하거나 약물을 사용하라는 권유를 받았을 때 어떠한 행동이나 말로 대응할 수 있는지 물어보자. 그런 다음 아이들과 함께 역할 놀이를 하고 이를 통해 아이들이 자신의 생각을 실제로 실현해 보는 기회를 갖도록 한다.

예시-초등학교 저학년 아이와의 대화

초등학교 저학년인 아이와 함께 중독에 대해서 이야기하는 사례를 살펴보겠다.

엄마: 얼마 전 모임에서 이야기를 들었는데, 어떤 아이가 친구들을 불러 부모님이 안 계신 집에서 폭력적인 컴퓨터 게임을 하면서 놀았다고 하더구나. 너도 친구들이 그렇게 놀고 있다는 것을 알고 있니?

아들: 네, 엄마, 저도 그 아이 집에 놀러갔던 적이 있어요.

엄마: 그 아이가 너에게도 그 게임을 함께 하자고 했었니?

아들: 같이 하자고 했어요. 그런데 제가 보기에 너무 잔인하고 무서워서 안 하겠다고 했어요.

엄마: 역시 내 아들이구나. 그런데 나는 아직은 어린 네 친구들이 그런 게임을 하면서 논다는 것이 많이 걱정이 되는구나. 너는 인터넷 게임에 대해서는 어떻게 생각하니?

아들: 대부분의 친구들이 인터넷 게임을 하긴 해요. 물론 저도 가끔 게임을 하구요. 하지만 친구들 중에 게임을 너무 많이 하는 친구들이 있어요. 매일 밤 늦게까지 게임을 하느라 학교에서 제대로 수업을 듣지 못하는 친구들이요. 그 애들은 학교에서도 게임 얘기만 해요. 그 친구들이 게임을 잘한다는 이유로 부러워하는 친구들도 있지만 저는 좋아 보이지 않아요. 지난번에 친구 집에서 봤던 잔인하고 무서운 게임도 마찬가지이고요. 그걸 보고 나서 한동안 그 장면이 계속 생각나더라고요. 학교에서도 그런 게임을 하는 건 우리에게 좋지 않다고 배웠어요.

엄마: 사랑하는 아들아. 앞으로도 너에게 별로 좋지 않은 것을 같이 하자고 말하는 친구들이 있을 거야. 하지만 너에게 해가 될 수도 있는 것에 대해 스스로 조심하는 모습을 보니 엄마는 안심이 되는구나. 엄마들 이야기를 듣고 조금 걱정이 되었는데, 이렇게 함께 이야기하고 나니 엄마의 기분이 훨씬 좋아졌어.

가르침을 주기 위한 적절한 시간을 찾기

초등학생 아이들과 열린 대화를 나누기 위해서는 아이로 하여금 미디어를 통해서 듣게 되는 메시지에 대해 질문을 던지도록 하는 방법이 좋다. TV 광고나 다른 광고들을 가지고 아이들과 함께 토론을 해 보자. 이러한 시도는 우리의 기분을 바꾸거나 혹은 어떤 기분을 계속해서 느끼기 위해서 '약물을 사용해 보세요(do drugs).'라고 끊임없이 쏟아지는 메시지 폭격에 우리가 얼마나 시달리는지 인식하는 데 도움을 준다.

예시-7세 아이와의 대화

부모님과 아들이 어느 날 저녁 함께 TV를 보고 있었다. TV에서는 수면제, 감기약, 해열제, 진통제, 건강보조약품 등 광고들이 계속해서 나왔으며 맥주 광고도 나오고 있었다. 아빠는 아이가 광고 노래를 흥얼거리며 멘트를 반복하는 모습을 발견하였다. 이에 아빠는 아이가 얼마나 많은 TV 광고를 보고 있으며, 그것을 얼마나 무의식적으로 받아들이고 있을지에 대해서 생각하게 되었다. 이에 대해서 그는 아이와 이야기를 나누어 보기로 했다.

아빠: 보니까 TV 광고를 모두 다 외우는 것 같던데. 그 광고들이 무슨 얘기를 하는지 한번 생각해 본 적이 있니?

아들: 무슨 소리예요, 아빠?

아빠: 너랑 앉아 있는 동안 TV에서 여러 사람이 우리에게 만약 잠을 잘 못 자거나, 콧물이 나거나, 몸살이 나거나, 기분이 좋지 않으면 약을 먹어야 한다고 말하고 있잖아. 심지어 맥주 광고조차도 만약 우리가 맥주를

마시면 친구를 갖게 되고, 즐겁고, 행복해 보이고, 삶을 더 잘 즐길 수 있다고 말하잖니. 그런데 나는 이런 얘기를 듣고 있으니까 화가 나네.

아들: 왜 화가 나요, 아빠?

아빠: 이런 광고들이 물건을 팔기 위한 것임을 알지 못하고, 네가 이런 얘기들을 들리는 그대로 믿을 수 있기 때문이지. 나는 잠이 오지 않는다고 해서 꼭 약을 먹어야 한다고 생각하지 않거든. 때로 우리는 잠이 잘 오지 않을 만큼 생각이 많은 날도 있고, 때로는 별로 피곤하지 않기 때문에 잠이 안 올 수도 있어. 그런 날이라도 다음 날이면 피곤해서 아주 잠을 잘 자게 될 거야. 그리고 내가 본 어떤 사람들은 술만 마시면 무례하고 거칠게 행동하기도 하거든. 그런 사람들 중에는 술 없이는 전혀 즐거움을 느끼지 못하는 사람들도 있어. 우리는 친구들과 신나게 놀기 위해 꼭 술을 마셔야 하는 건 아니란다.

아들: 아빠, 나도 TV에 나오는 모든 것을 믿는 건 아니에요.

아빠: 네가 그렇게 말하니까 다행이다. 하지만 나는 네가 TV에서 하는 말들을 한번 더 생각해 봤으면 좋겠어. 그리고 광고는 사람들에게 무언가를 사게 하려고 만든 것이지 정말로 사람들을 행복하게 하려고 만든 것이 아니라는 것을 기억했으면 좋겠구나.

당신은 자신 혹은 다른 어른들의 음주나 약물 사용 경험에 대해서 이야기함으로써 정직한 의사소통을 연습해 볼 수 있다. 당신이 빙빙 돌려 말하기보다는 보다 구체적인 용어를 사용하여 실제적인 이야기를 할수록, 아이들은 술을 마시거나 약물을 사용하는 것이 실제로 어떤 것인지에 대해 보다 더 잘 이해할 수 있게 된다. 이는 다음 예를 통해 더 자세히 이해할 수 있을 것이다.

이 나이의 아이들은 호기심이 아주 많으며, 또한 배운 것을 금방 받아들인다. 다음에 나오는 8세 아이와 10세 아이의 대화를 읽다 보면 두려움을 느낄지도 모르겠다. 이 대화는 아이들이 가지는 호기심을 보여 주며, 대화는 술이나 약물에 대한 많은 정보를 주면서 끝이 난다.

정직함이 호기심을 만족시킨다

여덟 살 지우와 열 살 지호는 학교에서 얼마 전 음주 교육을 받았다. 그때 외삼촌인 지성이 아이들의 집을 방문하였다. 아이들은 그가 젊은 시절에 술을 많이 마셨다는 것을 알고 있었으며, 그러한 경험에 대해서 궁금해하였다. 그들은 지성이 언제부터 술을 마셨고, 그 느낌이나 효과가 어떠했으며, 여전히 술을 마시고 있는지 아니면 언제 술을 끊었는지 알고 싶어 했다.

지성은 이러한 조카들의 질문에 정직하게 대답하였으며, 그의 경험을 과장하거나 축소하지도 않았다. 분명한 것은 음주에 대한 그의 경험을 이야기하는 것이었지, 다른 모든 사람들의 경험을 대변하는 것은 아니라는 점이었다. 지성은 성실성, 개방성을 실천했으며, 비판단적인 방식으로 많은 정보를 주었다.

지성: 아직도 어리다고 생각했는데, 너희들이 이런 질문을 하다니 놀랍구나. 학교에서 사람들이 술에 대해서 이야기하던?

지호: 네. 학교 친구들 중에 술을 마셔 본 친구들도 있어요. 집에서 어른들이 주기도 한대요. 외삼촌도 술을 마셔 봤어요?

지성: 예전에는 많이 마셨지.

지우: 술을 마시면 어때요?

지성: 내 경우에는 술을 마시면 참 편안해졌어. 마음도 편해지고, 때로는 그냥 잠이 들기도 했어. 처음에는 그런 편안함이 너무 좋았지. 같이 술을 마시는 사람들과도 아주 많은 이야기들을 아무런 거리낌 없이 할 수 있었어. 사람들이 나에게 술을 마시면 아주 재미있는 사람이 된다고 했었지. 그래서 더 좋았던 것 같아. 사람들과 좀 더 편하게 어울릴 수 있

다고 느껴졌거든. 난 예전에 좀 소심한 편이었기 때문에 술을 마시고 사람들과 더 많은 이야기를 나누고, 친해지는 느낌이 드는 것이 아주 좋았어. 하지만 술이 깨고 나면 다시 어색해지고 하더라고. 그리고 점점 내가 술을 더 많이 마시게 되면서 사람들이 오히려 나를 피한다는 느낌도 받게 되고. 처음에는 잘 몰랐는데 내가 술을 마시고 하는 행동들이 다른 사람들을 힘들게 했던 것 같아.

지우: 언제 술을 처음 마셨어요?

지성: 난 고등학교 때 친구들과 마신 것이 처음이었던 것 같아. 부모님이 안 계신 친구 집에 모여 마시거나 친구들과 어두운 놀이터 같은 곳에서 많이 마셨어. 지금은 청소년에게 술을 파는 것이 불법이지만, 예전에는 청소년들도 가게에서 술을 쉽게 살 수 있었기 때문에 언제든 술을 구할 수 있었지.

지우: 왜 술을 드신 거예요?

지성: 어렸을 때부터 제사를 지내고 나면 음복을 하곤 했기 때문에 술을 마시면 안 된다는 생각도 없었고, 무엇보다 술을 마시고 취하면 어떤 일이 생길까 하는 호기심이 컸지. 그래서 친구들과 함께 마시기 시작했고, 그렇게 어른이 되는 것 같아 우쭐했던 기분도 있었던 것 같아. 사실 처음에는 좀 썼지만, 억지로 마시다 보니 편안하기도 하고 재미있기도 했어.

지우: 외삼촌은 지금도 술을 드세요? 아니면 끊었나요?

지성: 지금은 술을 마시지는 않아. 처음 술을 마실 때는 편안함을 주기도 했고, 사람들과의 관계도 좋아지는 듯했는데 시간이 가면서 술을 마시는 양이나 횟수가 점점 늘어나면서, 몸도 힘들어지고, 사람들과의 관계도 오히려 망가지더라고. 술에 취해 그 다음날을 망친 것도 여러 번이고, 술 때문에 좋은 친구들과 싸운 것도 여러 번이었지. 술을 마시고 나서의 기분이 처음처럼 편안하고 좋지 않았어. 갈수록 죄책감이 생겼지.

어느 순간 술을 마시는 것이 나를 위하는 것이 아니라는 것을 알았고, 술에 취해 있는 시간이 너무 아깝게 느껴지더라고. 나는 내 인생을 그렇게 낭비하고 싶지는 않았어.

지호: 외삼촌은 어떤 사람들이 술에 중독된다고 생각하세요? 학교에서 선생님들이 처음에는 호기심에 술을 마시지만 나중에는 중독으로 이어질 수도 있기 때문에 위험하다고 말씀하셨어요.

지성: 내 생각에는 자신의 느낌을 회피하려 하는 경우나, 술이나 중독에 대한 제대로 된 교육을 한 번도 받은 적이 없는 사람들이 중독에 빠질 수 있는 것 같아. 나는 그런 사람들을 본 적이 있지. 그들은 자신이 갖는 불편함 감정이나 상황을 회피하고 싶어서 술에 손을 댄 것이었어. 그들은 문제에 직면하고 해결하려 하기보다는 술에 취해서 의존해 있었던 거야. 나는 한 번도 그런 이유로 술을 마신 적은 없어. 그리고 난 다행히 나의 음주에 대해 조언을 해 주는 친구들의 이야기를 존중했기 때문에 내 문제를 빨리 인식할 수 있었던 것 같아. 꼭 알코올 중독이 되지 않는다 하더라도 술을 많이 마시는 것은 건강을 해치는 것은 물론이고, 술에 취한 채 여러 가지 사건 사고에 휘말릴 수도 있지. 나중에 후회할 수 있는 일들이 술에 취한 상태에서 많이 일어나기 때문에 어떻게 하면 술을 건강하게, 적절하게 사용할 수 있을 것인가에 대한 생각을 해 보는 것은 꼭 필요하다고 생각해.

지호: 그럼 혹시 다른 어떤 약물에 중독된 적은 없으세요? 선생님들이 말씀하시길 중독이 될 수 있는 약물은 술 말고도 아주 많다고 하셨어요.

지성: 나는 담배에 중독되어 있다고 할 수 있어. 술은 내가 어느 순간 문제가 있다는 생각을 하고 스스로 조심을 하였지만, 담배가 중독성이 있다는 사실은 몰랐기 때문에 담배에 대해서는 조심하지 않았어. 내가 담배의 중독성을 알기 전에 담배에 손을 댔기 때문에 나는 담배에서는 벗어날 수가 없었지. 담배를 끊기 위해 몇 번이나 시도를 했지만 성공하지 못

긍정훈육 8 약물에 관하여 아이와 의사소통하라

했어. 그래서 금연을 위한 도움을 받고 있는 중이야. 혼자 힘으로 어려울 때에는 전문가의 도움을 받는 것도 필요하다고 생각해.

지성은 아이들의 중독에 대한 어떠한 질문에도 동일하게 개방성과 정직성을 가지고 계속하여 답을 해 주었다. 아이들이 지성에게 혹시 중독자를 알고 있는지 묻자 지성은 대답했다. "여러 가지 약물을 사용하는 한 젊은 친구를 알고 있지. 그 친구는 대학 때, 외국에 어학연수를 나가서 처음 약물에 손을 대기 시작한 것 같아. 호기심에 마리화나를 해 봤다고 하더군. 그런데 마리화나를 피우니까 처음에는 정신이 아주 맑아지는 느낌이 들었다고 했어. 약물이라고 하는 것이 생각처럼 해롭거나 무서운 것이 아니라는 생각에 한국에 들어와서도 인터넷을 통해 계속 구했나 봐. 하지만 이렇게 시작된 약물이 점점 다른 약물에 손을 대게 만들었고, 지금은 경제적인 문제나 법적인 문제 등으로 아주 많은 어려움을 겪고 있지. 삶이 많이 힘들어졌어. 난 그런 이야기를 직접 들어 보니 그들이 말하는 약물의 위험성을 믿을 수밖에 없지."

정직함이 호기심을 만족시킨다

> 지호: 선생님은 우리에게 만약 코카인을 단 한번이라도 사용한다면 그 사람은 중독이 된다고 말씀하셨어요. 외삼촌이 생각하기에 이건 맞는 말인가요?
>
> 지성: 중독자들은 절박감을 가지고 있단다. 그들은 고통을 느끼지 않게 해 주는 무언가를 찾고 있는 사람들이야. 나는 단순한 모험이나 새로운 경험 이상의 것을 원한 적이 없기 때문에 중독에 대해 두려워하지 않았단다. 하지만 요즘은 인터넷 게임이나 좋지 않은 동영상, SNS처럼 약물이 아니지만 코카인만큼이나 위험한 것들이 많다는 이야기를 들었어. 특히 인터넷 게임은 폭력성이나 선정성의 문제뿐 아니라, 게임에 너무 심하게 몰입하게 만들거나, 어떤 것들은 청소년들이 도박에 빠져들게 만드는 게임들도 있다고 하더라고. 중독의 문제는 술이나 약물에

서만 일어나는 것이 아니라, 이러한 게임이나 도박 등에서도 발생할 수 있지. 너희들이 이러한 문제에 대해서도 충분히 경각심을 갖고 있었으면 좋겠다는 생각을 했어. 근데 우리 좀 산책 좀 하지 않을래? 이걸로 하루에 할 수 있는 중독 이야기는 다 한 것 같구나.

지우와 지호: 고마워요, 외삼촌. 정말 흥미로운 이야기였어요.

지호와 지우는 밖으로 달려 나가 술을 마시거나 약물을 실험하지 않았다. 그들은 약물을 사용하는 것에 대해서는 흥미가 없었지만 약물과 관련된 정보에 대해서는 많은 호기심을 가지고 있었다. 우리는 단지 그들에게 주어진 정보를 바탕으로 그들이 어떤 결정을 내리는지에 대해서 짐작만 할 수 있을 뿐이다.

성장해 가면서 지우는 호기심에 술을 마셔 보기도 하고, 친구들과의 모임에서 술에 취해 보기도 했다. 지호의 경우 보다 '모 아니면 도'와 같은 접근 방식을 취했다. 10대의 어느 해에 처음 술을 마셔 본 이후 대학에 들어가 처음 몇 달 동안 매일 술을 아주 많이 마셨다. 하지만 이후 숙취를 느끼며 수업에 가기보다는 맑은 정신으로 수업에 가는 것이 더 좋다는 결심을 하게 되면서 많은 양의 술을 먹는 습관을 버리게 되었다. 대신 그는 때때로 외국산 맥주를 먹어 보는 시도에 재미를 붙이게 되었다.

정직한 정보가 충분히 주어졌을 때 더 나은 결정을 할 수 있다고 말하는 아이들이 있다. 너무 도덕적인 관점을 가지고 신뢰할 수 없는 말을 하는 어른들의 이야기를 아이들은 무시한다. 한 10대 아이는 "야채를 먹지 않으면 병이 날 거라고 말하는 어른들을 왜 우리가 믿어야만 하지요? 우리는 이러한 말들은 이제 지겹고 듣고 싶지 않아요. 우리는 어른들이 약물에 대해서 말하는 대부분의 이야기도 믿지 않는다고요."라고 말한다.

중학생 아이에게 말하기

중학생 청소년에게는 단순히 옳은 일을 말해 주기보다는 물어보는 방법을 이야기해 주는 것이 더 중요하다. 이 나이의 청소년은 명령을 잘 따르지 않는다. 사실 청소년에게 술이나 약물을 사용하도록 하고 싶으면, 단지 이 말로 충분하다. "절대 술을 마시면 안 돼. 만약 네가 술을 한 방울이라도 마신다면 넌 외출 금지야!" 많은 청소년은 이를 파워 게임에 초대하는 메시지로 받아들이며, 이 게임에서 그들이 선택할 수 있는 것은 이기거나 지는 것 둘뿐이다. 그들은 벌을 받지 않고 이기기를 원한다. 그들은 몰래 숨어서 술을 마실 것이고, 그걸 핑계로 그들을 외출 금지시킬 수는 없을 것이다.

이 나이 또래의 청소년에게는 비판단적인 의사소통이 최선이다. 담배를 피우는 10대 초반의 소녀는 상담자에게 다음과 같이 말하였다. "어른들은 너무 멍청해요. 선생님이 보기에 어른들은 아이들이 담배 피우기를 바라는 것 같아요. 어른들은 언제나 우리에게 '담배는 절대 안 돼!'라고 말하지만, 사실 그 말이 담배를 피우도록 우리를 부추긴다는 것을 어른들은 정말 모르는 것일까요?"

이에 상담자는 물었다. "그러면 아이들이 담배를 피울까 봐 걱정하는 부모가 어떻게 하면 좋을까?" 아이는 망설임 없이 대답했다. "부모님이 그저 담배는 위험하고, 담배를 피우는 것이 어떻게 안 좋은지 알려 주었으면 좋겠어요. 그렇게만 해도 나에게는 큰 도움이 되었을 거예요." 그러자 상담자는 물었다. "부모님이 그런 말을 해 준 적이 없니?" 소녀는 놀라면서 말했다. "물론 있죠. 하지만 그건 그저 위험하다는 정보가 아닌 협박처럼 들렸어요."

아이가 술을 마시거나 약물을 사용하는 것에 대한 두려움으로 과잉행동을 하는 것은 전혀 도움이 되지 않는다. 다음 이야기는 민기의 경험을 들려주고 있다. 그는 자신의 알코올 중독 경험으로 인해 자신의 딸이 자신의 뒤를 따를 것에 대한 두려움을 갖고 있었다. 하지만 이러한 두려움은 그와 딸 사이의 관계를 완전히 망쳐 놓았다. 민기는 딸의 모습이 예전의 자신과 너무 똑같다는 생각에 도저히 딸을 신뢰할 수가 없었다. 그는 자신이 10대에 했던 경험을 딸도 똑같이 하고 있다는 잘못된 가정을 하고 있었던 것이다.

민기는 딸인 혜정이 9세가 되었을 때 단주를 시작하였다. 혜정은 Alateen 모임(역자 주: 알코올 중독의 부모를 가진 10대를 위한 자조모임)에 참석하였으며 알코올 중독에 대해서 많은 것을 배웠다. 혜정은 이때부터 절대 아빠처럼 술을 마시지 않을 것이라고 굳게 결심했다. 민기는 자신이 술을 마시던 시절의 이야기와 회복에 대해 딸과 편안하게 이야기할 수 있었으며 혜정은 자신이 결코 술을 마시지 않을 것이라는 확신을 가졌다. 하지만 이러한 상황은 혜정이 중학교에 들어가면서 달라지기 시작했다. 혜정은 더 넓은 세계를 접하게 되었고, 이러한 변화에 대해 민기는 걱정을 하기 시작했다. 혜정은 이제 막 새로운 친구를 사귀고 학교 활동에 참여하기 시작한 것이었다.

민기는 자신의 딸에 대한 확신이 흔들리기 시작했고, 자신의 걱정을 행동으로 드러내기 시작했다. 그는 혜정에게 학교에서 무엇을 하며 누구를 만나는지 꼬치꼬치 물어보기 시작했다. 처음에 혜정은 아빠에게 새로운 친구에 대해서 이야기했다. 하지만 민기는 그들에 대해서 비판적인 이야기를 늘어놓았으며, 딸이 그들과 어울리지 않기를 바란다고 말하기 시작했다. 그러자 혜정은 점차로 말문을 닫기 시작했으며, 추궁을 당해야만 겨우 몇 마디 말을 할 뿐이었다.

민기는 딸이 멀어져 간다고 느꼈다. 이로 인해 민기는 더욱더 두려워졌으며, 그럴수록 딸에 대한 추궁이 심해졌다. 어느 날 혜정이 학교에서 집에 늦게 돌아왔다. 혜정이 문을 열고 집에 들어서자 민기는 장광설을 늘어놓기 시작했다. "도대체 어디에 있었니? 내 눈을 똑바로 봐라. 친구들이랑 어울려 담배를 피웠니?"

"무슨 소리를 하는 거예요?" 혜정이 말했다. "또 잔소리를 하려는 거예요? 나는 담배를 안 피운다고 말했잖아요. 근데 아빠는 내가 담배를 피운다고 믿고 있으니 정말로 피워야 할 것 같아요."

민기는 "네가 어울리는 아이들이 담배를 피우는 애들이라는 것을 알고 있어. 사람들이 그 애들이 놀이터에서 담배를 피우는 것을 본 적이 있다고 하더구나."라고 쏘아붙였다.

"제발 나 좀 그냥 내버려 두세요." 혜정은 소리치고는 자신의 방으로 뛰어 들어가 문을 쾅 하고 닫았다.

민기는 자신의 딸을 존중하지 않았다. 그는 현재 일어나고 있는 상황이 마음에 들지 않아 도움을 받기로 했고, 경험이 많은 상담가를 찾아가 이야기를 나누었다. 그리고 난 후에야 딸에 대한 존중심을 되찾고 딸에 대한 걱정 대신 책임감 있게 행동을 할 수 있었다.

담배를 피우거나 술을 마시는 아이들이 모두 중독에 이르는 것은 아니다. 어떤 아이들은 하다 말기도 하고, 또 어떤 아이들은 그저 시험 삼아 한 번쯤 사용할 수도 있다. 또는 친구들과 어울리면서 담배를 피우거나 술을 마시기도 하지만 계속해서 사용하려는 생각은 없는 경우도 많다.

위험한 약물 사용의 조짐

매일 담배를 피우거나 술을 마시는 청소년 또는 일상적으로 약물을 사용하는 청소년은 심각한 문제를 일으키게 된다. 담배나 술 또는 약물이 뭔가 생활에서의 문제를 일으키게 되면 '위험한 사용 단계'로 접어들게 된다. 담배나 술, 약물을 끊는 대신 점점 더 많이, 자주 이를 사용하게 된다. 이러한 아이들은 더 이상 친구들 때문에 또는 시험 삼아 해 보는 단계가 아니라 그것 자체가 삶의 방식이 된다. 이러한 청소년에게는 중독적인 패턴을 멈추기 위하여 타인의 도움이 필요하다.

하지만 이런 상황의 청소년이라 해도 그들이 모두 중독이 되는 것은 아니다. 중독은 담배나 술 또는 약물이 아이들에게 가장 중요한 무엇인가가 될 때 발생한다. 이들은 술이나 담배 또는 자신이 사용하는 약물을 위해 그 어떤 손해(예:

학교, 가족, 일)도 기꺼이 감수하려고 한다. 만약 당신의 아이가 이러한 상황이라면 당신은 상담가와 치료 프로그램 혹은 회복집단에게 도움을 요청해야 할 필요가 있다.

사춘기 아이들이 호기심에 술이나 담배 또는 약물을 사용하는 경우가 있지만 심각한 문제로 이어지는 경우는 그리 많지 않다. 하지만 대부분의 부모가 자신의 아이가 친구들과 어울리다 보면 문제가 생길지도 모른다고 걱정한다. 다음 대화에서는 한 부모가 아이에게 일어날지도 모르는 것을 예상하고 계획을 생각해 보도록 하는 좋은 예를 보여 주고 있다.

말하기 대신 질문을 통해
아이 스스로 생각하게끔 하기

부모들이 여행을 간 사이 친구들을 불러모을 계획을 가진 아들과 어떠한 결과가 생길 수 있는지를 설명하는 아버지의 사례를 들어 보자.

아들: 아빠, 이번 주말에 멀리 여행 가요?

아빠: 응, 엄마와 나는 이번 주말에 바닷가로 여행 가서 하룻밤 자고 올 거야. 너랑 동생은 집에 남을 거고. 엄마, 아빠도 때때로 둘만 함께 있는 시간이 필요하단다.

아들: 엄마, 아빠가 없는 동안 친구들을 불러서 같이 놀아도 될까요?

아빠: 그건 좋은 생각 같지 않구나. 만약 우리가 가까이 있으면 너희가 함께 모여 놀아도 마음이 편할 거야. 하지만 우리가 멀리 떨어져 있는 동안은 그렇지 않아.

아들: 그건 너무 엄격한 규칙이에요. 친구들은 부모님과 같이 있는 걸 좋아하지 않는단 말이에요.

아빠: 엄마와 나는 네가 친구를 불러 함께 놀아도 조용히 있을 수 있어. 그런데 몇 가지 질문 좀 해 볼게. 우리가 여행을 떠났는데 너희끼리 모여 함께 논다고 할 때 무슨 일이 일어날지 생각해 본 적 있니?

아들: 우리는 아는 친구들만 초대할 거라고요.

아빠: 만약 친구 중에 누군가가 같이 담배를 피우거나 술을 마시자고 하면 어떻게 할 거야?

아들: 제 친구들은 술을 많이 마시지 않아요.

아빠: 만약 친구 중에 취해서 시끄럽게 굴면 어떻게 할래?

아들: 그땐 우리가 말리면 되죠.

아빠: 들어 보니 그 상황에서 너희가 어떻게 해야 할지를 잘 알고 있는 것 같구나. 하지만 네 생각에는 문제가 있단다. 만약 너희가 그런 상황이 닥쳐도 문제가 없을 것이라는 확신을 줄 수 있을 만한 다른 생각들을 네가 해낼 수 있다면 나는 기꺼이 이 토론을 계속할 거야. 하지만 그렇지 않다면 역시 대답은 '안 돼'란다.

아이들은 대개 앞으로 일어날 일에 대해 깊이 생각하지 않기 때문에 부모를 걱정하게 만든다. 부모가 너무 비판적인 태도를 갖거나 혹은 일어날 일들에 대해 부모의 생각을 강요하게 되면 아이는 소외감을 갖게 된다. 이런 경우, 벌어질 수 있는 상황에 대해 더 깊이 생각해 보게 함으로써 아이가 사고 기술을 습득할 수 있도록 돕는 편이 좋다. 아이의 생각이 충분히 만족스럽지 않다면 더 깊이 생각해 볼 때까지 '안 돼'라고 이야기하는 것은 좋은 방식이다. 아이를 존중하고 개방적인 태도로 다가갈 때 모두에게 유리한 방식을 찾아낼 수 있다.

사생활 보호에 대한 10대의 욕구

사춘기 아이들은 자신이 이미 모든 것을 알고 있는 어른이라고 생각하기 때문에 일방적인 명령 대신 당신의 느낌을 나누는 것이 좋다. 부모인 당신은 아이에게 부모와 의견이 다르거나 똑같은 방식으로 상황을 보지 않을 수는 있지만, 다른 의견을 갖거나 정직하게 자신의 의견을 말한다고 해서 벌을 받지는 않을 것임을 충분히 이해시키는 것이 중요하다.

한 소년이 상담과정에서 이에 대해 이야기한 적이 있다. 엄마는 아이에게 왜 더 이상 엄마에게 아무 말을 하지 않는지 물어보았고, 아이는 엄마를 바라보며 말했다. "나도 엄마에게 말을 할 수 있었으면 좋겠어요. 하지만 말을 하면 엄마는 화를 낼 거고, 그러면 나는 곤란해지거든요."

그러자 엄마는 놀라서 말했다. "하지만 내가 비록 화가 나더라도 네가 정직하게 말한 것에 대해 문제 삼지 않을 것이라고 우리 둘이 약속했잖아."

"네."라고 아이는 대답하였다. "하지만 내가 지금 하려고 하는 것에 대해서 말하면 엄마가 더 이상 그 약속을 지키지 않을 것 같아 두려워요."

엄마는 "내가 약속한 것은 분명히 지킨다는 것을 네가 계속 믿어 주었으면 좋겠구나. 그래야만 엄마는 네가 비밀을 털어놓을 수 있는 좋은 친구가 될 테니까 말이야."라고 대답했다.

비록 부모-자녀 관계가 아주 좋다고 할지라도, 이 나이의 아이들이 부모와 정직하게 의사소통하는 경우는 매우 드물다. 비록 부모가 무조건적인 사랑을 보여 준다고 해도, 아이는 부모를 화나게 하거나 실망시키고 싶지 않다는 자신만의 생각을 고수한다. 이때 아이를 비판하거나 야단치지 않으며, 그들이 마음을 털어놓고 이야기를 나눌 수 있는 다른 성인 친구를 가지도록 돕는 것이 좋다(대신 이들에게 질투심을 느껴서는 안 된다).

아이 위에 군림하며, '내가 가장 잘 알아/내가 옳아.'라는 태도를 가진 부모

긍정훈육 8 약물에 관하여 아이와 의사소통하라

는 아이에 대한 영향력을 모두 잃어버릴 가능성이 높다. 마치 아무런 문제도 없다는 듯 행동하며 술이나 약물 문제에 대해 눈을 감고 상황을 피하려고 하는 부모의 경우는 더욱 도움이 되지 않는다. 만약 부모가 이러한 상황에 마주하기를 거부한다면 아이는 겁을 먹고 버림받았다는 느낌을 받는다.

10대 청소년에게는 마음과 마음이 통하고 내면 깊은 곳에서 올라오는 정직한 대화가 최선의 길이다. 이러한 접근은 아이가 성장함에 따라 더욱 진가를 발휘한다. 당신이 직접 나서서 사춘기 아이를 보호하려 하기보다 아이가 스스로를 보호할 수 있도록 준비시키는 데 초점을 맞춘다면 당신은 아이에게 더 많은 영향을 미치게 될 것이다. 이것은 다음에 오는 부모와 10대 자녀 간의 대화에서 잘 보일 것이다.

약물에 대해 10대 청소년과 이야기하기

10대 아이들은 더 이상 아이가 아니지만 그렇다고 어른도 아니다. 그들과 술이나 약물에 대해서 이야기를 할 때는 존중과 함께 분명한 태도가 요구된다.

우리는 '절대로 안 돼!'라는 접근이 청소년에게는 효과적이지도 않으며, 아이들을 존중하는 방법이 아니라는 것을 발견했는데, 이러한 방식은 아이가 스스로 생각하도록 가르치지 않기 때문이다. 10대 청소년은 이러한 접근 방식이 초등학교에서나 통할 법한 것이며 지금은 어이없는 것이라며 입을 모아 말을 한다. 정직성, 개방성, 비판단적인 태도, 정보를 공유하는 접근 방식이야말로 10대 청소년들에게 훨씬 효과가 있으며, 이는 다음 예에서도 분명히 볼 수 있다.

정기와 예지는 재활시설에서 만나 결혼을 했으며, 준기라는 아들이 있다. 준기가 태어났을 때 정기와 예지는 자신들의 약물중독 문제를 아들에게도 정직하게 이야기하는 것에 동의하였다. 그들은 준기가 중독자가 되거나 중독자와 결혼할 위험성이 매우 높다고 생각했으며, 아들이 무슨 일이 일어나든지 그에 대비할 수 있도록 준비되어 있기를 바랐다. 그들은 함께 각종 회복 프로그램에 참여했으며 중독자 모임에 나갔다. 또한 많은 책이나 정보를 읽고 공유했으며, 심지어 준기를 중독자 모임에 데리고 나가기도 하였다.

　준기는 자라면서 약물중독에 관한 여러 전문용어와 증상 그리고 위험성에 대해서 알게 되었다. 아이는 자주 부모와 함께 이야기를 나누었으며, 술이나 약물이 이롭지 않다는 것을 분명하게 인식하게 되었다. 부모는 아들의 생각을 지지하면서, 한편으로 청소년기가 되면 이러한 생각이 바뀔 수도 있다는 사실을 충분히 인식하고 있었다. 그들은 준기에게 만약 그런 일이 일어난다고 해도 여전히 의사소통을 위한 통로가 열려 있다는 것을 아들에게 알려 주고자 했다.

　15세가 되어서도 준기는 여전히 술이나 담배 그리고 어떠한 약물도 입에 대지 않았으나, 여전히 호기심을 느꼈다. 준기의 친구들 중 몇몇은 맥주를 마셨지만, 그들에게는 어떠한 문제도 없어 보였다. 실제로 그들은 술을 마시는 동안 웃고 농담을 하면서 즐거운 시간을 보내고 있는 듯 보였다. 지금껏 준기는 술을 마시고 약물을 사용하면서 가지게 되는 모든 문제에 대해서 들어 온 터였다. 하지만 친구들을 보면서 아마도 술을 마시는 것이 생각보다 큰일이 아닐지도 모른다는 생각이 들었다.

　준기는 정기에게 이러한 사실을 말했고, 정기는 다음과 같이 대답했다. "그래서 너는 이제 술을 좀 마셔 보고 싶니?" 준기는 말했다. "모르겠어요. 내 생각에는 그냥 호기심인 것 같아요. 다른 아이들에게 큰 문제가 없어 보이니까요."

　"아마 그럴 거야."라고 아빠는 대답했다. "하지만 사람들은 모두 다르단다. 비록 너에게도 문제가 없길 바라지만 상황이 너에게는 다를 수도 있단다. 나는 네가 만약 술을 마셔 보기로 결정했다면 우리가 그에 대해서 함께 이야기할 수 있기를 바란단다."

　"좋아요. 하지만 아직 내가 술을 마셔 보겠다고 결정한 건 아니에요."라고 준기는 대답했다.

다음 주 토요일 저녁, 준기는 친구들과 밖에 나가 놀았는데 그들 중 한 명이 맥주 꾸러미를 가지고 왔다. 이번에 그들은 준기에게 한 모금 마셔 보기를 권했고, 준기는 그것을 마셨다. 그는 이상하게도 불안감을 느꼈고, 그런 다음에는 따뜻함과 편안함을 느꼈다. 그리고 준기는 술을 계속 마시기 시작했다.

그러고 난 다음 그가 알아차린 것은 자신이 집에 있으며 이미 아침이라는 사실이었다. 그는 자기가 어떻게 집에 왔는지 그리고 전날 저녁 무슨 일이 일어났는지 전혀 기억할 수 없었다. 그러자 갑자기 두려움이 밀려왔다. 그는 친구에게 전화를 했으며, 즐거운 시간을 보냈던 것 같고 집으로는 운전을 해서 왔다는 것을 알게 되었다. 그의 친구는 준기가 기억을 하지 못한다는 사실에 당황하였다.

준기는 부모님에게 할 얘기가 있다고 말을 하고, 그들에게 무슨 일이 일어났는지를 솔직하게 말했다. 그러자 예지는 울기 시작했으며, 정기는 다음과 같이 말했다. "네가 기억이 끊긴 것 같구나. 이것은 네가 알코올 중독자라는 신호란다. 보통은 이렇게 빠르게 일어나지는 않지만 불가능한 일도 아니지. 무슨 생각이 드니?"

"그것이야말로 내가 두려워하는 거예요. 부모님이 저에게 얘기해 주었던 일이 일어났고, 그것이 날 두렵게 해요. 이제 날 위해서 모임에 나가 봐야 할 것 같아요. 내 생각에는 그게 최선의 방책인 것 같아요. 나는 미처 알기도 전에 내 삶이 산산조각 나도록 하고 싶진 않으니까요. 그건 이미 엄마, 아빠가 겪은 일이고 저는 그것을 통해 배운 것이 있으니까요." 예지는 준기를 안았고, 준기는 말했다. "괜찮아요. 나는 언제나 이런 일이 일어날 수 있다는 것에 대해 이미 알고 있었어요. 내가 이러한 상황에 준비하도록 도운 게 엄마인 걸요." (이 이야기는 사실 믿기 어려울 만큼 좋은 상황을 보여 주고 있지만 이는 내 내담자의 실제 경험으로 여기서는 이름만 바꾸어 제시되었다.)

정직함과 개방적인 의사소통은 준기에게 매우 다른 경험을 하도록 만들었다. 다음에 이어지는 또 다른 이야기에서 채희 또한 엄마의 매우 개방적이고 비판단적인 태도를 통하여 많은 도움을 얻은 경험을 보여 주고 있다.

이제 막 대학생이 된 딸과 대화하기

대학 신입생인 채희는 주말이면 외출하기를 즐겼다. 채희의 엄마인 수진은 일 년 동안 중독회복 치료를 받고 있었다. 비록 엄마가 딸의 음주 및 약물 사용에 대해 걱정하고 있긴 했지만, 모녀는 중독에 대해서 정직하게 이야기를 나누었으며, 그들 간에 의견 차이가 나는 경우도 있었지만 좋은 관계를 유지하고 있었다.

어느 목요일 학교에 다녀온 채희는 엄마에게 친구의 생일 파티에 초대를 받았고, 그 파티에 가기를 원한다고 말하였다. 하지만 수진이 알기로는 생일 파티를 하는 그 친구는 술을 자주 마시는 친구였고, 채희는 이에 대해 엄마에게 정직하게 말을 했다. "내 친구들이 모두 간데." 수진은 딸에게 어디서 모이는지, 그리고 술을 마실 것 같은지 물었다. 채희는 잠시 동안 머뭇거리다가 말했다. "응, 엄마. 몇몇 아이는 술을 마실 것 같아요."

수진은 딸에게 그에 대해서 잠시 생각할 시간이 필요하다고 말하였으며, 저녁 식사 때 확답을 주겠다고 말했다. 사실 수진에게 떠오른 첫 번째 생각은 '안돼, 나는 네가 파티에 가지 않았으면 좋겠어.'였다. 그런데 곧이어 만약 그녀가 딸에게 가서는 안 된다고 말한다면 무슨 일이 일어날까 하는 생각이 들었다. 그들은 아마도 싸울 것이다. 그리고 만약 딸이 정말로 나가기를 원한다면, 아이는 몰래 나갈지도 모를 일이었다. 더 나쁜 것은 다음에는 채희가 엄마에게 거짓말을 할지도 모른다는 것이었다. 아마 채희는 친구의 생일 파티에 간다고 하면서 몰래 술을 마시는 친구들을 만날 것이다. 딸과의 소통은 단절될 것이고, 자신이 딸에게 영향력을 미칠 수 있는 수단을 잃어버리게 될 것이다. 그렇

긍정훈육 8 약물에 관하여 아이와 의사소통하라

다면 만약 딸이 몰래 나가 무슨 일이 생긴다 하더라도 아이는 엄마에게 도움을 요청할 수 없을 거라고 느낄 것이다. 수진은 자신의 딸에 대해 다시 한 번 생각하였다. 그녀는 딸이 좋은 결정을 내릴 수 있을 것이라는 믿음을 가지고 있었지만 한편으로는 걱정이 되는 것도 사실이었다. 식탁에 앉자마자 채희는 파티에 가도 되는지 물었다. 그러자 수진은 "너를 보내는 것이 사실 두렵구나, 엄마는."라고 말하였다.

"오, 엄마" 채희는 말하였다.

"아니 내 말을 계속 들어 보렴. 상황이 언제나 내 맘대로 되는 것은 아니야. 어떤 아이들은 술을 너무 많이 마시고 위험한 행동을 할 수 있어. 나는 네가 다치거나 더 나쁜 일이 일어날까 봐 두려운 거야."

"엄마, 정말!"

"그래서 내가 두려운 거야. 그런 일은 일어나지 않을 수도 있겠지. 하지만 네 또래 아이들의 호르몬 분비가 너희들을 충동적으로 만들고 게다가 술까지 더해지면 보통 때는 얌전한 아이라도 어떤 돌출행동을 할 수 있다는 것을 알았으면 좋겠단다. 혹시라도 그런 일이 일어나면 넌 어떻게 하겠니?"

"엄마, 엄마는 지금 너무 앞서서 걱정하고 있어요."

"너는 그런 상황에서도 잘 대처할 수 있다고 믿는 거니?"

채희는 잠시 침묵하고는 입을 떼며 말했다. "네, 나는 할 수 있을 것 같아요."

"좋아, 채희. 나는 너의 판단을 믿을게. 만약 네가 언제라도 안전하지 않거나 충분히 즐겼고 집에 오고 싶은 마음이 든다면 나에게 전화해라. 그럼 내가 데리러 갈게, 알았지?" 채희는 일어나서 엄마를 꼭 껴안았다.

토요일 아침 식사 때 수진은 딸에게 파티가 어땠는지 물었다. 그러자 채희는 말했다. "좋았어요. 어떤 아이들은 토할 것같이 보였고 밤새도록 구토를 했죠. 어떤 여자애들은 그 애들을 계속 돌보아야만 했고요."

"별로 재미있는 시간은 아니었던 것처럼 들리는구나."

"그랬어요. 왜 애들이 술을 마시고 그렇게 취하는지 모르겠어요. 난 차라리

이제 막 대학생이 된 딸과 대화하기

영화를 보러 갈래요."

자녀에게 개방적이고 비판단적인 대화를 대신할 수 있는 건 아무것도 없다. 만약 당신이 자녀에게 자신의 삶을 살도록 하는 기회를 주고, 자신의 경험으로 부터 무언가를 배우도록 허용한다면, 당신은 틀림없이 아이에게 안내자와 지 지자 역할을 할 수 있는 기회를 갖게 될 것이다.

부모는 자신의 자녀보다 더 많은 삶의 경험과 더 넓은 시각을 가지고 있다. 만약 당신이 아이와 함께 당신의 두려움을 나눌 용기가 있다면, 비록 아이가 그 두려움에 대해 심각하게 생각하지 않는다 하더라도 그 문제에 대해 아이가 가져야 하는 자각을 일깨울 수 있으며, 아이들에게 그 문제에 대해 함께 이야 기를 나누어도 괜찮다는 사실을 알게 할 수 있다.

대학생이 된 아들

10대 후반에서 20대 초반의 자녀에게는 다른 어떤 문제들보다 그들의 관심 을 끄는 주제가 있다. 다음 이야기는 그중의 한 주제를 보여 준다.

엄마: 영석아, 너 요즘 살이 좀 찐 것 같구나. 네 배만 봐도 네가 얼마나 술을
　　　마셨는지 알아차릴 수 있겠어.

영석: 그렇게 눈에 띄나요?

엄마: 영석아, 엄마는 네가 얼마나 외모를 중요하게 생각하는지 잘 알고 있
　　　단다. 옷 입는 데 신경을 쓰고, 머리 만지는 데에만 몇 시간씩이나 보내
　　　고, 웨이트 트레이닝도 열심히 하고 틈만 나면 거울을 보잖니? 그런데
　　　네가 계속 그렇게 맥주를 마셨다간 네가 멋있어지기는커녕 술배만 나
　　　오게 될 거야.

영석은 어깨를 들썩하더니 총총걸음으로 사라졌다. 몇 달 후에 영석은 엄마에게 무언가 달라진 것이 없냐고 물었다. 그러자 엄마는 네가 요즘 술을 덜 마시는 것 같다고 말했다.

"그럼 내 술배가 좀 들어간 것같이 보여요?" 영석이 물었다.

"내 생각엔 더 이상 술배가 나온 것 같지 않구나. 그리고 술배를 빼려고 열심히 노력한 거 알아. 멋지네, 영석!"

영석은 활짝 웃더니 휘파람을 부르며 사라졌다.

때로 자녀에게 분명한 메시지를 전달해 줄 필요가 있다. 그것은 당신의 말을 듣도록 하기 위한 것이 아니라 아이가 생각해 볼 수 있도록 정확한 정보를 주기 위한 것이다. 아이가 상황을 바라볼 수 있는 새로운 견해를 제시할 때, 아이는 그 이야기를 기억한다. 그리고 아이가 준비되었을 때 당신의 말을 듣게 될 것이며, 이는 아이에게 변화를 가져올 수 있다. 다음 대화는 진심에서 우러나온 것일 뿐 아니라 유용한 정보를 가지고 있어서 아이에게 그 정보가 필요해질 때 아이는 그것을 떠올릴 수 있을 것이다.

대학생이 된 아들

아빠: 얘야, 너에게 할 말이 있는데 말이야. 너는 요즘 친구들이랑 몸을 망치고 자존감을 잃어 버릴 정도로 지나치게 술을 마시는 것 같구나.

아들: 또 술 가지고 저한테 뭐라고 하실 거예요? 우린 그저 스트레스나 좀 풀어 볼까 하는 것뿐이에요. 다른 방법이 있는 게 아니니까요. 아빠하고 엄마도 술을 마시지만 별일 아니잖아요. 친구들 모두 술을 마시는데 나 혼자 안 마시고 있으면 애들이 샌님이라고 놀린단 말이에요.

아빠: 내가 줄곧 보아 왔는데 네 친구들은 점점 술이 과해지는 것 같아. 그건 좋지 못한 일이야. 내가 보기에 너는 술에 취해 있을 때 네가 재미있고 똑똑하고 인기 있다고 생각하는구나. 하지만 술 취한 사람 옆에 있는 건 시간이 조금 지나면 지겨운 일이야. 네 또래의 아이들이 대개 불안과 두려움이 많고 그것을 감추고 싶어서 술에 의존하는 거지. 하지만 술은 결

국 네가 진정으로 살고 싶은 삶을 방해하는 것이야. 계속 술을 마시면 너는 다른 사람뿐만 아니라 네 자신에 대한 존경심을 잃어버릴 거야.

아들: 아빠, 누구나 술을 마시잖아요. 아빠는 너무 완고하세요.

아빠: 나는 네가 네 자신과 너의 몸을 사랑하고 아끼길 바라. 네가 술에 의지하는 대신 너의 일상을 잘 채워 나가길 바란단다. 너와 네 친구들이 술을 마시는 정도는 너무 위험한 수준이야. 그런 식으로 계속 술을 마신다면 술을 마시는 행동은 습관이 될 것이고, 언젠가 너는 그 습관을 바꾸는 것이 아주 어렵다는 것을 알게 되는 순간이 있을 거야. 그리고 너에겐 이미 술에 대한 내성이 생겨나고 있어. 그건 정말 위험한 일이지. 이미 술의 양이 많이 늘었잖니. 약물이나 술에 중독된 많은 사람이 그렇게 중독되기 시작하는 거야. 그들이 처음부터 "나는 알코올 중독자가 될 거야."라고 결심하는 것은 아니란다. 그들도 지금 너와 똑같이 행동을 했고, 자신이 중독되었다는 것을 미처 알아차리기도 전에 친구, 가족, 자존감, 도덕심이 이미 망가진 거지. 만약 내가 너를 막을 수 있다면, 나는 그렇게 했을 거야. 하지만 이걸 멈출 수 있는 사람은 너밖에 없다는 걸 나는 잘 알고 있단다. 그리고 지금 너의 모습을 모른 척하고 싶은 생각도 없고. 내가 지금 하고 있는 말을 한번 잘 생각해 보길 바란다.

아들: 그래도 나는 아직 친구들과 술을 마시는 것이 문제라고 생각하지 않아요. 내 생각에 아빠는 너무 걱정을 하고 있어요. 그래도 좋아요, 아빠. 기운 내요.

긍정훈육 8 약물에 관하여 아이와 의사소통하라

이 아버지는 지금 아이의 행동이 앞으로도 계속되는 것이 아니라는 것을 알고 있다. 또한 이 나이 또래 아이들이 지금 당장 반응을 보이지 않더라도 나중에 반응을 보이는 경우도 많다는 것을 믿고 있다. 아버지가 상호존중이라는 원칙을 지키는 한, 대화 통로는 여전히 열려 있으며 아들에게 계속적으로 영향력을 미칠 수 있다는 것을 믿을 수 있다.

이 장에서 제시된 가이드라인과 대화 예시를 통해 당신의 걱정이 누그러지기를 바란다. 또한 정직하고, 정보를 주며, 개방적이면서도 비판단적인 의사소통을 통해서 아이들에게 술이나 약물의 사용이 가져올 수 있는 문제들에 대해 알려 주는 데 도움이 되기를 바란다.

행동 이면의 신념을 이해하라

중독을 설명하기 위한 많은 다양한 이론이 존재한다. 많은 사람이 알코올 중독은 질병이고 유전되며, 알코올 중독이나 약물 남용의 가족력이 있는 가정에서 성장한 사람은 중독자가 될 유전적 소인을 가지고 있다고 말한다. 이 장에서는 중독이란 어떤 느낌을 불러일으키기 위한 어떤 행동이나 결심이라는 시각을 견지할 것이다. 빈대 잡기 위해 초가삼간 태우기 전에, 마음을 열고 중독과 관련하여 개별적 현실(separate reality), 출생 순서(birth order), 행동 이면의 믿음(beliefs behind behavior)이라는 개념에 대해서 생각해 보기를 바란다. 우선, 다음에 나오는 우성 씨 가족의 이야기에 귀를 기울여 보자.

우성 씨 가족에는 세 아이가 있는데 10세 성민, 9세 성준, 7세 성호이다. 아버지인 우성 씨는 알코올 중독자였다. 그는 술에 취하면 아이들에게 정서적 학대를 일삼았다. 아이들에게 꺼지라고 소리를 지르기도 하였고, 아이들을 혼내고 '아무짝에도 쓸모가 없다.'고 하거나, 아이들을 책임져야 하는 것에 대해 불평하기도 하였다.

성민은 자기도 모르는 사이에 이런 생각을 갖게 되었다. '아빠 말은 틀렸어. 나는 내가 가치 있다는 것을 보여 주겠어. 나는 살면서 무언가를 해내고 말 거야. 나는 학교에서도 뛰어날 것이고 좋은 직업을 가질 거야. 나중에 내 아이를 가지게 되면 그 아이들한테는 절대 내가 자랐던 방식으로 대하지 않을 거야.'

성준은 다음과 같이 결심했다. '아빠 말이 맞아. 나는 아무짝에도 쓸모가 없는 인간인데 왜 노력을 해야 해? 나는 학교에서 그냥 농땡이를 부리면서 술 마시고 담배 피우는 애들하고나 어울릴 거야. 나는 나에게 무언가를 기대하는 사람에게는 절대 다가가지 않을 거야. 잔소리 따위는 집어치우라지. 나는 그냥 아빠가 생각하듯이 그렇게 나쁜 아이가 될 거야.'

성호는 다음과 같이 결심했다. '아빠 말이 맞아. 나는 누군가 날 돌봐 줄 사람이 필요해. 엄마와 성민 형과 선생님들에게 내가 불쌍해 보이도록 해야지. 그럼 나는 그들의 도움을 받을 수 있을 거야. 나는 스스로 많은 것을 할 필요가 없어. 다른 사람들이 나를 위해 대신 해 줄 수 있도록 조종하면 되니까.'

아이들은 그들의 유전적 구조보다는 각각 자신만의 개별적 현실에 근거하여 서로 다른 선택을 하였다. 그들의 선택은 또한 그들의 출생 순서를 반영한 것이기도 하다. 대부분의 경우 맏이들은 태생적으로 강한 성취욕을 가지고 있다. 중간 아이들은 대개 자신에 대한 안 좋은 인식을 갖는 경우가 많다. 그리고 막내 아이들은 다른 사람들의 돌봄을 받는 데 전문가들이다. 알코올의 사용이나 남용을 단순히 유전학으로 설명하는 것은 지나친 단순화라고 할 수 있다.

개별적 현실-동일한 상황에서 다른 결정 내리기

우성 씨 가족에서 보이는 것처럼 함께 동일한 상황을 경험했던 가족 구성원이라도 매우 다른 결정을 내리곤 한다. 그들이 함께 겪은 한 가지 사건에 대해 그들은 마치 완전히 다른 별개의 사건을 경험하고 있는 듯 보인다. 어떤 사건이 벌어질 때 분명히 그 자리에 있었던 가족 구성원 중에 누군가는 그 사건을 전혀 기억하지 못하기도 한다. 그들은 모두 삶의 경험을 필터링하는 자신만의 선택적인 지각 방식(selective perceptions, 다시 말하여 각각이 가지고 있는 신념이나 각자가 내린 결심)을 발달시킨다.

성민은 매우 많은 성취를 이루어 내는 사람이 되었다. 성준은 범죄자가 되었다. 성호는 계속해서 실직을 되풀이하여도 기꺼이 지원해 주는 한 여자와 결혼을 하였는데, 이는 타인을 조종하는 매우 매력적인 사람이 되었기 때문이었다.

이들은 아버지로부터 동일한 대우를 받았지만 서로 다른 결심을 하였고, 자신과 삶과 타인에 대해 서로 다른 신념을 형성하였다. 그들의 행동은 그들의 결심 및 신념과 직접적인 연관이 있다.

1장에서 논의한 것처럼 당신에게 일어난 일보다 훨씬 중요한 것은 일어난 일에 대한 당신의 신념과 결심이다. 그리고 당신의 행동은 이러한 결심과 신념을 기반으로 한다. 당신이 형성한 결심과 신념은 모든 사람에게 가장 중요한 목적, 즉 소속감과 자존감을 찾고자 하는 욕구와 직접적인 관련이 있다.

모든 사람에게 가장 중요한 목적

모든 사람은 소속감과 자존감을 느끼고 싶어 한다. 성민은 성취를 통해서 이러한 소속감과 자존감을 찾을 것이라고 결심하였다. 성준은 긍정적 방식으로는 소속감을 느낄 수 없으며, 함께 범죄를 저지르는 친구들에게서 소속감과 자존감을 찾을 수 있을 거라 생각하였다. 성호는 자신의 노력으로는 이러한 것을 찾을 수 없으며 다른 사람이 자신을 돌봐 주는 것에서 찾을 수 있다고 결심하였다.

아이들이 소속감과 자존감에 대해서 내리는 결심은 무한히 다양하다. 우리가 이해해야 할 가장 중요한 사실은 각 개인은 자신과 타인과 삶에 대해 결심을 하는 과정에서 능동적으로 참여하고, 단지 상황의 희생자가 아니며, 그들의 행동은 이러한 결심을 기반으로 한다는 것이다. 아이가 결심을 하게 되는 과정과 어떻게 자신의 신념을 만들어 내는가를 이해하는 것이야말로 아이의 행동을 이해할 수 있는 첫 번째 단계이다. 이러한 이해를 통해서만이 당신의 아이에게 촉진자로서 기능할 수 있으며 아이의 신념과 행동을 바꿀 수 있는 기회를 줄 수 있다.

출생 순서의 영향—가족 서열

이전 장에서 우리는 가족 분위기와 양육 방식이 어떻게 아이에게 영향을 미치는가에 대해서 이야기하였다. 가족 내의 중독이 더 큰 좌절감을 준다는 것은 의심의 여지가 없다. 중요함에도 불구하고 자주 간과되는 것이 출생 순서의 영향이다. 어떻게 소속감을 가질 수 있을까에 대한 아이의 첫 번째 결심은 아이가 태어난 출생 순서의 맥락에 좌우되는 경향이 있다.

아이가 의식을 하든 그렇지 못하든, 아이들은 가족 내의 분위기를 탐색한 후에 형제들 사이에서 비교를 한다. 이러한 비교는 경쟁(competition)이라고 불린다. 아이들은 형이나 누나 또는 언니나 오빠가 이미 차지한 위치가 아닌 다른 위치에서 자신이 소속되어 있고 중요한 존재라는 느낌을 갖기 위해 애쓴다. 만약 한 아이가 이미 학업 성취에 있어서 뛰어난 위치를 점유하고 있다면, 다른 아이는 인기가 많아지거나 '착한(good)' 아이나 '악당(rebel)' 아니면 '매력적인 조종자(charming manipulator)'가 되려고 한다. 기억해야 할 것은 이는 충분히 그럴 수 있다는 것이지 항상 그러한 것은 아니라는 점이다.

가족 내에서 맏이로 태어난 아이는 자신이 소속될 수 있는 자리를 찾아야만 하는 첫 번째 아이이다. 대개 맏이들은 자신의 소속감을 '처음' 그리고 '최고인' 존재라는 점에서 찾으려고 한다(다시 한 번 주의할 것은 이것이 의식적인 과정이 아니라는 점이다). 그들은 둘째 아이가 무대에 등장했을 때, 자신이 책임감 있고, 기꺼이 도움의 손길을 내밀며, 똑똑하고, 완벽주의자이며, 우두머리라는 사실을 통해 스스로가 중요한 존재임을 증명하려는 경향이 있다.

둘째 아이는 대개 첫 번째 자리를 이미 누군가가 차지했기 때문에 특별하기 위해서는 다른 방식을 선택해야 하는 도전 과제를 가지고 있다. 첫 번째이자 최고의 위치를 차지하려고 첫째 아이와의 경쟁에 최선을 다하려고 마음먹는 아이도 있기는 하다. 하지만 보통 둘째 아이는 너그럽고 편안하며, 사교적이어서 인기가 많으며, 시끄럽고 혹은 책임감이 덜한 경향이 있는데, 이것은 첫째 아이와 경쟁하기가 어렵다고 스스로 지각하기 때문이다.

셋째 아이가 태어나면 둘째 아이는 사이에 끼인 것 같은 느낌을 받으며, 장자의 특권이나 막내의 유리한 점을 모두 다 가지지 못한 자신의 삶을 불공평한 것으로 지각한다.

막내 아이는 귀여우며 다른 사람을 즐겁게 해 주려 하거나 혹은 자신은 돌봄을 받아야 한다고 결심한다. 그들은 매력 있고 타인의 마음을 조종하는 기술을 배운다. 때로 그들은 자신이 특별한 대접을 받을 권리가 있다고 생각한다. 어떤 막내들은 다른 누구보다 더 잘하기 위해 맹렬하게 달리는 사람이 되기도 한다.

형제가 없는 외동아이는 대개 장자 혹은 막내의 특징을 공유한다. 그것은 그들이 어떤 역할을 할 것인지에 대한 결심에 달려 있다. 또한 어떤 아이는 특별해지려고 하거나 '유아독존(one and only)'의 방식을 통해 소속감과 자존감을 찾으려 하기도 한다.

이러한 여러 유형의 결심은 동일한 출생 순서를 가진 사람들이 갖는 전형적인 결정유형(typical decisions)에 대한 연구에 의해서 뒷받침된다. 물론 많은 예외도 있으며, 각 개인은 다양한 방식의 독특한 결심을 하기도 한다. 전형적인 결심을 하든 독특한 결심을 하든 모든 결심과정을 통해 당신은 아이의 행동에 영향을 주는 결심과정을 이해하는 데 도움을 받을 수 있다. 이러한 과정을 이해함으로써 당신은 개별적 현실과 변화의 가능성을 보다 잘 인식하고 그에 민감해질 수 있다[이에 대해서는 다음 페이지에 제시된 가족 서열(family constellation) 차트를 참조하라].

출생 순서에 대한 지식은 과거에서 벗어나고 싶지만 여전히 그 영향력에서 벗어나지 못한 듯 느끼는 중독회복 가정에게 희망을 줄 수 있다. 출생 순서를 기반으로 한 결심과정에 대해서 보다 정확히 알게 됨으로써, 우리는 아이의 모든 문제에 대해서 자신을 비난하는 회복 중인 부모의 죄책감을 덜어 줄 수 있다. 아이들은 우리를 절망케 하는 결정을 수없이 내리겠지만, 이는 가족 내의 중독 문제와는 어떠한 관련이 없다. 자신에 대한 그 아이들의 신념은 가족의 출생 순위에서 비롯된 형제간의 경쟁에 영향을 받은 것이기 때문이다.

가족 역할 모델

가족 내에 존재하는 경쟁관계에 대해서 당신이 더 깊은 이해를 가질 수 있도록 여기에 또 다른 모델을 제시한다. 이 모델은 Sharon-Wegsheider-Cruse가 쓴 『또 다른 기회(Another Chance)』(Palo Alto, CA: Science & Behavior Books, 1981)라는 책에서 제시되었다. 저자는 여기서 네 가지 역할을 이야기하였으며 이는 나중에 대중적으로 널리 알려진다. 네 가지 역할은 바로 '가족영웅(the hero)' '희생양(the scapegoat)' '잊힌 아이(lost child)' 그리고 '마스코트(mascot)'이다. 이러한 역할은 아이가 가족 내에서 자신의 특별한 역할을 찾기 위해 내린 결정에 따라 만들어진 정형화된 유형이며, 이러한 역할은 중독 문제를 가진 가정에서 특히 자주 발견된다. 물론 문제가 없는 평범한 가족에서도 이러한 역할은 발견된다. 이 네 가지 역할은 아이의 행동 뒤에 숨어 있는 신념에 대해서 보다 더 잘 이해할 수 있도록 하기 때문에 여기서 자세히 다루어 보겠다.

가족 서열 차트

이 장의 뒤에서 당신의 아이가 가족 내에서 자신을 어떻게 인식하는지 도움을 주는 '가족 파이(The Family Pie)'라는 활동을 제시하려고 한다. 우선 현재로서는 당신이 각 역할에 대한 정보를 이미 가지고 있기 때문에 당신의 아이가 가족 내에서 소속감을 느낄 수 있는 방법을 선택하고 그들의 신념에 대하여 이미 충분히 짐작을 할 수 있을 것으로 생각된다. 일단 아이가 믿고 있는 것에 대해서 알면, 당신은 그들이 더 행복하고 건강한 미래를 만들어 가는 데 유용한 여러 가지 다른 가능성을 탐색하도록 도와줄 수 있다.

많은 경우 가족영웅은 장남이나 장녀가 되며, 마스코트는 막내, 잊힌 아이와 희생양은 둘째 아이가 될 수 있다. 하지만 이는 불변의 법칙이 아니다. 출생 순서에 따른 이러한 역할은 다른 양상을 보이기도 한다. ① 형제간에 4년 이상의 터울이 나는 경우, ② 재혼에 의한 혼합 가정인 경우, ③ 나이 차이가 별로 나지 않는 동성의 형제자매들, ④ 부모간에 경쟁관계가 존재하는 경우는 예외가 있을 수 있다.

〈표 9-1〉 출생순위에 따른 훈육방법

형제 서열	전형적인 성격	훈육방법
맏이	일등이자 최고가 되어야 한다. 종종 다른 동기들을 위해 책임을 지며 '보스 기질'을 보인다. 매우 높은 성취를 보일 수 있다. 책임감이 있으며, 정의감, 완벽감을 느껴야만 하고, 그렇지 않으면 포기한다.	성공에 대한 압박을 주지 않는다. 해내야 한다는 목표가 아닌 단지 참여하면서 느끼는 기쁨을 즐기도록 돕는다. 실수는 배움을 위한 것이라고 가르친다. 실패를 수용하며, 자신에게 친절할 것을 가르친다.
외동 아이	관심의 중심이 되는 데 익숙하다. 여러 가지 의미에서 자신에 대해 확신을 가지지 못한다. 다른 사람과 비교하여 무능력하다고 느낄 수 있다. 책임감이 있고 성취 지향적일 수 있다. 협력을 거부하기도 한다.	다른 아이들과 함께 배우는 기회를 제공한다. 친구를 집으로 초대하는 것을 격려한다. 밤새 같이 놀 수 있는 친구를 가지게 한다. 괜찮은 어린이집이나 유치원을 활용한다.
둘째 아이	유연하며, 친근하다. 손위 형제들의 능력을 따라잡으려고 노력할 수 있다. 많은 방식에서 맏이와 반대가 되려고 한다. 규칙에 별로 연연해하지 않는다. 자신만의 공간을 찾기 위하여 반항할 수 있다. 삶이 불공평하다고 느낄 수 있다. 관심을 덜 요구한다.	아이의 독특함을 격려한다. 맏이와 비교하지 않는다. 타인과의 갈등을 스스로 해결할 수 있도록 허용한다.

중간 아이	사이에 끼여서 맏이의 특권도 막내의 특권도 누리지 못한다. 배제되고 자신의 위치에 대해서 불확실하다고 느낄 수 있다. 민감하고, 냉소적이며, 앙심을 품을 수 있다. 훌륭한 사교자이자 중재자가 될 수 있다. 스스로를 돋보이게 하는 특별한 능력을 발달시킬 수 있다.	아이와 일대일의 시간을 갖는다. 가족 내에서 특별한 역할을 하도록 한다. 아이의 의견을 존중한다. 잘 경청하고 아이가 느끼는 감정에 주의를 기울인다. 가족회의에서 의장을 돌아가면서 해 본다.
막내 아이	부모나 형, 누나들이 너무 예뻐한 나머지 성격을 버리는 경우가 있다. 계속 아이로 남아 성장하면서 필요한 것을 배우려고 하지 않을 수 있다. 종종 제멋대로 굴며, 때로는 매우 창조적일 수 있다. 또한 매혹적이고, 영민하며, 다른 사람들이 무언가를 하도록 유인하는 데 뛰어날 수 있다.	스스로 할 수 있는 일을 대신 하지 않는다. 갈등이 벌어져도 간섭하지 않는다. "아가야."라고 부르지 않는다. 독립적으로 행동할 수 있도록 격려한다.

가족영웅

가족영웅은 매우 성취 지향적인 아이이다. 이 유형의 아이는 친구가 많으며, 스포츠에도 뛰어나며 학교 성적도 우수한 경우가 많다. 이들은 자신이 하는 대부분의 영역에서 성공하는 경우가 많다. 또한 이들은 성취를 해야 한다는 압박감을 느끼며, 가족들에게는 자랑스러움을 느끼게 하는 역할을 한다. 이들은 옳은 일을 해야 하는 것에 관심이 많으며, 만약 자신의 부모가 적당한 역할을 하지 못하면 아이가 스스로 양육자의 역할을 떠맡기도 한다. 이들의 무의식적인 신념은 자신이 부족하다는 것이다. 이들은 아무리 열심히 공부를 하고, 아무리 많은 상을 받아도, 중독이라는 가족의 문제를 해결할 수 없기 때문에 깊은 절망감을 느낀다.

이들은 마음속 깊이 죄책감, 수치심, 부끄러움을 가지고 있다. 이들은 성인이 되어 자신을 무자비하게 닦달하는 일 중독자가 되기도 하며, 주위 사람들을 대신해서 과도한 책임을 떠맡기도 한다. 이들은 의존적인 경향의 사람과 결혼하기 쉬우며(이로 인해 이 둘은 문제를 해결할 수 있는 또 다른 기회를 얻기도 한다), 긴장을 풀거나 압박감에서 벗어나기 위하여 술이나 약물에 의존하기도 한다.

전형적인 가족영웅의 성격을 가진 미리의 이야기를 들어 보자. 그녀는 겨우 12세였고 9세 여동생과 5세 남동생이 있다. 미리의 어머니는 미리가 기억하지 못하는 어린 시절부터 요통을 겪고 있었으며, 이로 인해 지속적으로 약을 먹어야만 했다. 그녀는 약물에 중독이 되었으며 알코올 중독 증세를 보였다.

미리는 수업을 마치고 집으로 오면서 엄마의 상태를 확인하곤 했는데, 엄마의 상태는 커튼을 보면 알 수 있었다. 만약 커튼이 열려 있으면, 엄마가 행복하고 상냥하게 반겨 줄 것이라는 기대를 할 수 있었다. 이런 날은 엄마가 간식을 주기도 하였고 아이들이 집안일을 도우면 놀 수도 있었다.

하지만 때로 엄마는 술에 취해 소리를 지르거나 쓰러져 자고 있는 경우도 있었다. 그러면 미리는 동생들을 방으로 보내고 홀로 엄마 곁을 지켜야만 했는데, 그 시간은 미리에게 마치 영원한 시간처럼 느껴졌다. 그녀는 엄마를 진정시키려고 애쓰면서 엄마의 수족처럼 시중을 들었다. 엄마가 다시 잠에 들면, 미리는 주방으로 달려가 가족의 저녁 준비를 했으며, 식사를 마치면 동생들 잠자리를 봐 줘야만 했다. 미리는 엄마의 역할을 떠맡은 가족영웅이다. 그녀는 가족들을 위해 어른의 책임을 떠맡아 온 것이다.

희생양

희생양은 가족영웅의 자리를 놓고 경쟁하지 않겠다고 결심한 아이들이다. 이들은 부정적인 관심을 추구하면서 존재감과 자존감을 찾는다. 이들은 침울하며, 화를 잘 내고, 반항적이다. 이들은 어디를 가나 문제를 일으킨다. 학교에서는 이들의 행동에 문제가 있다거나 혹은 학업 성적이 나빠서 수시로 부모에게 전화를 하기도 한다. 나중에 이들은 법적인 문제를 일으킬 수도 있다. 또한 부모를 교묘히 이용함으로써 주의를 딴 데로 돌리기도 한다. 이러한 행동을 보면 마치 이들은 무슨 일이 일어나든지 관심이 없는 듯 보인다. 이러한 방식을 통해 이들은 자신 내면에 있는 상처, 수치심, 죄책감, 고통의 감정을 은폐하고 있다. 이들의 무의식적인 신념은 자신이 쓸모가 없다는 것이다. 이들은 십 대에 임신하기도 하며, (반항과 마찬가지로 내면의 고통을 느끼지 않기 위하여) 중독이나 학업 문제를 일으키기도 한다.

전형적인 희생양 역할을 하고 있는 민수의 예를 살펴보기로 하자. 민수는 여동생 민혜와 세 살 터울인데, 민혜에 비해 민수는 무슨 일을 하든 문제를 일으켰다. 그는 동생을 '범생이'라며 비아냥거렸다. 민혜는 나쁜 일이라고는 할 줄 모르는 것 같았으며, 민수는 올바른 행동이라고는 할 줄 모르는 것 같았다. 민수의 어머니인 인숙은 민수를 다루기가 너무나 힘들다고 불평을 했다.

인숙은 몇 년 동안 신경안정제를 복용하고 있었다. 처방된 양보다 더 많이 안정제를 복용하는 일이 자주 있었지만, 그녀는 그것을 문제라고 여기지 않았다. 인숙은 민수가 너무 다루기 어려운 아이이기 때문에 날카로워진 신경을 진정시키기 위하여 약을 더 먹는 것이라고 핑계를 대었다. 어느 날 오후 민수는 민혜가 빌려 간 휴대용 CD 플레이어에서 CD를 꺼내 손에 들고는 민혜에게 소리를 질러 대고 있었다. 인숙은 민수에게 "제발 동생 좀 그만 괴롭혀!"라고 소리를 지르면서 계단을 뛰어 올라왔다. "제발 동생 좀 내버려 두고 방에서 나가라. 도대체 무슨 짓을 하는 거니?"

그러자 민수는 상황에 대한 설명을 하려고 하였다. "하지만 민혜가 내 CD를 집어서……." 그 순간 인숙은 말을 가로채고는 "상관없어. 넌 항상 동생을 괴롭히잖아. 넌 정말 형편없는 애야. 선생님이 전화를 했더구나. 네가 수업도 빼먹고 아직 숙제도 내지 않았다고."라고 말했다.

민수는 자신을 옹호하기 위하여 애썼다. "선생님은 미친년이에요. 나를 미워해서 그런다니까요."

"그런 나쁜 말 하면 못 써!"

마침 그때 아버지가 퇴근을 하여 집으로 왔고, 가족들이 소리 지르며 싸우는 소리를 들었다. 그는 곧장 위로 뛰어 올라갔고 아들에게 "당장 네 방으로 가지 못해!"라고 소리쳤다. 그는 벨트를 풀면서 민수를 방으로 몰아붙였다. 민수는 방으로 들어가 코너에 처박혔고, 아빠는 엎드린 민수를 벨트로 때리기 시작했다.

잊힌 아이

잊힌 아이는 조용한 아이이며 외톨이이다. 이들은 마치 보이지 않는 존재 같다. 친구도 거의 없고 위축되어 있는 반면, 자신만의 상상의 세계를 창조하는 데 뛰어나다. 이들의 학업 성적은 보통이며, 스스로가 주목받는 일은 절대로 하지 않는다. 어느 누구도 이들에 대해 걱정할 필요가 없으며, 더 정확히 말해 생각할 필요조차 없기 때문에 이 아이들은 가정에 안도감을 주게 된다. 누구도 이 아이의 필요에 대해서 알지 못하며 이들이 내면 깊이 간직한 외로움, 수치심, 슬픔, 상처를 알지 못한다.

이 아이가 가지고 있는 무의식적 신념 중 하나는 자신이 중요한 존재가 아니라는 것이다. 성장한 이후에 이들은 사회적으로 소외되어 있고, 삶에 열의가 없는 어른이 된다. 이들은 결정을 내리는 데 힘들어하며 의학적 문제를 발생시키는 스트레스를 갖고 있다.

가족 내에서 전형적인 잊힌 아이의 역할을 하고 있는 7세 빛나의 예를 살펴보기로 하자. 그녀의 아버지는 일이 끝난 뒤에도 집에 오지 않았다. 오후 7시가 되면 빛나의 엄마는 남편을 찾기 위해 동네의 술집들을 뒤지고 다니기 시작했다. 그녀는 빛나와 두 오빠에게 아빠는 늦게 집에 올 것이며, 아빠 없이 저녁을 먹을 것이라고 말했다. 남편이 들어오면 기다렸다는 듯이 엄마는 남편을 공격하기 시작했다. "도대체 어디 있었어요? 시아주버님 댁에 전화를 했더니 둘이서 술 마시러 나갔다고 형수님이 그러더라고요. 도대체 얼마나 술을 마셔야 하는 거예요?"

빛나는 자신의 방으로 들어왔지만, 방 안에서도 집 안을 떠도는 저주와 욕설의 말이 들려왔다. 그녀는 인형을 들고 옷장 속으로 숨었다. 그녀는 옷장 문을 닫고 옷장 속에 앉아 눈물을 흘렸고, 인형 위로 눈물이 계속 떨어졌다. 옷장 속에서도 아빠가 집 안을 쿵쾅거리며 돌아다니고, 욕설을 퍼붓고, 문을 쾅 닫는 소리가 들렸다. 빛나는 숨을 쉴 수 없었고, 가만히 앉아 잠에 들 때까지 숨을 죽이고 있었다.

마스코트

마스코트 역할을 하는 아이는 귀엽고, 매력적이고, 재미있으며, 다른 사람들의 마음까지 즐겁게 해 주는 아이들이다. 이들은 진지하게 말을 하거나 심각한 이야기를 하는 법이 거의 없다. 이들은 에너지가 넘치며 끊임없이 움직인다. 가족 내에 재미와 유머를 불어넣으면서 분위기를 가볍고 즐겁게 하는 것이 이들의 역할이다. 이들은 내재된 공포, 수치심, 상처를 감추기 위하여 재미있는 분위기를 연출한다. 마스코트는 성장해서까지도 계속 돌봄을 요구하며, 특히 이러한 돌봄을 받기 위해 가족영웅 아이들에게 의존한다. 이들은 무책임한 것처럼 보이고 과업을 피하는 경향이 있는데, 이는 자신에게 필요한 능력을 절대 배우지 않기 때문이다. 이들의 무의식적인 신념은 자신이 무능하다는 것이다.

가족 내에서 전형적인 마스코트 역할을 하고 있는 수지의 예를 살펴보기로 하자. 수지의 아빠인 준성은 부인인 현정에게 전화해서 사무실 근처에서 만나 한 잔하자고 불러내었다. 그러자 현정은 장녀인 진희에게 세 동생의 저녁 식사를 챙겨 주고 잠자리에 잘 들게 해 달라고 부탁하였다. 아이들이 잠자리에 든 지 얼마 안 되어 엄마와 아빠가 싸우면서 집에 들어오는 소리가 들렸다. 준성과 현정은 서로에게 욕설을 하였으며 물건들을 던지기 시작했다. 그리고 마침내 고요가 찾아왔다.

아침에 진희는 막내인 수지를 깨워서 분홍색 리본이 달린 점퍼를 입는 것을 도와달라고 부탁하였다. 준성은 이미 출근을 한 뒤였고 현정은 아침을 준비하고 있었다. 벽에는 직사각형 모양의 구멍이 나 있었는데 그것은 지난밤에 램프가 던져져 생긴 구멍이었다. 수지는 웃으면서 엄마에게 자신이 추는 춤을 출 테니 한번 보지 않겠느냐고 말했다. 그리고 춤이 끝나자 모두가 박수를 쳤다. 수지는 무릎을 살짝 굽히며 인사를 했고 모두가 웃음을 터트렸다. 수지로 인해 모두가 지난 밤 끔찍한 싸움으로 인해 느꼈던 불편한 감정을 피할 수 있었다.

이 장의 뒤에서 우리는 아이들에게 새로운 결정의 기회를 줄 수 있는 방법에 대해서 논의할 것이다. 만약 당신의 아이가 이러한 역할에 해당된다면 가족에게 이를 적용해 볼 수도 있을 것이다. 아이가 우리가 여기서 논의한 가족영웅, 희생양, 잊힌 아이, 마스코트에 해당되는가? '가족 파이' 활동을 해 봄으로써 당신 스스로가 가족 내에서 어떠한 역할을 하는지 찾아보자.

긍정훈육 9 행동 이면의 신념을 이해하라

가족 파이

다음에 제시된 가족 파이의 예는 약물 의존 가족 내에서 각 역할을 떠맡고 있는 아이들이 어떠한 특징을 보이는지를 기술하고 있다. 이 가족 파이를 통해 우리는 아이들이 스스로를 어떻게 보고 있는지에 대한 보다 상세한 정보를 얻을 수 있을 것이다. 가족 파이를 당신의 자녀 수만큼의 조각으로 나누어

가족영웅
똑똑한
치어리더
매우 책임감 있는

희생양
반항적인
우울한
문제를 일으키는

잊힌 아이
조용한
외로운
몽상적인

마스코트
귀여운
재미있는
아이 같은

[그림 9-1] 중독가정 자녀의 성격 특징

보자. 그런 다음 각 조각에 아이의 이름을 쓰고 그 아이의 성격 특징을 묘사할 수 있는 단어를 적어도 세 가지 써 보자. 만약 당신의 아이를 묘사한 단어가 우리가 제시한 바 있는 가족영웅, 희생양, 마스코트, 잊힌 아이와 유사하다면 이에 주목해 보자. 당신의 아이는 혹시 한 가지 이상의 역할을 하고 있는가? 그 아이는 앞에서 우리가 묘사한 역할들과 다른 특징을 가지고 있는가?

나의 가족 파이

아이는 흑백사고를 하는 경향이 있다. 그들은 '가족 파이'가 무한정 많은 조각으로 나뉠 거라 믿는다. 일단 한 조각이 한 아이에게 돌아가면, 다른 아이는 그 조각을 선택할 생각을 하지 못하고 다른 조각을 가지기로 결심한다. 이러한 무의식적인 결심이나 신념은 어른으로 성장해 가는 아이에게 여전히 남아 있다는 사실을 명심하자.

이러한 정보와 이해를 가짐으로써, 당신은 아이가 새로운 결심을 하도록 격려할 수 있다. 격려를 위한 과정에서 첫 번째로 해야 할 일은 아이가 기분이 좋을 때 더 잘할 수 있다는 것을 아는 것이다. 두 번째 단계는 아이가 스스로를 중요하고 특별한 존재라고 인식할 때 행복감을 느낀다는 사실을 아는 것이다. 아이는 자신이 가족 파이에 기술된 것대로 행동해야만 자신이 사랑받을 수 있을 거라 생각한다. 아이의 변화에 초점을 두지 말고, 아이가 조건 없는 사랑과 수용을 받을 수 있다는 것을 알게 할 때, 아이는 극적으로 변화한다. 일단 격려의 기본이 무조건적인 사랑과 수용이라는 것을 알면 이를 기반으로 각 역할을 떠맡고 있는 아이에게 도움이 되는 특별한 접근 방식을 활용할 수 있다.

가족 역할

역할	행동	느낌	신념
가족영웅	뛰어난 성취자 똑똑한 성공하는 옳은 일을 하는 책임감이 높은	당혹스러운 죄의식을 가진	나는 부족하다. (나는 우리 가족의 문제를 고치지 못한다.)
희생양	반항적인 침울한 도전적인 문제를 일으키는	분노 죄책감 수치심 고통	나는 쓸모가 없다.
잊힌 아이	조용한 외로운 내성적인 몽상적인	외로운 상처 입은 슬픈 염려하는	나는 중요하지 않다.
마스코트	귀여운 매력적인 재미있는 에너지 넘치는 유아적인	고통 공포	나는 무능하다.

가족영웅 격려하기

가족영웅의 역할을 해 온 아이는 자신이 필요시에 진정으로 도움이 될 수 있다는 것에 대한 확신이 필요했다. 가족은 너무 엉망이었고, 가족영웅의 도움이 절실히 필요했던 것이다. 이들이 많은 경우 책임을 떠맡고 도움을 주었기 때문에 부모가 자신의 역할을 하지 않거나 혹은 역기능적인 역할을 해 나갈 때에도 가족영웅이 중심을 잡아 줌으로써 가족은 그럭저럭 굴러갈 수 있었다. 하지만 그러한 시간은 지나갔다. 회복 중인 부모들은 가족영웅이 다른 가족들과 함께 일하는 방식을 배우도록 도와야 한다. 도움을 주는 사람으로서의 이들의 역할이 여전히 필요하지만, 더 이상 돌봄을 주는 역할은 그들의 몫이 아니다. 당신은 이들이 그간 해 왔던 역할을 하지 말라고 하거나 그들을 변화시키려는 시도를 하고 싶지 않을 것이다. 부모로서의 당신의 역할은 이 아이에게 주는 것과 받는 것의 균형을 유지하면서도 여전히 누군가를 도울 수 있는 방법을 스스로 배우도록 기회를 주는 것이다.

가족영웅의 역할을 하는 아이는 가족회의에서 자신의 생각을 나눔으로써 조력자로서 역할을 계속 할 수 있다. 이들은 동생을 돕는 행동을 줄임으로써, 동생들이 일방적으로 타인에게 의존하는 대신 독립적이거나 상호의존적이 될 수 있다는 사실을 깨닫게 할 수 있다. 이들이 자신에게 필요하고 원하는 것을 표현하도록 격려해야 한다. 이들은 실수를 하거나 자신이 완벽하지 않을 때조차도 괜찮다는 것을 배울 수 있다.

부모 스스로가 자신도 실수를 하며, 또한 그것으로부터 무언가를 배웠다는 것을 아이와 함께 나눌 수 있다면 아이들에게 실수해도 괜찮다는 것을 자연스럽게 모델링할 수 있게 된다. 이러한 과정을 통해 가족영웅 역할을 하는 아이들은 스스로가 완벽해야 한다는 압박에서 벗어날 수 있다. 부모들은 또한 이런 아이들과 함께 시간을 보내고 긴장을 푸는 시간을 보낼 수도 있다. 이러한 경험을 통해 아이들은 성취 지향적이지 않은 시간을 경험할 수 있어야 한다.

엄마가 술에 취해 소리를 지르거나 울거나 잠을 자는 사이, 9세 여동생과 5세 남동생을 돌보아야만 했던 가족영웅 미리를 기억하는가? 미리는 동생들에게 식탁 매너를 가르치고 음식을 가지고 장난칠 때마다 잔소리를 하곤 했다. 엄마가 소리 지르는 것을 더 이상 듣고 싶지 않았던 것이다.

엄마가 단주와 회복을 해 나가던 어느 날, 엄마는 저녁 식사를 하는 동안 미리가 동생들에게 잔소리하는 모습을 발견하게 되었다. 그녀는 미리를 불러 말했다. "너는 정말 네 동생들을 사랑하는구나, 그렇지?" 미리가 그렇다고 하자 엄마는 계속 말을 이었다. "동생들이 잘 자라는 것을 돕고 싶은 거지?" 미리는 끄덕였다. "만약 네가 하고 있는 행동이 진정으로 동생을 돕는 것이 아니라는 것을 분명히 보여 준다면, 너는 동생에게 도움이 되는 다른 방식을 시도해 볼 수 있겠니?" 이 말을 들은 미리는 그렇게 하겠다고 동의했다.

엄마는 미리에게 식탁에서 동생들에게 잔소리를 하는 행동은 동생들로 하여금 자신들이 무능하다고 믿게 만든다고 말하였다. 또한 미리에게 식탁에서 조용히 하고 동생들에게 잔소리를 하지 않을 수 있는지 의사를 물어보았다. 그리고 만약 미리가 깜빡하고 잔소리를 하려고 할 때, 엄마가 미리에게 조용히 하라는 의미로 손가락을 입술에 대는 신호를 보내도 되는지 물어보았다.

미리는 이에 동의하였다. 다음 식사 시간에 동생들이 어리둥절할 만큼 미리는 아무 말도 하지 않았다. 다음 가족회의에서 미리는 동생들의 식탁 매너에 대해서 무언가를 말하고 싶어 했다. 그리고 가족들은 목요일 밤에는 특별히 '매너를 위한 밤(manner's night)'을 가져 보자고 결정했다. 매너를 위한 밤이란 서로 간에 매너를 가르쳐 주고 모든 가족이 매우 훌륭한 매너를 과장해서 보이는 시간을 의미했다. 이 시간 동안 그들은 실컷 웃으면서도 배움을 가질 수 있었다. 그리고 이를 제외한 다른 날 밤에는 아무리 동생들이 실수를 해도 아이들이 자신의 식탁 습관에 대해서 스스로 책임을 지도록 미리는 간섭하지 않고 맡겨 두었다.

여기서 엄마가 미리의 변화를 격려하기 위해 어떻게 적극적인 역할을 하였는지, 그리고 그렇게 함으로써 어떻게 모든 가족에게 좋은 영향을 미쳤는지를 주목할 필요가 있다. 미리는 자신이 엄마를 돌볼 필요가 없으며 동생들을 돌보는 것 역시 엄마의 책임이라는 것을 인식하였고, 그로 인해 상당한 안도감을 경험하였다.

희생양 격려하기

희생양 역할을 하는 아이를 격려하는 방식은 그들의 행동이 부적절할 때 그 사실을 알려 주는 것이다. 이때 주의할 점은 모욕적이거나 벌주는 태도가 아니라 단호하면서도 친절한 방식으로 알려 주어야 한다는 것이다. 당신은 우선 제한 설정을 하고, 그다음 당신이 할 행동에 대해서 분명히 함께 의논한 후, 실제 행동으로 보여 주어야 한다. 그들의 감정에 귀를 기울인다면 당신은 그들의 분노와 상처를 들을 수 있을 것이며, 이러한 감정을 느끼는 것이 매우 적절하다는 것을 그들에게 알려 주어야 한다. 감정은 언제나 옳은 것이다. 하지만 행동은 때때로 옳지 않다. 이들의 상처를 치료할 수 있도록 돕기 위해 당신은 신뢰할 수 있는 관계를 만들어 가야 한다. 이를 위해서는 사람과 그 사람의 행동을 분리하는 것이 중요한데, 그것은 "나는 너의 있는 그대로를 사랑하고 가치롭게 여긴단다. 하지만 나는 지금 네가 하고 있는 행동은 좋아하지 않아."라고 하는 태도이다.

민수의 엄마인 인숙이 어떻게 아들을 격려하여 민수를 희생양 역할에서 벗어나도록 돕는지 살펴보자. 중독에서 회복되기 전, 민수는 거의 항상 화가 나 있었고 누군가 건드리면 터질 것 같은 모습의 아이였다. 모든 사람이 그가 가족 내의 모든 문제와 논쟁의 원인이라고 생각했으며, 여동생인 민혜가 화를 낼 때면 먼저 문제를 일으켰다고 야단맞는 것은 항상 민수였다.

인숙이 기억하는 한, 민수는 학교에서도 문제를 일으켰다. 오랫동안 그녀는 민수를 깨워서 학교로 보내기 위해 협박을 하고 소리를 질렀다. 저녁에는 항상 숙제하라는 말을 되풀이하였고 소리를 지르고 잔소리를 했다. 하지만 결과적으로는 형편없는 성적에, 학교회의가 열리고 선생님이 가정통신문을 보내는 일이 일상이었으며, 집에서는 긴장과 다툼 그리고 가족관계의 악화만이 지속될 뿐이었다.

인숙은 자신이 엄마로서는 실패했다고 생각했으며, 민혜 또한 오빠의 행동이 당혹스러울 뿐이었다. 하지만 그녀는 중독을 이해하고 자신을 중독에서 회복될 수 있도록 도와줄 의사를 만나게 되었다. 의사는 인숙에게 회복 프로그램을 시작할 수 있는 AA 프로그램에 참여하도록 이끌었다. 부모로서는 여전히 좌절스러움을 느끼면서, 그녀는 민수를 새로운 방식으로 도울 필요가 있음을 자각했으며, 이전과 완전히 다른 방식을 취할 수 있었다.

다음 날 아침, 민수는 시계의 알람 소리가 울렸는데도 침대에서 나올 생각을 하지 않고 있었다. 소리를 지르는 대신, 인숙은 민수의 침대에 앉아서 학교를 빠질 것을 제안하였다. 민수는 자신이 지금 듣고 있는 것을 믿을 수가 없어서 "뭐라고요?"라고 말했다.

인숙은 반복했다. "오늘 학교를 빠지는 게 어떠니? 너는 어쨌든 학교를 안 갈 거고, 나는 그 문제에 대해서 더 이상 너랑 싸우지 않을 거란다."

민수는 엄마에게 학교를 빠지고 싶지는 않다고 말했다. 하지만 수업에서 너무 뒤처져 있기 때문에 수업 내용을 따라잡을 수 없어 학원을 다니고 싶다고 말했다. 인숙은 어느 곳이 괜찮은지 함께 알아보고 민수의 학교 상담사와 함께 약속을 잡아 보자고 말했다. 그들은 방에서 전학과 함께 수업 계획을 같이 짰다.

그날 밤 인숙은 민수에게 예전에도 민수를 돕고 싶었지만 지금에 와서야 소리 지르고 짜증 내거나 벌을 주는 것이 전혀 도움이 되지 않는 걸 깨달았다고 말했다. 또한 이제는 아침에 민수를 깨우지 않을 것이며 학교 숙제 때문에 잔소리를 하지도 않을 것이라고 말했다. 그녀는 민수가 스스로 학교 공부를 해

긍정훈육 9

행동 이면의 신념을 이해하라

나갈 수 있다는 것을 알고 있으며, 그가 어떠한 방식으로든지 해 나갈 거라고 생각했다. 이것은 민수의 인생이며, 만약 실수를 한다 해도 이를 통해 민수가 무언가를 배울 수 있다는 사실을 인숙 자신이 받아들여야만 한다는 것을 깨달았다. 그리고 그녀는 민수에게 아들과 더 많은 시간을 보내고 싶다고 말하였고 인숙과 민수는 다음 날 저녁 피자를 먹으러 함께 나가자고 약속하였다.

인숙은 둘이 보내는 시간을 심문하는 시간으로 보내는 대신 호기심을 가지고 민수의 말에 진심으로 귀 기울이려고 하는 것이 정말 좋다는 것을 알게 되었다. 그녀는 아들에 대해 알고 싶어 했고 그가 무엇을 느끼고 그에게 중요한 것은 무엇인지, 그리고 그가 세상을 보는 관점이 무엇인지를 이해하려고 하였다. 그러면서 그녀는 이것이 자신과 아들에게 새로운 시작이 될 수 있을 것 같다는 희망을 품게 되었다.

하지만 막상 피자 데이트를 하는 시간 동안 민수는 아무 말도 하지 않았다. 인숙은 아들이 여전히 엄마가 자신을 존중해 줄 것이라는 것을 믿지 못하고 있다는 것을 느꼈다. 그렇지만 그녀는 아들이 못된 짓을 할 때조차도 친절하고 확신을 가지고 대할 것이라는 결심을 버리지 않았다. 따라서 계속하여 열린 의사소통방식을 유지해 나갈 수 있었으며, 민수와의 특별한 시간을 보낼 수 있었다.

민수는 며칠 학교를 안 나가기도 했고, 숙제도 잘 해 가지 않았다. 인숙은 간섭하고 싶은 욕구를 억누르고 민수가 선생님과 직접 이 문제를 해결해 나갈 수 있을 거라는 믿음을 지켜 나갔다. 학교 선생님은 민수의 이런 행동이 졸업을 어렵게 할 뿐이라고 말했다. 민수는 모든 것이 자신에게 달려 있다는 것을 이해하게 되었을 때 의욕을 보이며 학교생활을 잘해 나가기 시작했다. 학원에 다니면서 뒤떨어진 수업을 보충했고, 제대로 졸업을 할 수 있게 되었다.

그들의 피자 데이트가 계속되면서 민수는 점차로 엄마와 이야기를 나누기 시작했는데, 이는 인숙이 원한 만큼은 아니었지만 예전보다는 눈에 띄게 늘어난 대화였다. 아들에게 더 많이 이야기하라고 조르는 대신, 그녀는 이만큼의 발전에 감사하였으며, 호기심을 가지고 아들의 이야기에 계속 귀를 기울였다. 그리고 인숙 자신도 민수에게 자신의 생각이나 느낌을 나누기 시작했다.

민수와 민혜가 싸울 때에도 인숙은 '그들을 같은 배에 태웠다'. 다시 말해, 그들을 동등하게 대하였다. 때로 그녀는 아이들에게 계속 싸우고 싶거든 밖으로 나가거나 다른 방으로 가라고 명령하였다. 그리고 인숙은 아이들이 그만 싸울 때까지 책을 읽거나 자신의 방으로 들어가 버렸다. 그녀는 이미 가족회의에서 자신이 이렇게 행동할 것을 미리 알려 준 바 있었다. 만약 아이들이 엄마에게 다가와서 엄마가 문제를 해결해 주기를 바라면, 그녀는 "미안하지만 나는 지금 샤워를 하려고 하던 참이었어."라고 말하며 그냥 샤워실로 사라져 버렸다.

부모들은 대부분 아이들 간에 싸움이 벌어지면 범인을 색출하려고 한다. 이러한 범인은 대개 같은 사람이기가 쉽다. 이러한 접근 방식은 희생양을 만들어 한 아이가 희생양 역할을 계속 하도록 만든다. 희생양을 색출하지 않는 방식이야말로 아이가 희생양 역할을 하는 것을 피하게 할 수 있는 방식이다.

인숙의 방식은 효과적이었다. 민수가 조금은 반항적인 태도를 보였지만, 그녀는 별다른 신경을 쓰지 않았다. 민수는 자신의 행동에 대해 책임감을 보이기 시작했으며, 가족회의에서도 더 적극적으로 참여하였다. 가족들 사이에서는 친밀감이 강화되기 시작했으며, 이는 매우 행복한 일이었다.

긍정훈육 9
행동 이면의 신념을 이해하라

잊힌 아이 격려하기

잊힌 아이는 일대일의 직접적 접촉을 필요로 한다. 안전함을 위하여 자신의 욕구를 숨겨 왔던 이 아이와 관계를 형성하기 위해서는 가까이 다가가는 것이 중요하다. 손을 잡거나 뺨에 키스하기, 마음에서 우러난 포옹처럼 간단한 신체 접촉을 통해 작은 첫발을 내딛는 것이 이 아이와의 관계 형성을 위해 중요하다. 또한 이들의 장점, 재능, 창조성을 구체적으로 지적하고 격려하는 것이 필요하다. 또한 이 아이가 가족 내에서 중요한 역할을 하도록 하는 것이 필요하다.

7세인 빛나는 부모가 싸울 때마다 방 안의 장롱 속에 숨는 아이로, 많은 격려가 필요했다. 빛나의 부모는 그녀가 얼마나 조용한지 알고 있었다. 필요할 때마다 부모는 그녀의 조용함을 위안물로 활용했다. 부모는 다른 두 아이와는 달리 빛나의 문제로 학교에 불려 다니는 일을 겪지도 않았고, 학교에서 상장을 받거나 공연을 할 때 참석해야 하는 번거로운 일도 피할 수 있었다. 빛나는 관심을 전혀 요구하지 않았으며, 그냥 동떨어져 보이지 않게 있을 뿐이었다.

빛나의 아빠인 덕진은 잊힌 아이의 역할에 대해서 알게 되자 빛나에게 관심을 가져야겠다는 생각을 하게 되었다. 그는 일주일에 한 번 가족회의를 가지자고 하였고 냉장고에 안건을 붙여 놓았으며, 이를 통해 모든 가족이 함께 모여 문제를 공유하고 해결할 수 있게 되었다. 처음에 빛나는 참여하기를 꺼렸다. 그런 빛나에게 덕진은 가족회의에 참여하는 것이 무서울 수 있다는 것을 이해하지만 가족들에게 빛나의 의견이 정말 필요하기 때문에 꼭 참석해야 한다고 말해 주었다. 그리고 덕진은 회의에서 논의되는 문제에 대해서 빛나가 어떻게 생각하고 느끼는지를 꼭 물어보았다.

이렇게 아빠가 관심을 가지고 격려를 해 주자, 빛나는 그녀를 힘들게 하는 것들에 대해서 이야기를 꺼내기 시작했다. 문제해결을 위해 브레인스토밍을 하는 동안에는 평가나 비판을 할 수가 없었기 때문에, 그녀는 자신의 생각을 그대로 펼쳐 보이기 시작했다. 하루는 가족회의에서 덕진이 가족으로서 함께 즐거운 시간을 더 보내기를 원한다고 안건을 제기하였다. 그러자 가족들은 모두 어떻게 하면 재미있는 시간을 보낼 수 있는지에 대한 각자의 아이디어를 나누었다. 이에 빛나는 미니어처 골프를 하면 재미있을 거라고 자신의 의견을 이야기했다. 여러 가지 제안 중에서 한 가지 선택을 하는 차례를 가진 사람이 마침 덕진이었고, 덕진은 많은 제안 중에서 미니어처 골프를 선택하였다. 그러자 덕진은 빛나가 자신의 의자에서 몸을 좀 더 꼿꼿이 세우는 것을 보았다.

잊힌 아이 격려하기

덕진은 또한 매일 밤 빛나를 침대에 앉혀 놓고 자신이 느낀 감정을 나누는 게임을 하였다. 그리고 그 게임은 포옹으로 마무리되었다. 덕진은 그리 크지 않은 노력으로도 빛나가 잊힌 아이처럼 행동하지 않도록 도울 수 있게 되어 매우 기뻤다.

마스코트 격려하기

마스코트 역할을 하는 아이는 진지하게 대해 주는 것을 시작하는 것이 중요하다. 이를 통해 단순히 귀엽고 즐거움을 주는 것 말고도 다른 기술을 개발할 수 있다는 것을 스스로 알게 할 수 있기 때문이다. 이 아이에게 무슨 생각을 하고 있는지 물어보고, 그들의 감정을 나누도록 격려해 보자. 또한 이 아이에게 여러 가지 집안일을 하거나, 아침에는 자명종 시계를 듣고 스스로 기상을 하고, 자신이 입을 옷을 스스로 선택하며, 자신이 먹을 점심을 스스로 만들거나 용돈을 스스로 관리하도록 할 수 있다. 이를 통해 아이는 성장하며 책임감을 기를 수 있는 기회를 가지게 된다. 이들은 또한 많은 애정을 필요로 한다.

준성과 현정은 결혼 생활의 대부분을 함께 술을 마셨다. 현정이 치료를 받기 시작하자, 준성은 자신 또한 술을 끊어야 할 시간이 되었다는 생각을 하였다. 단주를 위한 자조모임(AA)의 도움으로 이 부부는 삶에서의 많은 변화를 이루어냈다.

준성과 현정은 자신들이 막내딸인 수지를 얼마나 어린아이로 취급했으며, 이로 인해 수지가 얼마나 좌절감을 겪었을지를 깨달았다. 그래서 이 부부는 수지에게 어른이 될 기회를 갖고 싶은지 물었다. 처음에 그녀는 그것이 무슨 의미인지 이해하지 못했지만 엄마, 아빠가 자기 스스로 할 수 있다고 생각한 여러 가지를 이야기하자, 수지는 이러한 생각에 매우 흥미로워하였다.

가족들은 저녁 시간에 집안일을 분담하기 위한 계획을 세웠다. 수지는 상을 차리는 것을 돕고 싶다고 말하였다. 현정과 준성은 다른 아이들, 특히 장녀인 진희에게 수지가 하는 일에 끼어들지 않고 옆에서 도와주도록 부탁하였고, 아이들은 동의하였다. 요리하는 사람이 저녁 식사가 준비되었음을 알리면 수지는 식기와 수저를 가지고 상을 차렸다.

어느 날 저녁 식사가 준비되었다는 소리가 들렸을 때 수지는 텔레비전을 보고 있었다. 그리고 10분이 지나 시선을 돌리자 식탁에 있는 모든 사람이 수지를 기다리고 있는 모습을 보였다. 수지는 급하게 달려가서 상을 차리기 시작했다. 그리고 가족들이 기다렸다는 것에 대해 아무런 말도 없이 식사가 시작되었다.

현정은 수지에게 세탁기를 사용하는 방법을 알려 주었으며, 이후에 자신의 속옷은 스스로 세탁을 하였다. 한번은 첫째 오빠를 돕기 위하여 세탁을 대신해 주기도 하였다. 수지는 스스로 식사 준비를 하기 시작했으며, 더 이상 엄마에게 반찬 투정을 하지 않게 되었다. 이러한 경험을 통해 수지의 자신감은 눈에 띄게 향상되었다.

당신이 아이의 생각을 이해할 때, 그들이 자신과 타인과 삶에 대해서 가지는 신념들은 아이들을 보다 긍정적인 방향으로 영향을 주는 작용을 한다. 가족 구성과 역할에 대한 정보들을 통해 당신은 아이의 행동을 더 잘 바라보고 그 행동에 숨겨진 신념들을 명확하게 이해할 수 있다. 또한 이런 정보들은 아이가 가지고 있는 해로운 결심과 신념을 바꾸기 위해서 아이에게 무엇이 필요한가에 대한 많은 단서를 제공해 줄 수 있다. 단지 행동에만 집중하는 대신 행동 뒤에 숨겨진 신념을 다룰 수 있어야 아이에게 효과적으로 접근할 수 있음을 명심하자.

마스코트 격려하기

격려를 통해 문제행동을 교정하라

부모들은 자녀가 문제행동을 보일 때 모든 행동의 이면에는 신념이 있다는 사실을 떠올리기가 힘들며, 보통은 문제행동에만 집중하게 된다. 아이가 어떤 믿음을 가지고 있는가에 관심을 기울이기보다는 해로운 행동을 멈추게 하는 것에만 전력을 다한다. 하지만 아이의 문제행동을 멈추게 하려는 간절한 바람은 아이러니하게도 아이가 그러한 행동을 더 많이 하게 만드는 경우가 많다. 그들은 아이를 벌주고, 이기려 들고, 앙갚음하고, 또는 포기하고 싶어 한다. 이것을 '낙담(discouragement)'이라고 부른다. 부모와 자녀 모두의 문제행동은 이러한 낙담에 기초를 두고 있다.

아이들은 소속감과 자신의 중요성을 느끼지 못할 때 문제행동을 보인다. 다른 사람의 눈에 이 아이가 어딘가에 소속되어 있고 중요한 존재로 보이는 것은 중요하지 않다. 중요한 것은 아이 자신이 자기 스스로를 어떻게 바라보고 있는가이다. Alfred Adler와 Rudolf Dreikurs가 발견한 이러한 사실을 Adler는 '사적 논리'라고 불렀고 Dreikurs는 '문제행동을 보이는 아이는 소속감과 존재감이 부족한 낙담한 아이'라고 하였다.

부모는 자녀가 문제행동을 하는 것을 볼 때 낙담하게 된다. 부모는 자신이 자신의 아이에게 바라는 행동을 하게끔 만들지 못하는 자기 자신에 대해 부족하고 힘이 없고 무능한 부모라고 생각할 수 있다.

Dreikurs는 네 가지 잘못된 신념을 기반으로 한 네 가지 잘못된 목적을 발견했다. 그는 그것을 잘못된 목적과 잘못된 신념이라고 명명했는데, 이러한 믿음이나 신념이 소속감과 존재감을 갖게 되는 것을 방해하기 때문이다. 이들은 아동이나 성인의 삶을 '유용하고 생산적인' 측면이 아닌 '쓸모없고 비생산적인' 측면으로 이끈다.

문제행동의 잘못된 네 가지 목적

문제행동의 잘못된 네 가지 목적에 대한 이해를 통해 우리는 아이들이 자신에 대해 더 좋은 감정을 가지고, 결심을 바꾸고, 더욱 수용적인 방식으로 행동하도록 도울 수 있는 방법을 알게 된다. 당신은 이를 통해 자기 자신과 아이를 격려하게 된다.

잘못된 목적 1-지나친 관심 끌기

문제행동의 첫 번째 잘못된 목적은 '지나친 관심 끌기(undue attention)'이라고 불린다. 이러한 잘못된 목적을 가지고 있는 아이는 다른 사람들이 자신에게 몰두하여 자신이 관심의 중심이 되었을 때에만 스스로가 중요한 존재라고 믿는다. 이들은 사람들의 관심을 받고 자신을 특별하게 대우하도록 만드는 데 능숙하다.

사람은 누구나 관심을 받고 싶어 한다. 지나친 관심이라는 목적의 이면에는 '끊임없이 관심을 받지 못한다면 나는 중요한 존재가 아니다.'라는 신념이 있다. 문제행동은 부적절한 시기에 혹은 끊임없이 계속하여 관심을 받으려고 할 때 일어난다.

진단 단서: 잘못된 행동의 기반이 되는 것이 네 가지 잘못된 목적 중 무엇인가를 알아채는 데 도움이 될 만한 두 가지 단서가 있다. 첫 번째 단서는 당신이 문제행동에 직면했을 때 당신이 느끼는 감정이다. 만약 당신의 감정에 귀 기울일 수 있다면, 당신의 감정을 통해 아이의 문제행동의 목적 그리고 행동 이면

의 신념을 이해할 수 있을 것이다. 두 번째 단서는 당신이 아이의 문제행동을 부적절한 방식으로 고치려 할 때 아이가 보이는 행동이다.

아이가 지나치게 관심을 받으려고 할 경우, 부모는 화가 나거나 걱정하거나 짜증이 나게 된다. 부모가 이런 아이에게 개입하여 아이가 원하는 관심을 보여 줄 때, 아이의 문제행동은 일시적으로 멈춘다. 곧이어 당신이 그 관심을 거두고 더구나 다른 누군가에게 관심을 돌리게 되면, 아이는 관심을 받기 위해 다시 문제행동을 보이기 시작한다. 당신이 지나친 관심을 줄 때, 당신은 자신도 모르게 아이의 잘못된 신념, 즉 다른 사람이 자신에게 관심을 가져 줄 때에만 만족스럽다는 아이의 신념을 강화시키게 된다.

은미는 그녀의 AA모임 후원자와 통화 중이었다. 5세인 딸 영미는 크레용으로 색칠하기를 멈추고 엄마에게 주스 한 잔을 달라고 했다. 은미는 "엄마 지금 통화 중이야, 기다려."라고 말했다.

그런데 1분도 채 되지 않아 영미는 인형을 들고 엄마에게 왔다. 영미는 엄마를 올려다보며 상냥하게 말했다. "나 지금 주스 좀 먹을 수 있어?" 은미는 영미를 처다보며 말했다. "지금은 안 돼, 아가야. 엄마가 바쁘단다."

몇 분 지나지 않아, 영미는 바닥에 앉아 전화 코드를 잡아당기기 시작했다. 은미는 영미를 막으며 말했다. "엄마 좀 괴롭히지 마. 저기 가서 놀아." 영미는 크레용이 있는 곳으로 가서 그림을 그리기 시작했다. 은미는 통화를 마치고는 짜증이 나서 영미를 꾸짖으며 말했다. "너는 왜 엄마가 전화할 때마다 귀찮게 하는 거니?" 짜증을 내면서도 은미는 한편으로 딸이 걱정이 되었고 죄책감을 느꼈다. 그리고 전화 때문에 딸을 무시했던 것에 대한 미안한 마음을 보상하기 위해 영미와 색칠 놀이를 하기 위해 앉았다. 은미는 영미의 만족스러워하는 미소를 알아채지 못했다.

은미가 느꼈던 짜증, 걱정 그리고 죄책감은 딸이 낙담하고 있다는 것을 그녀가 이해할 수 있도록 돕는다. 딸인 영미는 엄마가 자신을 주목하고 특별히 돌봐 주어야 할 때만 자신이 중요하다고 믿기 때문이다. 은미는 그때그때의 상황에 필요한 것들이 무엇인지에 초점을 맞추고 자신과 딸을 존중할 수 있어야 한다.

상황에 필요한 것이 무엇인가는 적절한 것이 무엇인가에 따라 정의될 수 있다. 은미에게는 자기 자신을 위한 시간과 전화 통화를 할 수 있는 시간을 가지는 것이 적절한 것이다. 영미가 누군가에게 관심을 받고 즐거워할 수 있는 시간을 가지는 것도 적절한 것이다. 은미가 그녀 자신과 영미에 대한 존중을 보여 주기 위해서는 첫째, 엄마인 은미가 스스로 적절한 자기 시간을 가져야만 하며, 둘째, 딸이 지나친 관심을 받지 않아도 소속감과 자신이 중요한 존재라는 사실을 믿을 수 있도록 아이를 존중하는 방식을 발견해야 한다.

은미는 문제행동의 잘못된 네 가지 목적에 대해 배웠다. 그러자 딸의 문제행동이 지나친 관심에 대한 잘못된 목적을 기반으로 하고 있었다는 것을 알 수 있었다. 그리고 그녀는 한 가지 계획을 떠올렸다.

지나친 관심에 대한 잘못된 목적을 가진 아이를 격려하기

은미는 AA모임 후원자에게 전화를 걸어 도움을 요청하였다. 그녀는 자신이 전화를 하는 동안 영미가 혼자서도 잘 놀 수 있도록 가르치기 위한 계획을 설명하였다. (은미가 전화 통화를 하는 데 너무 많은 시간을 쓰고 있는 것이 아니라는 것을 기억하자. 만일 그녀가 비합리적으로 많은 시간 전화 통화를 한다면 이는 그녀가 딸을 존중하지 않았다는 것을 의미하기 때문이다.)

다음 날, 은미는 AA모임 후원자와 다시 통화를 하였고, 언제나 그랬든 영미는 엄마의 전화 통화를 방해하였다. 영미의 계속된 방해에도 불구하고 은미는 계속해서 전화 통화를 하였고, 동시에 딸의 어깨에 다정하게 손을 올렸다. 영미는 놀란 것처럼 보이기는 했지만, 여전히 엄마에게 질문을 하면서 전화 통화를 방해하기 시작했다. 그럼에도 은미는 계속해서 통화를 했다. 잠시 후 영미는 엄마와 떨어져 인형을 가지고 놀면서 자신만의 오락거리를 즐기기 시작했다.

은미는 관심을 받기 위한 영미의 시도를 부드럽게 무시하였고, 계속 전화 통화에 집중하였다. 은미는 자신이 영미의 문제행동에 휘둘리지 않기 위한 연습을 하고자 했지만, 자신이 영미의 방해에 주의를 빼앗길 수 있다고 생각했다. 그래서 후원자에게 이러한 연습을 하는 동안 당분간은 전화 통화에 제대로 집중하지 못할 수도 있다는 것을 미리 알려 주었다. 은미는 영미를 사랑하지만 엄마가 지금 바쁘다는 것을 비언어적 메시지로 전했다. "엄마는 너를 사랑해. 하지만 지금은 어쩔 수 없어."라는 말에는 아이가 혼자서도 시간을 잘 보낼 수 있을 것이라는 것을 부모가 믿는다는 의미가 포함되어 있다. 또한 이 말은 아이에게 자신이 언제나 관심의 중심에 있을 수 없으며 다른 사람들에게 협조해야 한다는 메시지를 전달하며, 아이로 하여금 '나는 스스로를 잘 돌볼 수 있어.'라는 신념을 가지게 한다.

많은 부모가 아이들에게 지나치게 관심을 줌으로써 나쁜 습관을 만들어 낸다. 그들은 아이에게 특별한 대우를 해 줌으로써 아이에게 관심을 가지지 못했던 시간을 보상하려고 애쓴다. 만약 당신이 이러한 부모들 중 한 명이라면, 이제는 아이를 격려할 수 있는 관심을 보임으로써 아이에게 새로운 습관을 만들어 주어야 할 때이다.

다시 말하지만, 아이는 당연히 관심을 받아야 한다. 관심을 통해서 아이는 소속감과 존재감을 가질 수 있고, 자신이 사랑받고 있고 다른 사람들이 자신에게 관심이 있다는 것을 인식한다. 아이들이 소속감을 느끼고 자신이 중요한 존재라는 인식을 가질 때, 타인에게 관심을 가지며 애정관계를 형성할 수 있는 능력이 발달할 수 있다. 지나친 관심을 요구하는 행동을 멈추는 훈련을 할 때, 아이와 상의하여 시간을 정해 놓고 특별한 시간을 함께 보내 주는 것은 중요하다. 그렇게 하면 아이는 적절한 관심을 충분히 경험할 수 있다.

특별한 시간을 통한 격려하기

적절한 관심을 주기 위한 효과적인 방법의 하나는 아이와 함께 특별한 시간을 가지는 것이다. 이러한 시간은 미리 정해지고, 제한적이고, 규칙적이어야 한다. 또한 언제 무엇을 할지에 대해 부모와 자녀가 같이 계획할 수 있다. 적절하지 않은 때에 아이가 부모의 관심을 원한다면, 당신은 이렇게 말해 줄 수 있다. "엄마는 지금 바쁘단다. 그래도 엄마는 우리의 특별한 시간을 기대하고 있어."

은미는 매일 오후 15분씩 영미와 특별한 시간을 갖기로 결정하였다. 영미는 엄마에게 3시부터 3시 15분까지가 좋은지, 아니면 3시 15분부터 3시 30분까지가 좋은지를 물었다. 은미는 3시부터 3시 15분을 선택했다. 그들은 이 시간 동안 게임, 인형 놀이, 색칠 놀이, 또는 동화 읽기를 하기로 하였다. 다음 날 그들이 이러한 특별한 시간을 보내는 동안 전화벨이 울렸다. 은미는 자동응답기에 메시지를 수신할 수 있도록 했다. 그녀는 이렇게 함으로써 영미에게 그들의 특별한 시간이 방해받지 않아야 할 중요한 시간이라는 것을 알게 해 주었다.

어떤 부모는 잠자리에 들기 전 30분 중 10분을 특별한 시간으로 활용한다. 이 시간 동안 아이에게 동화를 읽어 주거나 대화를 하거나 안아 주며 온전한 관심을 기울임으로써 아이를 안심시키고 차분하게 해 주며 하루를 마친다. 이러한 시간이 매일매일의 일상적인 시간이 되도록 하는 것도 좋다.

2~5세의 어린아이에게는 짧지만 특별한 시간이 자주 필요하다(하루에 5분씩 몇 번). 아이가 자라면서 특별한 시간은 길어지지만 빈도는 적어질 수 있다(6~8세 아이는 하루에 15~20분). 대부분의 9~12세 아이는 일주일에 두 번씩 30분이 충분할 것이다. 아이가 10대가 될 때쯤이면 아이는 당신에게 한 달에 한두 번 정도만 특별한 시간을 함께 보내 달라고 할 수도 있다.

부모는 아이와의 특별한 시간을 돈이 많이 들거나 아이의 말을 다 들어 줘야 하는 수고스러운 시간이라고 오해하기 때문에 두려워하거나 낙담하기도 한다. 이런 마음을 없애기 위해 부모와 아이가 특별한 시간을 언제로 할 것인지, 그리고 그 시간 동안 무엇을 할지에 대해 함께 계획을 세우고 결정해 보는 것도 좋다. 또 다른 방법은 특별한 시간 동안만이라도 온전하게 아이와 함께 보내는 것이다. 한 아버지의 이야기가 있다. 이 아버지가 퇴근해서 집에 들어올 때면 아이들이 아빠에게 태클을 걸고 레슬링을 하려고 했지만 그때마다 그가 한 일이라고는 가방을 내려놓고 거실 바닥에 누운 일이 전부였다. 비록 긴 시간이 아니더라도 규칙적이고 일관성 있게 아이와의 질적인 시간을 가지는 것은 무너진 친밀감을 회복하고, 서로 돌보는 관계를 만들어 가고, 신뢰를 형성하기 위한 훌륭한 방법이다.

잘못된 목적 2-왜곡된 힘겨루기

문제행동의 두 번째 잘못된 목적은 왜곡된 힘겨루기이다. 이러한 잘못된 목적을 가지고 있는 아이들은 '내가 중요한 존재가 되려면 우두머리가 되어야 해. 아무도 나에게 명령할 수 없어.'라는 신념을 가지고 있다. 그들은 어른이 자신에게 어떠한 요구도 하지 못하게 만드는 데 능숙하다. 그들은 어른에게 직접적으로 이렇게 말하기도 한다. "당신들은 나에게 아무런 요구도 할 수 없어요." 혹은 당신이 요구하는 것에 따르는 것처럼 보이다가 나중에는 그냥 약속을 깨 버리기도 한다. 그가 당신의 뜻대로 따르지 않을 것이라는 것을 보여 주는 또 다른 방법은 당신의 요구에는 동의하지만 당신의 기준과 시간에 맞추지 않는 것이다.

모든 사람은 권력을 가지길 원한다. 권력에 대한 잘못된 목적의 이면에는 다음과 같은 신념이 자리하고 있다. '나를 통제하고 싶어 하는 어른들을 꺾지 못한다면 나는 중요한 존재가 아니야.' 아이의 문제행동은 자신의 행복과 사랑하는 관계를 희생해서라도 권력을 추구하려 할 때 나타난다. 그러나 주변에 권력에 취한 어른이 없는데 권력에 취한 아동이 나타나는 경우는 좀처럼 보기 힘들다. 즉, 권력투쟁은 둘 이상의 사람 사이에서 생기기 마련이다.

아이가 잘못된 권력에 대한 목적을 가지고 있을 때, 부모는 화가 나거나 도전받는 듯한 느낌을 갖거나 위협을 느낀다. 대부분의 성인은 자신의 권력이 위협받고 있다는 것을 인정하고 싶어 하지 않는다. 그들은 아이를 위한다는 핑계로, 혹은 아이를 바로잡아 주는 것이 부모의 의무라는 핑계를 대며 아이에게 권력과 통제권을 행사해야 한다고 주장한다. 하지만 그 방식은 별 소용이 없으며, 아이는 이러한 통제 방식을 통해서 어떠한 이익도 얻지 않는다는 것을 잊지 말자.

가족 내에서 권력투쟁이 일어나고, 당신이 일방적 주장, 처벌 그리고 위협이라는 방법으로 그에 대응하게 되면, 아이는 권력 놀이에 더욱 격렬하게 임해야 한다는 의무감을 가지게 된다. 아이는 자신에게 주어진 유일한 선택은 이기거나 지는 것뿐이라고 생각한다. 당신이 그러한 권력투쟁에 동참하게 되면, 타인이 자신을 통제하지 못하게 할 때에만 만족스럽다는 아이의 신념을 자신도 모르게 강화시키고 있는 것이다. 만약 은미가 지나친 관심을 요구하는 영미의 행동에 적절하게 대처하지 않았다면, 다음과 같이 권력투쟁의 문제로 확대되었을지도 모른다.

은미는 AA모임의 후원자와 전화로 대화를 하고 있고 영미는 주스 한 잔을 달라고 한다. 은미는 영미에게 저쪽으로 가서 놀라고 한다. 영미는 엄마 옆에 서서 말한다. "주스 한 잔 주세요, 지금!"

은미는 소리를 지르며 "엄마 통화 중이야, 저리 가!"라고 말한다.

영미는 울며 소리치기 시작한다. "나는 지금 먹고 싶어요. 지금 주세요!"

은미는 소리 지르며 "여기서 나가!"라고 말한다.

은미가 전화를 끊을 때, 그녀는 분노를 느끼며 딸이 얌전하게 있도록 만들고 싶다.

　자신의 분노를 통해 은미는 다음과 같은 사실을 이해할 수 있다. 딸은 낙담하고 있으며, 자신이 주도권을 가져야 중요한 존재라는 잘못된 신념을 가지고 있다. 주도권은 엄마에게 있다는 것을 딸에게 증명하려는 듯한 은미의 자동적인 반응은 딸에게 잘못된 신념, 즉 영미 자신의 유일한 선택은 이기거나 지는 것이라는 신념을 강화시킬 뿐이다.

권력에 대한 잘못된 목적을 가진 아이를 격려하기

　부모들은 자녀와의 권력투쟁에서 벗어나야 하며, 자신 및 아이에 대한 존중과 부모로서의 위엄을 유지할 수 있는 방법을 사용해야 한다. 은미가 딸을 존중한다면 싸우지도 않고 항복하지도 않을 것이다. 아이의 요구에 굴복하는 것은 아이의 권력에 대한 욕구를 더 강화시킬 뿐이다.

　부모가 중독자라면, 그들이 선택할 수 있는 것은 많지 않으며 선택권을 부여함으로써 다른 사람에게 힘을 부여하는 것이 힘들어진다. 은미가 중독에서 회복되면 그녀는 더 많은 선택권을 가지게 되고, 이러한 선택권을 통해 자신의 딸에게 힘을 부여할 수 있게 된다.

선택권을 줌으로써 권한을 부여하기

　선택 기준이나 제한 범위를 설정하고 아이가 안전한 제한 범위 내에서 선택할 수 있도록 자유를 주는 것이야말로 부모로서 수행해야 하는 마땅한 책임이다. 이것은 아이로 하여금 권한을 부여받는다는 느낌과 함께 동시에 안전하다는 느낌을 갖게 한다.

은미는 딸아이가 짜증을 낼 때, 거실에 있으면서 얌전히 있거나 아니면 자기 방에 들어가는 것 중 하나를 선택할 수 있는 선택권을 줄 수 있다. 이렇게 할 때 딸의 행동에 대한 어떠한 비판적 태도도 보이지 않는 것이며, 그것으로 인한 싸움도 벌어지지 않는다. 은미는 딸을 화를 내기에 더욱 적절한 곳, 즉 딸의 방으로 들어가 있도록 할 수 있다. 때로 이러한 방법은 효과가 있지만, 때로 권력에 취한 아이는 자신의 방에 들어가기를 거부하기도 한다. Dreikurs는 부모들이 자녀에게 어떠한 행동을 강요하기보다는 자녀가 스스로 무엇을 할지 결정을 내리게 함으로써 권력투쟁을 피하는 방식을 권장하였다. 계속해서 전화 통화를 하기 위해 은미는 영미가 자신의 방에 들어가는 것을 스스로 결정하도록 함으로써 권력투쟁에서 물러날 수 있다.

은미는 자신이 영미에게 줄 수 있는 다른 선택권들에 대해 생각하기 시작했다. 은미는 다음 날 입을 옷 두 벌을 꺼내 놓고, 영미에게 입고 싶은 옷이 무엇인지 물어보았다. 영미는 자신이 선택하는 것을 정말 즐거워하였으며, 자신의 선택에 기뻐했다. 아침 식사 또한 같은 방식으로 진행되었다. 은미는 영미에게 "엄마는 달걀 요리를 하고 있어. 프라이가 좋아, 반숙 달걀이 좋아?"라고 물었다. 만약 영미가 계란말이를 요구했다면, 은미는 "그건 오늘 선택권 중에 없어."라고 대답하며 다시 한 번 선택 사항을 말해 주었을 것이다. 영미는 선택할 수 있는 자유를 가졌기 때문에, 엄마에게 협조적이었으며 선택할 수 있는 메뉴를 고르거나 아예 아무것도 먹지 않는 것에서 한 가지 선택을 하였다.

권한부여를 통한 격려하기

아이가 스스로 권한을 가지고 있다고 느끼게 해 주는 것은 중요하며, 이를 통해 아이는 자신의 능력을 제대로 인식하고 유능감과 효능감을 가질 수 있다. 아이는 자신의 삶에 있어 어느 정도의 통제감과 힘을 가질 필요가 있다. 자신에게 어떤 권한이 주어졌다고 느낄 때, 그들은 적절하게 그리고 생산적으로 그러한 권한을 사용한다.

예를 들어, 은미는 쉽게 꺼낼 수 있고 사용하기 편한 적당한 크기의 그릇을 영미에게 준 다음, 주스를 어떻게 따르는지를 가르쳐 줌으로써 딸에게 권한을 부여할 수 있다. 은미는 유능감과 효능감을 느낄 수 있는 많은 도구와 기술을 제공하여 영미를 훈련시킬 수 있는 단계들을 밟아 나갈 수 있다. 영미는 가족회의 동안 문제를 해결하는 데 참여함으로써 스스로 자신의 힘을 가족에 기여할 수 있을 것이다.

가족회의를 통한 권한 부여하기

(7장에서 논의했던 것처럼) 아이의 문제행동이 잘못된 권력을 기반으로 한 경우 가족회의는 매우 효과적이다. "나는 네 도움이 필요하단다."라는 말은 가장 솔깃하면서도 격려가 되는 말 중 하나이다. 실제로 가족회의는 네 가지 잘못된 목적에 따른 잘못된 행동의 어떤 경우에도 효과적일 수 있다. 가족회의에서 아이는 문제해결을 돕고, 의견을 제안하고, 가족이 어떻게 했으면 좋을지에 대한 발언권을 가짐으로써 자신의 권한을 행사할 수 있다. 또한 아이는 자신의 감정을 표현할 수 있는 기회를 가질 수도 있다.

잘못된 목적 3-앙갚음하기

문제행동의 세 번째 잘못된 목적은 앙갚음하기이다. 이러한 목적을 가진 아이는 누군가에게 상처를 받았으며, 그래서 자신은 정의를 추구할 권리가 있다고 믿는다. 그들은 곧잘 상처를 주며, 또한 상처도 잘 받는다. 그들은 때로 자신의 주변 환경에 의해 상처를 받으며, 누구든 자신의 세상으로 들어오는 사람에게 그 상처를 되돌려 준다. 중독가정에서 자란 아이들은 때때로 자신을 도우려고 하는 선생님이나 상담자들에게 상처를 줌으로써 앙갚음을 한다. 너무 많은 아이가 스스로를 해치는 자살을 통해 앙갚음을 하기도 한다. 또한 어떤 아이들은 부모가 원하는 것을 하지 않음으로써 부모에게 상처를 주려고 한다.

당신에게 상처를 준 누군가에게 상처를 되갚아 주려고 하는 것은 인지상정이다. 앙갚음이라고 하는 목적의 숨겨진 오류는 '나는 어디에도 속하지 않아. 하지만 적어도 나는 상처를 되갚아 줌으로써 중요한 존재가 될 수 있어.'라는 것이다.

부모는 자녀의 목적이 앙갚음하기일 때 충격을 받거나, 상처를 받거나, 혐오감을 느낀다. 대부분의 성인은 자신이 상처받았다는 것을 인정하지 않거나 상처받은 감정을 표현하고 싶어 하지 않는다. 대신, 그들은 (때때로 무의식적으로) 비난, 수치심, 창피함, 모욕감을 내보이거나 혹은 처벌을 행함으로써 자신이 받은 상처를 되돌려 주려고 한다. 이런 과정을 통해 '앙갚음의 순환고리'가 만들어진다.

부모가 이러한 비난과 수치심으로 앙갚음의 순환고리에 묶여 있을 때, 그들은 자신도 모르게 아이가 가진 '나는 어디에도 소속되지는 못하지만, 적어도 앙갚음할 수는 있어.'라는 잘못된 신념을 강화시키고 있는 것이다. 이런 아이는 사람들과 긍정적으로 관계를 맺는 법을 배우지 않기 때문에 계속해서 파괴적인 행동을 보인다. 만약 은미가 영미와의 권력투쟁을 해결하지 않았다면, 다음과 같이 상황은 앙갚음의 문제로 확대되었을 수 있다.

은미가 AA모임 후원자와 전화 통화를 하고 있는데 영미가 다가와 "음료수 마시고 싶어요. 주스 좀 주세요."라고 말한다.

은미는 영미에게 가서 놀라고 한다. 영미는 "주스가 먹고 싶단 말이에요, 지금요!"라며 소리친다.

은미는 "지금은 안 돼, 전화하고 있잖아, 기다려 봐."라고 맞받아 소리친다.

이에 영미는 전화줄을 확 잡아당겼고, 수화기가 은미의 입술에 부딪힌다. "아야! 이 못된 것, 아프잖아." 은미는 손을 뻗어 영미의 손을 때린다.

영미는 큰 소리로 말했다. "엄마 미워!"

"이렇게 버릇없이 굴다니! 방에 들어가서 네가 잘못한 거 반성해." 은미는 영미를 방으로 끌고 와 울고 있는 영미를 두고 나온다. 은미가 느낀 충격과 상처는 그녀가 현재 앙갚음에 얽혀 있다는 것을 알려 주는 신호이다. 영미는 엄마가 자신에게 관심을 가져 주지 않는다는 잘못된 신념을 갖고 있다. 이러한 신념으로 인해 상처를 받은 영미는 엄마에게 앙갚음을 하고 싶어진다. 영미에게 소리를 지르거나 때리고, '버릇없는 애'라고 부르고, 마침내 영미 방에 혼자 남겨 둠으로써 영미를 힘으로 제압하려고 하는 은미의 대처 방식은 상황을 더 악화시킬 뿐이며 영미의 잘못된 신념을 강화시킬 뿐이다.

긍정훈육 10
격려를 통해 문제행동을 교정하라

앙갚음을 하려는 잘못된 목적을 가진 아이를 격려하기

영미를 인격적으로 존중하며 이러한 상황을 다루기 위해서는, 은미는 영미가 전화줄을 잡아당겼을 때 영미에게 상처를 되돌려 주지 않으면서 자신이 아팠다는 것을 알려 주는 방식을 사용할 수 있었다. 이번에도 은미는 영미에게 방에 그대로 있으면서 화를 달래거나 혹은 그녀의 방으로 가도록 하는 선택권을 줄 수 있었다. 은미는 전화 통화를 마치고 영미와 앉아 일어났던 일에 대해 얘기를 나눌 수도 있었다. 은미는 영미에게 얼음 조각을 받아서 그것을 입술 위에 올려놓음으로써 잘못을 보상할 수 있도록 제안할 수도 있었다. 은미는 영미에게 무엇 때문에 화가 났는지 혹은 상처를 받았는지 물어보고 영미의 감정에 귀 기울여 줄 수도 있었다. 은미와 영미 간의 관계에서 다루어야 할 다른 문제들이 있을지도 모른다. 또한 은미는 영미와 함께 특별한 시간을 보내는 것을 계획함으로써 친밀한 관계의 기반을 형성할 수도 있었다.

은미는 영미의 긍정적인 특성들에 집중할 수 있다. 부모는 아이에게 화가 많이 날 때 아이를 객관적인 시각으로 바라보기 힘들며, 그들이 가진 나쁜 면만을 보기 쉽다. 당신의 자녀들이 사랑스럽다는 것을 기억하기 위해서는 노력이 필요하다. 당신이 다루어야 할 문제는 그들의 행동인데, 이러한 행동은 그들의 좌절을 반영하기 때문이다.

아이의 행동을 변화시키기 위해, 처벌을 함으로써 그들의 기분을 상하게 하는 것은 효과적이지 않다. 아이는 기분이 좋을수록 더 좋은 행동을 보인다. 문제행동의 목적은 소속감과 자신이 중요한 존재라는 인식을 얻는 것이기 때문에, 격려야말로 아이의 문제행동을 변화시키기 위한 핵심이다.

긍정적인 특성에 집중함으로써 격려하기

부모는 매일매일 아이의 긍정적인 특성 세 가지를 찾아봄으로써 아이의 긍정적인 태도를 유지하는 데 도움이 된다는 것을 알게 된다. 이러한 긍정적인 특성들은 가족회의를 시작할 때 말하는 것이 좋다. 이러한 칭찬은 아이로 하여금 소속감을 느끼고 자신의 중요성에 대해 인식할 수 있도록 돕는다. 또한 아이는 가족회의에서 칭찬을 듣고, 감정을 공유하고, 문제 해결에 참여할 때 소속감을 경험하고 존재감을 인식한다.

잘못된 목적 4-포기(무능력함 가정하기)

문제행동의 네 번째 목적은 포기(스스로를 무능하다고 가정하기)이다. 포기하는 아이들은 큰 좌절감을 느끼며 자신이 무능하다고 믿는다. 이들은 다른 사람들이 자신을 내버려 두기를 원하며 다른 사람들로부터 어떠한 것도 기대하지 않는다.

　모든 사람은 때때로 포기하고 싶어 한다. 포기의 이면에는 '나는 중요하지 않아. 나는 잘하는 게 아무것도 없어. 아무도 나를 받아 주지 않을 거야. 포기하겠어.'라는 신념이 자리 잡고 있다. 이러한 아이는 전형적인 문제행동을 보이지 않는다. 이들의 '문제행동'은 다른 사람들이 자신에게서 떠나가도록 만드는 것이다.

　이러한 아이를 가진 부모들은 절망감과 함께 자신이 무력하고 무능하다고 느낀다. 부모는 이 문제를 매우 개인적으로 받아들이며, 아이가 포기할 때마다 자신의 잘못이라고 생각한다. 이러한 아이는 다른 사람들 눈에 자신이 매우 무능하게 보이도록 만드는 데 놀라운 솜씨를 가지고 있어서 부모는 도저히 이 아이를 도울 수 없다고 느끼게 된다. 부모들은 아이가 무력한 모습을 보일 때마다 과도하게 그들을 구하려고 한다. 부모들의 이러한 반응은 '나는 아무것도 할 수 없는데 왜 해야 하지?'라는 아이의 믿음을 확인시키는 역할을 할 뿐이다.

　영미의 잘못된 목적이 포기였다면, 전화 통화 상황은 다음과 같았을 것이다. 은미는 AA모임 후원자와 전화 통화를 하고 영미는 엄마의 근처에 앉아 있다. 은미는 영미가 앉아 있는 작은 테이블로 걸어가 "엄마가 통화하는 동안 왜 예쁜 그림 안 그리니?"라고 물었다. 영미는 그저 자신의 신발을 내려다본다. 은미는 빨간색 크레용을 들고 "이 색깔은 너무 예뻐. 자, 엄마가 꽃을 그려 볼게. 너도 얼른 사람들을 그려 봐."라고 말했다. 영미는 고개를 젓는다. 은미는 좌절한 목소리로 말했다. "나도 모르겠다. 엄마는 너에게 어떤 것도 시킬 수가 없구나. 엄만 포기했어!" 그녀는 다시 돌아와서 전화 통화를 이어 갔다. 영미는 바닥을 응시하던 자리에 남아 있다.

　은미는 전화를 끊고 나서 무력함을 느끼며 낙담해한다. 그녀는 어떻게 해야 영미가 스스로 유능감을 느낄 수 있을지 알지 못한다. 은미의 무력함은 영미가 깊이 좌절해 있으며 자신은 아무것도 제대로 할 수 없기 때문에 어떤 것도 할 필요가 없다는 믿음을 가지고 있다는 것을 알리는 신호이다.

포기라는 잘못된 목적을 가진 아이를 격려하기

은미는 스스로 좌절하는 마음을 멈출 수 있으며, 영미가 스스로 많은 능력을 가지고 있다는 것을 발견하도록 기회를 마련해 줄 수 있다. 예를 들어, 은미는 두 벌의 바지와 셔츠를 꺼내 놓고 영미에게 입고 싶은 옷을 고르게 할 수 있다. "너는 색깔이 어울리게 입는 법을 잘 아는구나."라는 말은 영미의 성공을 인정해 줌으로써 격려가 될 수 있다. 영미가 잘못 입었다 하더라도 스스로 옷을 입을 때 "혼자서 옷을 입었구나!"라고 해 줌으로써 영미를 격려해 줄 수 있다.

아이가 자기 몫의 역할을 하게 함으로써 격려하기

은미가 저녁 식사로 샐러드를 만들 때, 영미를 오이나 당근을 깎거나 샐러드 볼을 꺼내오는 것과 같은 작은 일에 참여하도록 할 수 있다. 이는 영미가 자신의 능력에 대해 "나는 그것을 할 수 있어."라는 믿음을 갖게 해 줄 수 있다. 영미가 할 수 없다고 말할 때, 은미는 영미에게 실패하기 힘든 매우 단순한 임무를 계속해서 줄 수 있다. 이러한 과정에서는 은미가 참을성 있고 침착하게 대처하는 것이 중요하다(술 취한 상태에서 이 모든 것을 한다고 상상해 보라!). 영미는 격려와 함께 곧 유능감을 경험할 것이다. 영미가 성공을 경험할수록 그다음에는 조금 더 어려운 임무를 맡길 수 있다.

잘못된 목적 도표

잘못된 목적 도표는 잘못된 행동의 네 가지 잘못된 목적을 요약하여 제시하고 있으며, 여기에는 아동의 신념, 문제행동 이면의 신념을 이해하기 위한 첫 번째 단서인 부모의 감정, 자녀를 격려하기 위한 방법에 관한 몇 가지 힌트도 포함되어 있다.

앞선 두 장에서 우리는 아이의 행동 이면에 있는 신념을 이해하는 것이 얼마나 중요한가에 대해 논의하였다. 우리는 우리의 아이가 결심하고 믿고 있는 것이 무엇인지 확신할 수 없다. 다만, 우리는 단서를 얻기 위해 우리의 감정을 사용할 수 있으며, 아이들이 어떻게 지각하고 있는지를 확인하기 위하여 질문을 할 수 있다.

〈표 10-1〉 **잘못된 목적 도표**

부모/교사가 느끼는 감정	부모/교사의 반응	아동의 반응	아동의 목표	아동의 행동 이면의 신념	부모/교사의 대안적 방법
화가 나는, 짜증이 나는, 염려하는	상기 시키기, 달래 주기	일시적으로 멈추었다가 다시 같은 행동을 반복하거나 또 다른 방해행동 보이기	지나친 관심(다른 사람들이 자신으로 인해 바쁘게 하기 위해)	나는 오직 주목받거나 특별한 대우를 받을 때 가치가 있는 존재이다. 나는 오직 당신이 나로 인해 바쁠 때 중요한 존재이다.	"나는 너를 사랑해 그리고"(예: 나는 너를 사랑해. 하지만 지금은 아니야.) 다른 때에 긍정적인 관심을 보이라. 특별한 대우를 피하라. 한 번만 말하고 바로 행동으로 옮기라. 특별한 시간을 계획하라. 일과를 정하라. 훈련 시간을 가지라. 자연스럽고 논리적인 결과를 이끌어 내라. 격려하라. 방향을 바꾸라. 가족 또는 학급회의를 사용하라. 말없이 비언어적인 신호를 사용하라. 무시하라.

화가나는, 성가신, 자극받는, 위협을 느끼는, 패배감을 느끼는	싸우기, 항복하기, 생각하기 '네가 그러고도 무사할 것 같아?' 또는 '혼내 줄 거야.'), (아이가) 올바르게 되기를 바라기	더욱 격렬한 행동, 반항적으로 따르기, 부모가 화가 났을 때 자신이 이겼다고 느끼기	권력(우두머리가 되기 위한)	나는 내가 우두머리이거나 통제하거나 아무도 나를 개선시키려 할 수 없을 때에만 소속감을 느낄 수 있다. "당신은 나를 어떻게 할 수 없어."	도움을 청하라. 싸우지도 말고 항복하지도 말라. 갈등을 피하라. 예상치 못한 행동을 하라. 단호하고 친절하게 행동하라. 말하지 말고 행동하라. 무엇을 할지 결정하라. 정해진 일과로 진행되게 하라. 내버려 두고 침착하라. 상호 존중하는 법을 익히라. 제한적인 선택권들을 주라. 합리적이고 소수의 선택권만 주라. 긍정적인 권리를 추구하도록 하라. 가족 또는 학급회의를 사용하라.
상처를 받는, 낙담하는, 불신하는, 혐오스러운	앙갚음하기, 되갚아주기 생각하기: "어떻게 네가 나한테 이럴 수 있어?"	앙갚음하기, 격렬한 행동, 같은 행동을 더 심하게 하거나 또 다른공격수단 선택하기	앙갚음(되갚아 주기 위해)	나는 내가 받은 것처럼 다른 사람들에게 상처를 줄 때에만 소속감을 느낀다. "나는 사랑받을 수 없어."	상처받은 마음을 해결하라. 노여워하지 말라. 처벌과 복수를 피하라. 신뢰를 형성하라. 반영적으로 경청하라. 당신의 감정을 공유하라. 보상을 해 주라. 당신의 관심을 보여 주라. 말하지 말고 행동하라. 장점을 강화시키라. 아이와 한 배에 타라. 가족 또는 학급회의를 사용하라.
절망스러운, 희망이 없는, 무력한	포기하기, 대신 해 주기, 과도한 도움 주기	후퇴하기, 수동적 태도, 개선하지 않기, 반응하지않기	포기하고 혼자 있기	나는 다른 사람들이 나에게 어떠한 기대를 하지 않도록 납득시킬 때에만 소속감을 느낀다. "나는 무력하고 무능해." "그것은 소용없어."	신뢰감을 갖게 하라. 쉬운 임무를 주라. 어떠한 비판도 하지 말라. 작은 것이라도 모든 긍정적인 시도에 격려하라. 장점에 초점을 맞추라. 불쌍히 여기지 말라. 포기하지 말라. 성공을 위한 기회들을 마련하라. 기술(방법)을 가르쳐 주고 어떻게 하는지 보여주라. 물러서서 지켜보라. 흥미를 형성하라. 격려하고 또 격려하라. 가족 또는 학급회의를 사용하라.

아이가 자신에 대해서 어떠한 신념을 가지고 있는지
알기 위해 질문하기

지송은 3세부터 13세까지 침대에 오줌을 쌌다. 가족은 이 문제를 해결하기 위해 많은 방법을 썼지만 모두 효과가 없었다.

어느 누구도 지송의 방으로 가거나 그의 옆에 앉고 싶어 하지 않았다. 그들은 그에게서 이상한 냄새가 난다고 하였다. 치료를 받는 어느 날, 치료사는 지송에게 동물이 되고 싶다면 어떤 동물이 되고 싶고 왜 그런지 물었다. 지송은 "저는 사람들이 저를 소유하고, 귀여워해 주고, 꼭 안아 줄 수 있게 강아지가 되고 싶어요."라고 말했다.

지송의 엄마는 힌트를 얻었으며, 매일 지송을 팔에 안고 앉아 있기로 결심했다. 어느 날 이렇게 지송을 품에 안고 소파에 앉아 있는 동안, 지송이 엄마에게 물었다. "엄마는 저를 사랑해요?"

"당연하지, 아가야. 왜 그렇게 물어봐?"

"엄마는 제가 어렸을 때 어떤 이웃집 애가 저를 속이고 쓴 소금물을 속여서 먹게 하려고 했던 거 기억해요?"

"물론 기억하지. 네가 그걸 만지기 전에 네 누나가 그 애 손에 있던 그릇을 쳐냈지. 그날 네 누나가 너와 함께 있어서 다행이었어."

"네, 그런데 그 애는 저를 죽이려고 했는데도 전혀 혼나지 않았어요."이때 지송은 울기 시작했다.

"아가야, 물론 그 애는 혼났어. 아빠하고 엄마가 가서 그 애 부모님한테 어떤 일이 있었는지 얘기하고 더 이상 우리 집 마당에서 놀지 못하게 해 달라고 얘기했어. 엄마가 기억하기로는 그 애는 아주 많이 혼났어. 왜 울고 있어?"

지송은 말했다. "그 애가 저를 죽였어도 엄마가 저를 신경 쓰지 않을 거라고 생각했으니까요."

긍정훈육 10 격려를 통해 문제행동을 교정하라

"우리가 널 사랑한다고 생각하지 않는구나. 너무 미안하구나. 지금 아빠하고 엄마가 너를 너무 사랑하는 거 알아?"

"네, 엄마. 그리고 그 애가 혼났다고 하니까 기뻐요." 지송이 밤에 오줌을 싸는 횟수가 줄어들면서 마침내 고쳐졌다는 것은 놀라운 일이 아니다. 지송에게 어떤 동물이 되고 싶은지 묻기 전까지 그가 얼마나 심란해하였고 왜 그랬는지 아무도 알지 못했다.

다음과 같은 질문들은 아이들이 어떻게 생각하는지에 대해 많은 정보를 줄 수 있다.

- "너는 어떤 TV 프로그램을 좋아하고 그 이유는 뭐야? 그 프로그램에서 누가 가장 좋고 그 이유는 뭐야?"
- "만약 누가 뉴스에 너에 대해서 이야기를 쓴다면 어떤 이야기를 써 주었으면 좋겠어?"
- "엄마(또는 아빠)가 술을 마셨을 때 어떤 생각이 들었고 어떤 결심을 했어?"

당신은 아이에게 어린 시절의 기억과 그 일이 일어났을 때 어떤 결심을 했는지에 대해 물어볼 수 있다. 당신은 아이를 격려하며, 사랑을 보여 주고, 모욕감을 주지 않고, 놀리지 않기 위해 이러한 정보를 사용할 필요가 있다.

격려야말로 아이들이 소속감과 존재감을 느끼도록 만드는 가장 크고 핵심적인 요소이다. 아이가 소속감과 존재감을 느낀다면 그들의 행동은 생산적이고 건설적인 것이 될 것이다. 이것은 그들이 완벽해지거나 절대로 나쁜 행동을 하지 않을 것이라는 의미가 아니다. 사람이 성장하고 배워 나가면서 삶 속에서 도전은 계속된다. 당신의 아이가 가지고 있는 신념을 이해한다면 당신은 그들이 스스로 성장하고 배워 나가도록 도울 수 있다.

아이가 자신에 대해서 어떠한 신념을 가지고 있는지 알기 위해 질문하기

내면아이를 돌보라

영은은 6세 때까지 자신이 세상에서 가장 귀엽다고 생각했다. 하지만 그 생각을 깨어 버릴 일이 일어나고야 말았다. 그때 영은은 언니인 은정 옆에 있었고 은정은 거울로 자신의 얼굴에 난 뾰루지를 보고 있었다. 은정은 거울에 비친 자신을 보며 "아, 너는 어쩜 그렇게 못생겼니?"라고 불만에 가득 찬 혼잣말을 하였다. 영은은 은정의 기분을 풀어 주고 싶어 언니에게 "아냐, 언니는 못생기지 않았어."라고 말했다. 그러자 은정은 대답했다. "아니야, 나는 정말 볼품없어. 그런데 너도 마찬가지야."

영은은 마음이 무너져 내렸다. 그녀는 언니가 자신보다 똑똑하다고 믿고 있었기 때문에, 만약 언니가 자신을 보고 못생겼다고 말했다면 자신은 진짜 못생긴 것이 분명하다고 믿었던 것이다. 그 순간, 그녀는 자신이 못생겼다는 무의식적인 판단을 내렸다. 그리고 수년간 자신이 추하다고 믿으며 살았다. 다른 많은 사람이 그녀에게 매력적이고 아름답다고 말해 주었던 것은 아무런 의미가 없었다. 그녀는 자신이 6세 때 스스로 못생겼다는 결론을 내렸고 그렇게 믿었다.

영은이 16세 때, 학교는 그녀에게 앞으로 열릴 미녀 선발대회에서 학교 대표 미인으로 참가해 달라고 요청하였다. 대회 당일, 영은은 거리를 두고 심사위원들과 이야기를 하고 미소를 지어야 하는 단체 부문에서는 매우 성공적이었다. 그런데 문제는 심사위원들과 보다 가까이에서 이야기를 해야 하는 개별 부문 시간이었다. 그녀의 차례가 되었을 때, 영은은 심사위원들과 웃으며 이야기할 수가 없었다. 그녀는 심사위원들이 자신이 못생겼다는 사실을 알아차릴까 봐 두려웠던 것이다. 심사위원 중 한 명은 그녀에게 "안 웃으실 건가요?"라고 물었으며, 영은은 "네."라고 대답하였다. 그녀는 그렇게 말해서는 안 된다는 것을 알았지만, 스스로 '추하다고' 믿었기 때문에 '추하게' 행동하였다. 나중에 그녀는 자신이 5위를 했으며, 아마도 심사위원들과의 개별적인 대화에서 자신의 개성을 보다 잘 보여 주었다면 우승을 할 수도 있었을 것이라는 이야기를 전해 들었다.

10대 시절, 영은은 매우 '착하게' 행동함으로써 자신의 '추함'에 대해 과잉보상하였다. 그녀는 자신이 거친 말을 하거나 술을 마시거나 흡연을 하는 사람이 되지 않아야 한다고 생각했다. 한편, 그녀는 이웃에 사는 소년들보다 더 높이 뛰어오르고 점프를 할 수 있었다. 그녀의 행동은 매우 경쟁적이었다. 영은은 자신이 최고가 아닐 때에는 실패한 것이라고 생각하였다. 그녀는 최고가 될 수 있다는 확신이 없을 때는 아무런 시도도 하지 않았으며, 그러다 보니 자신이 정말 하고 싶어 했던 많은 것을 얻을 기회를 상실하고 말았다. 영은의 이러한 행동의 이면에는 무의식적인 신념과 감정이 자리 잡고 있었다.

영은과 마찬가지로, 우리는 어린 시절의 우리에게는 타당하였고, 우리의 생존에 도움이 되는 어떤 신념을 가지고 있다. 그 신념은 이른바 미해결 과제들인데, 이 과제들은 감정, 사고 그리고 오래된 행동들을 포함한다. 어린 시절에 형성된 우리의 무의식적인 신념들이 우리의 성인기의 삶을 움직인다. 어떤 특정한 자각이 일어나지 않는 한, 이러한 신념(미해결 과제)은 우리의 성인기 삶에 역기능과 좌절을 만들어 낸다. 우리는 더 이상 현재 상황에 적합하지 않은 과거의 신념들에서 여전히 속박되어 헤어나지 못하는 것이다.

대부분의 사람은 그러한 신념이 무엇인지, 심지어 자신이 그것을 형성해 냈다는 것에 대한 아무런 자각을 가지지 못한다. 현재 경험하는 어떤 상황에서도, 우리가 과거에 결심한 이러한 신념과 연관된 오래된 감정이 촉발될 수 있다. 이를 자각하지 못하면, 당신은 현재 상황에 대처하기 위해 적합한 것인지 아닌지에 대한 아무런 생각 없이 그저 어린 시절부터 지속된 동일한 논리를 반복적으로 사용하게 된다. 혹은 삶에 영향을 미치는 것이 우리에게 실제로 일어난 것이 아니라 그 일어난 일에 대하여 우리가 내린 결심이라는 사실에 대해서는 인식하지 못하고 우리는 다만 행동의 원인만을 찾으려고만 한다.

많은 사람은 무의식적인 어린 시절의 신념들을 발견하는 작업이 자신의 삶을 얼마나 많이 변화시킬 수 있는지에 대해 자각하지 못한 채 일평생을 살아간다. 일단 어린 시절에 스스로 형성한 이러한 신념 체계에 대해 자각을 하게 되면, 우리는 치유과정을 시작할 수 있다. 만약 우리의 사고과정 속에서 무엇이 진행되고 있는지를 발견하게 되면, 우리는 더 이상 어린아이가 아닌 성인으로서 유용한 지혜와 기술들을 사용하여 자녀를 양육할 수 있다. 이러한 발견을 통해 우리는 그러한 결심 혹은 판단들을 검토하고, 현재 상황에 더욱 적절한 새로운 방식의 사고, 감정, 행동을 선택할 수 있다.

발견 작업

우리는 과거에 생긴 오래된 판단들을 의식 위로 끌어내고 이해하는 것을 발견(discovery)이라고 부른다. 발견을 통해 우리는 내면아이와 접촉할 수 있으며, 내면아이가 무의식적으로 사고하고 느끼고 행동하도록 유도하는 것에 대해 더 많이 알 수 있다. 발견이야말로 우리의 행동에 영향을 미치는 것은 외부에서 벌어지는 일보다는 내면에서 무의식적으로 일어나고 있는 일이라는 것을 통찰할 수 있는 기회를 준다.

'발견'하기 위한 가장 좋은 방법 중 한 가지는 우리의 내면아이에게 다가갈 수 있도록 어린 시절의 경험들을 떠올리는 것이다. 우리는 이러한 경험들을 초기 기억(early memories)이라고 부른다. 초기 기억을 떠올리는 작업에서 기억과 동반된 감정, 사건이 일어났을 때의 나이 그리고 기억의 선명한 부분을 적어두면 도움이 된다. 기억을 적고 검토한 후, 당신은 '그때 나는 어떤 판단을 내렸지?'라는 의문을 가질 수 있다. 어린 시절의 판단은 종종 상당히 분명하게 떠올릴 수 있다. 이와 달리 그러한 판단이 무의식적이었을 경우에는 추측이 필요할 수도 있다.

초기 기억 속에서 발견한 아이를 우리의 '내면아이(children within)'라고 부른다. 이러한 '감춰진(hidden)' 아이를 발견한 후, 우리는 내면아이를 치유하기 위해 상상 속으로 되돌아가서 과거의 장면들을 다시 떠올릴 수 있다. 마법의 지팡이를 가지고 있다고 생각함으로써, 우리는 스스로 원하는 어떠한 방식으로든 장면을 떠올릴 수 있다. 이러한 치유과정을 경험하는 것은 현재 삶에서 보다 나은 판단을 내릴 수 있도록 돕는다. 이러한 과정은 과거로부터 생긴 고통을 누그러뜨리며 성인으로서의 삶에 더욱 적절한 다른 방안들을 탐색하도록 돕는다.

내면아이 발견하기

소정은 자신의 내면아이를 발견한 후 긍정적인 변화를 보인 좋은 예이다. 그녀는 아이들과 집에서 수년 동안 살림만 하다가 대학에 입학하였다. 입학 첫날, 학교에서 돌아오면서 소정은 가족들에게 자신이 겪었던 일을 얘기할 생각에 매우 흥분되어 있었다. 그런데 그녀가 집으로 들어오는 순간, 우울한 감정이 그녀에게 밀려왔다. 집에는 옷과 책들이 여기저기 흩어져 있었고, 이 난장판은 더러운 접시들과 음식이 아무 데나 널브러져 있는 부엌까지 이어져 있었다. 한편, 다른 방에서는 요란한 TV 소리가 흘러 나왔다. 방 안으로 들어온 소정은 소파 위에서 신문더미에 파묻혀 잠들어 있는 남편을 보았으며, 아이들은 어디에서도 찾을 수 없었다.

소정은 도움을 청하기 위해 아이들을 찾기 시작했다. 그녀가 아이들을 발견하였을 때, 아이들은 아빠가 설거지를 할 차례이기 때문에 자신들이 설거지를 하는 건 불공평하며 아빠가 잠들었다면 도와줄 수 없다고 말했다. 아이들은 아빠가 소리 지르고 야단을 친 것에 대해 불평을 늘어놓았다. 소정은 가슴이 미어지고 화가 치밀어 올라, 아이들을 보호해야만 한다는 생각과 함께 이러한 상황이 걱정이 되었다. 소정은 아이들을 힘들게 한 것에 화가 났고, 아이들을 대신해서 자신이 개입해야 한다고 생각했다. 하지만 그녀는 점점 심해지는 남편의 알코올 중독으로 인해 무력감을 느꼈으며 어떻게 해야 할지 몰랐다.

소정은 자신이 미쳐 가고 있는 게 아닌지 궁금했다. 그녀는 소파 위에서 인사불성이 된 남편을 볼 때 화가 치밀어 오르는 것이 당연하며 심지어 적절한 반응이라는 것을 알았지만, 심각하게 우울한 자신의 감정으로 인해 당황스러웠다.

자신의 어린 시절을 기억하는 소정

소정은 우울증을 해결하기 위해 상담을 받기로 결심했다. 상담을 하면서 상담자는 그녀에게 감정을 이해하고 현재 부각되는 문제들을 치유하기 위해서는 내면아이와 접촉할 필요가 있다고 제안하였다. 상담자는 소정에게 남편의 중독이 심각해질 때까지 그녀가 자각하지 못했던 미해결 문제를 가지고 있다고 설명해 주었다. 그런데 그녀의 현재 상황으로 인하여 그녀가 망각하고 덮어 두려했던 감정들이 촉발되기 시작한 것이다.

상담자는 소정의 내면아이에 대해 더 많이 알기 위하여 초기 기억 활용을 하였다. 소정은 9세 때의 기억을 적었다. 어느 날, 그녀가 학교에서 집으로 돌아왔을 때, 집은 매우 어두웠고 정적이 흘렀다. 소정은 낯선 예감을 느꼈다. 때때로 집은 유쾌함, 웃음 그리고 좋은 감정으로 가득 차기도 하지만, 종종 오늘처럼 외롭고, 정적이 흐르고, 공허하기도 하였다. 소정은 엄마에게 학교에서 즐거웠던 일들과 새로 사귄 가장 친한 친구와 보냈던 휴식 시간에 대해 말하고 싶었다고 기억했다. 소정은 큰 소리로 엄마를 불렀지만 아무도 대답하지 않았다. 그녀는 거실로 천천히 걸어갔고 쓰러져 있는 엄마를 돌보고 있는 아빠를 보았다.

"아빠, 아빠, 무슨 문제 있어요? 엄마한테 무슨 일 있어요?"

아빠는 놀라서 고개를 들었고 걱정스러워하였다.

"아빠, 괜찮을 거예요. 구급차 바로 올 거고 엄마는 괜찮을 거예요. 구급차가 오면 엄마를 옮겨야 하니까 엄마를 소파에서 일으킬 수 있게 좀 도와주세요."

소정은 자신이 두려움과 걱정을 동시에 느꼈다고 기억했다. 기억의 생생한 부분은 쓰러져 있는 엄마의 모습을 보고 있었던 것이다. 그녀는 자신이 정말로 사랑하는 사람을 잃을 수도 있다고 판단하였다. 마침내 그녀의 두려움은 정확하게 드러났다. 소정의 엄마는 여러 번 자살 시도를 하였고, 소정이 10세 때 결국 자신의 생을 마감하였다.

미해결된 어린 시절의 문제가 소정의 양육 태도에 미치는 영향

소정은 초기 유년 시절에 생긴 판단과 감정을 스스로의 기억 속에 저장하고 있었고, 이러한 무의식적인 판단이 삶에 영향을 주고 있었다는 것을 지금까지 전혀 깨닫지 못하고 있었다. 아이를 가졌을 때, 그녀는 아이에게 강한 보호 본능을 느꼈다. 그녀는 아이들을 잃고 싶지 않았고, 아이들에게는 자신이 경험했던 정서적 고통을 절대 경험하게 하고 싶지 않았다. 소정의 어머니는 때로는 도움이 되는 존재였지만 또 어느 때에는 정서적으로 전혀 도움이 되지 못했다. 그녀는 때로 재미있고 행복한 사람이기도 했지만, 한편으로 날카롭고 우울하기도 하였다. 소정의 아버지는 이러한 아내의 문제를 만회하려고 애썼지만, 현존하지 않는 사람[역자 주: absent other(육체적으로는 존재하지만 영혼이 없는 사람. 여기서는 아내를 지칭함)]과 함께 사는 것으로 인한 고통과 분노는 그에게 너무나 과중한 것이었다.

그런데 결혼한 이후 소정의 남편인 상호가 소정의 엄마와 유사한 행동을 했으며, 소정은 남편의 이런 행동에 친숙함을 느꼈다. 소정은 자신을 두렵게 하고 더욱 외롭게 할지라도 감정 기복이 있는 사람들에게 익숙했다. 남편의 행동은 '삶이란 이런 것이며, 나는 그냥 이러한 상황 속에서 살 수밖에 없다.'라는 그녀의 초기 판단을 활성화시켰다.

상호는 술을 비롯해 온갖 약물을 남용하는 사람이었고, 그의 기분은 약물에 따라 변화하였다. 신경안정제를 먹었을 때의 그는 조용하고 부드러운 사람이 되곤 했다. 하지만 술에 취했을 때는 사나워지고 현실 감각을 잃었다. 그는 가족한테서 벗어나기 위해 자신의 책상을 청소하고 다른 것들을 하는 데 시간을 보냈다.

소정은 아이들을 과도하게 걱정하거나 남편의 약물 문제에도 과도하게 개입하는 태도를 번갈아 보였다. 그녀는 어떤 때에는 남편의 행동에 지나치게 집중한 나머지 아이들을 완전히 잊어버린 채 방임하곤 했다. 하지만 다른 날에는 자신의 아버지가 그랬듯 아이들의 모든 일에 참견하고 통제하려 하였다. 그녀의 지나친 간섭은 남편을 화나게 하였다. 그는 절대 아내 말을 듣지 않을 것이며, 아내가 잔소리를 멈추고 더 이상 신경을 쓰지 않는다면 자기가 알아서 잘해 나갈 수 있을 거라 말하고 있다.

소정은 지금의 상황과 자기 자신의 모습을 보며 기분이 좋지 않았다. 그녀는 자신의 양육 방법이 잘못되었다는 것이 수치스러웠다. 하지만 아이들이 고통을 겪지 않게 하겠다는 일념으로 심하게 잔소리하고, 간섭하며, 구원해 주고자 하는 것에 자신이 중독되었다는 것을 알게 되었다. 이러한 방법들이 전혀 효과적이지 않았다는 것은 분명했다. 그러나 모든 중독자가 그렇듯이 그녀 또한 효과가 있을 것이라고 기대했지만 결국에는 아무런 소용이 없는 방법들을 그동안 반복하고 있었던 것이다.

소정은 자신의 어린 시절 패턴을 반복하고 있었다. 그녀의 아버지는 그녀가 어렸을 때 과잉보호하였다. 그녀는 자기 스스로를 믿고 자신의 판단을 신뢰하는 법을 배우지 못했다. 그녀가 가정을 꾸렸을 때 남편에게 리더십을 기대했지만, 남편은 중독자였고 리더십이 거의 없었다. 남편이 가족한테서 거리를 두려하면 할수록 소정의 분노는 심해졌다.

소정의 분노는 아이들을 보호한다는 명분으로 상호로부터 아이들을 격리시키는 복수의 방식으로 바뀌었다. 그녀는 계속하여 아이들 앞에서 남편의 양육태도에 대해 비난하였다. 아이들은 가족 내의 역기능으로 인해 고통을 받았다. 첫째 딸의 선생님은 그녀의 위축되고 불행해 보이는 모습을 보고 염려를 표하기 시작했다.

내면아이를 치유하기 위한 소정의 마법의 지팡이

상담자가 소정에게 어린 시절을 돌아보게 한 후, 그녀는 어머니가 자살을 하였을 당시 자신의 고통과 분노가 결코 해결되지 않았다는 것을 깨달았다. 그녀는 자신이 가족에게 자신의 고통을 꺼내어 전가하고 있다는 것을 알게 되었다.

상담자는 그녀가 계속해서 어린 시절로 돌아가 치유과정을 거칠 수 있도록 도와주었으며, 어떠한 문제도 변화시킬 수 있는 충분한 힘을 가진 마법의 지팡이를 가지고 있다는 것을 상기시켰다.

소정은 무의식 속의 어머니에 대한 기억으로 돌아갔다. 그녀는 어머니에 대한 기억을 더 이상 무의식 속에 남겨 두지 않기 위해 기억을 수정하였다. 그러자 소정의 어머니는 소정에게 자신이 느꼈던 감정과 불만족스러웠던 점에 대해 말했다. 그녀의 어머니는 자신의 문제에 대해서 도움을 청할 것이며, 그래서 소정이 자신을 치유하도록 돕기 위하여 언제나 그녀 곁에 있을 것이라고 말했다.

소정은 어머니의 이러한 모습에 울기 시작했다. 그녀가 울음을 그쳤을 때, 그녀는 "나는 엄마가 자살하기 전 몇 년 동안 불행했다는 것과 자살을 했다고 해서 나를 사랑하지 않은 것은 아니란 것을 알아요. 엄마는 너무 오랫동안 우울해했고 더 이상 견디기 힘들었을 거예요. 내가 아무리 좋은 아이였다고 해도 내가 엄마를 치유할 순 없었어요."

소정은 소망과 현재 상황의 연결고리를 형성하였다. 그녀는 남편의 문제가 자신의 탓이 아니며 자신이 그를 치유할 수 없었다는 것을 깨달았다. 그녀는 남편이 우울하며 술로 자신의 감정을 숨기고 있다는 것을 분명히 이해하게 되었다. 그녀는 남편을 치료하는 것이 자신의 책임이라는 신념을 포기하였으며, 자기 자신을 위해 할 수 있는 것에 집중하기로 하였다.

자신의 상처 입은 내면아이를 발견하였을 때, 소정은 마음속 '어린 소녀'가 어머니의 우울증이 자신의 잘못이라고 생각하고 있음을 깨달았다. 어린 소녀는 어머니의 기분이 나아지고 외롭지 않게 하기 위해 매우 착한 아이가 되려고 하였다. 소정은 자신이 남편에게 같은 행동을 하고 있으며, 어머니에게 했던 노력이 도움이 되지 않았듯이 남편에게 했던 일들도 전혀 도움이 되지 않았다는 것을 깨달았다.

소정은 자신의 사고, 감정 그리고 행동을 변화시켰다. 그녀는 스스로에게 남편의 우울증을 해결하기 위해 도움을 구해야 하는 것은 남편 자신의 몫이라고 말했다. 그녀는 조르거나 꼭 내 뜻대로 되어야 한다는 어떠한 기대도 없이 그저 남편에게 자신의 의견을 전하기만 하였다. 그녀는 이러한 사소한 변화만으로도 얼마나 큰 위안을 얻을 수 있는지에 대해 놀라워했다. 그녀는 새롭게 발견한 힘을 남편이 아닌 자기 자신을 돌보는 데 사용하였다.

발견의 과정은 과거의 고통을 치유하는 것뿐만 아니라 현재 행동을 변화시키는 데에도 도움이 될 수 있다. 소정은 내면아이의 상처를 치유하고 남편의 삶을 대신 떠맡으려고 했던 헛된 노력을 멈출 수 있었다. 다음 이야기에서 당신은 은호가 자신의 양육 태도를 바꿔 가기 위해 발견 작업을 어떻게 활용하는지 보게 될 것이다.

발견 작업을 통해 학대적인 양육의 세대 전이를 끊으라

어린 시절, 은호는 자신이 절대 아버지 같은 부모는 되지 않겠다고 다짐했다. 아이를 갖게 되자, 그는 아버지와는 다른 방식으로 아이를 양육하기 원했지만 어떻게 해야 할지는 알지 못했다.

은호는 자신의 음주가 가족한테서 도피하기 위한 하나의 방법이라는 것을 깨달았다. 어느 날 은호는 술을 마시고 있었고, TV를 보는 문제로 인해 아들과 몸싸움을 하게 되었다. 그는 힘겨루기에서 절대 아들에게 지지 않겠다고 결심했고, 아들이 TV를 켜지 못하게 하기 위해 결국 열 살짜리 아들을 눕혀 놓고 깔고 앉아 버렸다.

그 순간, 은호는 음주가 그로 하여금 자신의 아버지가 했던 똑같은 방식으로 아들을 양육하게 만든다는 것을 깨달았다. 아버지는 아들에게 소리를 지르거나 위협을 하였고, "나는 네가 뭘 하든 아무 상관 안 해. 그냥 내 눈 앞에서 꺼져 버려!"라고 말하곤 하였다. 그는 아이에게 자신이 가졌던 모든 짐을 똑같이 다시 지우고 싶지 않았다. 아이를 양육하는 방법과 자기 자신을 재양육하는 방법을 배우기 위하여 도움을 받아야 한다는 것을 절감했다. 은호는 자신이 술을 끊는 것만으로는 양육 방식을 바꾸지는 못한다는 것을 깨달았다. 아이들을 존중하는 부모가 되는 것은 시간이 걸리며 새로운 기술의 습득이 필요하였다.

은호는 NA모임에서 다른 사람들의 어린 시절 신체적 학대 경험담을 귀 기울여 들었다. 은호의 아버지는 그를 신체적으로 학대하였다. 그래서 은호에게는 자신이 아들에게 아버지처럼 똑같이 하고 있었다는 것을 깨닫는 것이 고통스러운 일이었다. 그는 자신의 분노를 해결하기 위해 술을 마시거나, 상황을 회피하거나, 술에 취해 아들을 학대하는 것이 아닌 더 나은 방법을 찾아보기로 결심했다.

은호가 부모로서 자신의 부족함을 직면하면서, 그는 술을 끊는 것만으로는 자신의 양육 방식을 바꾸기에 충분하지 않다는 것을 깨달았다. 아이들을 존중하는 부모가 되는 것은 시간이 걸리고 기술 습득이 필요하다. 치료사의 도움으로, 그는 내면아이에 대해 더 많이 배우기 위해 초기 기억 작업을 통한 '발견 작업'에 참여하리라 결심하였다.

은호는 자신이 10세 때 부모님이 친구들을 초대하여 모임을 한 사실을 기억해 냈다. 그들은 은호에게 작은 정장과 넥타이를 입히고 도움을 주는 일을 시키면 귀여울 것이라고 생각했다. 하지만 은호는 술을 따르거나 술을 나르는 일을 하면서 여러 사람을 취하게 하였다.

은호는 파티에서 자신이 시중든 술에 대해 부모님의 친구들이 칭찬을 많이 했기 때문에 자신이 그 역할을 썩 잘해 냈다고 생각하였다. 그는 성취감을 느꼈고, 아버지에게 수용받기 위해 자신이 할 수 있는 일은 술을 따르는 일이라고 생각하게 되었다.

은호는 자신이 어른들의 대화 소리와 술에 취해 웃고 떠드는 사람들을 보며 좋아했던 것을 떠올렸다. 그는 어른들의 술 심부름을 즐거워했다. 아버지는 "한 잔 가득 따라 봐."라고 말했고, 그는 아버지 말대로 따랐다. 은호는 자기에게도 주어진 일이 있는 것이 좋았다. 그는 함께 술에 취해 웃고 떠드는 술자리에서 소속감과 존재감을 느꼈다.

이 초기 기억을 이해하는 것은 자신의 현재 행동이 어린 시절의 판단과 관련이 있다는 중요한 통찰을 제공했다. 그는 열 살짜리 내면아이가 여전히 주변의 누군가에게 참여하도록 초대받기를 원한다는 것을 깨달았다. 그 아이는 칭찬받고 자신의 공헌에 대해서 인정받기를 원했다.

그는 자신이 사람들의 말대로 따랐기 때문에 그들이 자신을 좋아한 것이 아니었다는 사실 또한 깨달았다. 그는 이것을 아내에게 말하기로 했고, 자신이 가정 일에 참여할 때 자신을 더욱 칭찬해 줄 수 있는지 물어보기로 결심하였다. 또한 아내가 자신에게 무언가를 지시하기보다는 도움을 청하는 방식으로 말해 주는 것이 더 좋겠다고 제안하였다.

은호는 자신의 초기 작업을 통해 자신이 누군가의 지시를 받는 것을 얼마나 싫어하는지 자각하게 되었고, 이로써 아들을 더욱 잘 이해할 수 있게 되었다. 그는 아들을 통제하고 명령함으로써 아들과 수많은 충돌이 생긴다는 사실을 깨달았다. 은호는 아들의 행동을 통제하는 대신 자신의 행동을 통제하는 데 힘을 쓰기로 결심하였다.

그는 TV 문제로 아들과 힘겨루기를 하였던 기억을 떠올렸고, 앞으로는 아들과 미리 의논해서 결정해야겠다고 결심하였다. 그는 아들과 싸우지 않는 침착한 시간에 문제를 해결해 나가리라 결심하였다. 그는 아들과 싸우는 대신, 자리를 떠나 자신을 진정시킬 시간을 가질 수 있을 것이다. 이는 자기 자신과 아들을 존중하는 행동을 배우기 위한 노력의 시작이었다.

은호는 자신이 가족에게 헌신하는 일원이 되기를 원했다. 술을 마시는 동안, 그는 가족에게 헌신할 기회를 스스로에게 주지 않았다. 그는 아이들과 좋은 관계가 되는 것은 시간이 필요한 일이라는 것을 깨달았다. 오랫동안 그는 아이들을 학대하고 그들과 소원한 관계를 유지해 왔다. 아이들은 아빠가 학대자이거나 겁쟁이라는 사실에 익숙해져 있었다. 아이들이 그를 존중과 존경의 마음으로 따를 수 있기 위해 그를 신뢰하기까지는 시간이 필요했다.

치료자의 제안에 따라, 그는 부모교육에 참석해 보기로 결심하였다. 그는 화가 날 때 폭발하지 않고 아버지처럼 행동하지 않기 위해 새로운 기술을 배우고 싶어 하였다. 그는 화가 났을 때 아이들에게 말하는 법과 모두가 받아들일 수 있는 해결책을 찾을 수 있도록 아이들에게 도움을 청하는 법을 배웠다.

은호는 가족이 가족회의에서 경험한 긍정적인 결과에 놀라워했다. 가족회의는 가족 전체가 문제를 함께 해결하기 위해 서로를 돕는 시간이 되었다. 가족은 자신의 문제와 감정에 대해 열린 마음으로 이야기할 수 있었다. 은호는 자신을 괴롭히는 문제가 있을 때 그것을 그 순간에 혼자서 해결하려고 하기보다는 가족회의에서 다루어질 안건으로 기록해 두었다. 다른 가족 모두 이러한 방법을 사용하였다. 그는 가족 안에 형성되는 신뢰감을 느낄 수 있었다.

발견 작업을 통해 학대적인 양육의 세대 전이를 끊으라

발견과 초기 기억 작업과정은 그와 가족의 역기능적 행동 패턴을 변화시키고 상처받은 감정을 치유하는 데 매우 유용한 도구였다. 다음 상황에서는 명희가 신뢰감 문제를 작업하기 위해 초기 기억 과정을 어떻게 활용하는지 볼 수 있다.

신뢰감 문제의 기원을 보여 주는 발견의 과정

명희와 영호는 중독에서 회복하는 기간 중에 서로를 알게 되었으며, 함께 살기로 결심하였다. 영호에게는 네 살 된 사랑스러운 딸이 있었다. 그런데 명희는 아이에게 매우 차갑게 대하고 아이와 신뢰를 형성하지 못했으며, 스스로도 그 이유를 잘 알 수 없었다. 하지만 발견 작업과 초기 기억 작업을 통해 명희는 자신이 의붓딸과 어떤 종류의 게임을 하고 있는지를 깨달을 수 있었고, 그 게임을 그만둘 수 있었다.

명희는 7세 때의 초기 기억을 떠올렸다. 그녀는 말했다. "내 의붓아버지는 여행을 많이 다녀야 했고 출장도 많았지요. 아빠가 집에 없으면 엄마와 저는 잘 지냈어요. 그때는 여름이었고 의붓여동생이 함께 있었어요. 엄마는 혼자 있는 것을 싫어해서 친한 친구를 집에 부르는 일이 많았어요. 엄마와 친구는 취했고 여동생과 저는 몰래 와인을 훔쳐 마시기 시작했어요."

"우리는 거실에 조용히 앉아서 엄마와 친구가 이야기하는 것을 들었어요. 우리는 어른들의 이야기가 너무 우스웠어요. 엄마는 평상시 술에 취할 때 그랬던 것처럼 아주 형편없는 모습은 아니었던 것 같았어요. 우리는 엄마와 친구가 계단을 기어 올라가는 소리를 들었죠. 그들은 걸을 수 없었거든요. 우리는 그 모습을 보고 비웃었어요. 엄마는 난간 사이로 머리를 내밀었는데 머리가 그 사이에 끼고 말았고, 여동생은 그것을 보고 웃었죠. 하지만 나는 마음이 아팠고, 구역질이 났어요. 나는 엄마야말로 이 세상에서 가장 역겨운 사람이라 생각했어요."

　명희의 기억 중에서 가장 선명하게 기억나는 부분은 어머니가 계단의 난간 사이로 머리를 내민 장면이었다. 당시 그녀가 내린 무의식적인 결심은 그녀 그리고 그녀의 어머니가 사이가 좋았는지의 여부와 관계없이 명희가 어머니를 완전히 신뢰할 수 없었다는 것이었다. 그녀는 어머니가 언제 또다시 역겨운 일을 할지 알 수 없었다.

　그녀는 자신이 예쁘거나 잘생긴 사람은 신뢰할 수 없는 사람이라는 판단을 가졌다는 것을 깨닫게 되었다. 발견 작업 이전에 그녀는 자신이 사람의 '예쁜' 모습 뒤에 비열하고 몹시 불쾌한 면이 숨겨져 있을 거라고 무의식적으로 믿고 있었다는 사실을 알지 못했다. 영호의 예쁜 딸을 만났을 때, 그녀는 유년기 시절에 어머니에게 내렸던 판단을 4세 아이에게 그대로 다시 적용했다는 사실을 알지 못하였다.

　숨겨진 신념을 발견한 이후, 명희가 영호의 딸과 신뢰할 수 있는 관계를 구축하는 데에는 약 6개월이라는 짧지 않은 시간이 걸렸다. 하지만 그녀는 의붓딸과의 관계를 개선하는 데 매우 열심이었다. 영호의 회유나 압박은 명희와 딸 사이의 관계를 개선하는 데 아무런 도움이 되지 못했다. 대신 자신의 과거 기억을 통해 그녀 내부의 신뢰하지 못하는 작은 소녀의 모습을 발견한 것은 큰 도움이 되었다. 그 후 그녀는 더 이상 과거에 얽매이지 않고 현재에 대해 보다 적절한 새로운 판단을 할 수 있었다.

　명희는 여전히 누군가를 신뢰하는 데 어려움이 있었다. 그럼에도 그녀는 자신이 가지고 있는 신뢰의 부족이 자신의 문제이지, 그녀가 신뢰할 수 없는 '예쁜' 사람들의 문제가 아니라는 사실을 인지하였다. 신뢰와 관련하여 더 깊이 있는 작업을 해 나가야겠지만, 그녀는 이미 자신의 의붓딸을 대해서는 보다 좋은 느낌을 갖게 되었다.

내면아이를 치유하기

사람 안에 있는 유년기 시절을 다루는 또 다른 방법으로는 유년 시절의 기억을 가지고 역할 놀이를 한 다음 그 기억이 당신이 원하는 방식이 되도록 재공연(re-playing)하는 방법이 있다. 이러한 과정을 통하여 우리는 자신에 대한 새로운 결론에 다다를 수 있다.

은영은 알코올 중독 가정의 성인 자녀이며, 치료사가 그녀가 자신의 내면아이에 대해 매우 잔인한 태도를 가지고 있다는 것을 지적한 후에 치료 회기 중 한 회기에서 역할 놀이를 해 보기로 결정하였다. 은영은 그녀의 원가족에서 발생한 문제의 원인으로 세 살짜리 내면아이를 계속하여 비난하고 있었다.

은영이 성장할 때, 가족 분위기는 마치 전쟁터를 방불케 하였다. 은영의 아버지 민준은 공격적이고, 복수심이 강하고, 폭력적이고, 포악하였다. 은영은 대부분의 시간을 자신의 방에서 보냈는데, 이는 스스로 방에 숨었거나 아니면 방에 강제로 보내졌기 때문이었다. 은영의 어머니인 혜숙은 아마도 '도움이 되는' 존재였을지도 모르겠다. 그녀는 민준이 토한 것을 깔끔하게 치웠고, 오줌을 싼 벽난로도 정리하였으며, 민준이 직장에서 입을 옷을 깨끗하게 정리하기도 하였다.

은영은 냉소와 분노가 담긴 목소리로 다음과 같이 말했다. "우리에게 '문제'라고는 전혀 없었어요. 누구도 아빠의 알코올 중독에 대해 이야기하지 않았어요. 하지만 시간이 지나고 난 후, 나는 어머니가 말하는 모든 것이 아빠와 아빠가 술을 마셨을 때의 행동에 대한 것이라는 것을 깨달았죠. 모든 것이 거기에 맞춰져 있었어요."

은영이 유년기 시절의 기억을 떠올리는 작업을 하기 전에 우선 그녀에게는 격려가 필요했다. 은영에게 유년기를 떠올리는 일은 매우 고통스러웠기 때문에, 그녀는 그 시절에 관한 기억을 회피하고자 하였다. 그러나 은영은 자신이 긍정적으로 변화하기를 바라고 있었고 초기 기억 작업이 긍정적 변화에 도움이 될 거라 믿었기 때문에 회피하고 싶은 마음을 극복할 수 있었다.

은영은 다음과 같은 유년기 시절의 기억을 떠올렸다. "엄마와 나는 거리를 걷고 있었어요. 집 대문으로 가려고 했는데 대문이 잠겨 있었어요. 우리는 아빠가 집 안에 있는 걸 알고 뒤쪽으로 돌아갔지요. 뒷문은 열려 있었지만, 아빠가 거기 있으면서 우리가 들어가는 것을 막았어요. 엄마는 문을 밀었고, 결국 집 안으로 들어갈 수 있었어요. 시끄럽고 혼란스러운 상황이었는데, 아빠가 주전자와 프라이팬을 엄마에게 던졌죠. 더 이상은 기억이 나지 않아요. 아마도 제가 기억을 지워 버렸나 봐요. 그때 저는 세 살 아니면 네 살이었어요. 기억에서 가장 분명한 부분은 팬이 날아가서 엄마의 다리에 맞았다는 거예요."

은영에게 당시 그녀가 어떠한 판단을 하였는지 물었을 때, 그녀는 "나는 스스로가 매우 무력하고 할 수 있는 일이 아무것도 없는 아이라는 판단을 내린 것 같아요. 지금도 제 자신이 무력감을 느낄 때 무작정 기다리기만 하고 할 수 있는 일이 아무것도 없다고 생각해 버립니다. 제가 바라는 것은 단지 문제를 회피하면 괜찮아지겠지 하는 것입니다. 문제에 대해 생각하는 일은 저에게 있어 성가신 일이에요. 아니면 어떻게 해야 할지에 대해 하루 종일 생각만 한답니다."

은영은 자신의 유년기 경험이 어떻게 자신의 양육 태도에 영향을 미쳤는지를 알 수 있었다. 그녀는 15세 아들과 있었던 일에 대해 말하였다. 하루는 그녀가 TV를 보고 있을 때 아들이 리모컨으로 채널을 돌리려 했다. 그러자 그녀는 의자에서 일어나 아들이 얼마나 커 버렸는지는 생각지 못한 채 리모컨을 잡아채려 했다. 그녀가 아들에게 덤벼들자, 아들은 엄마의 어깨를 밀었고 그녀는 방바닥에 나뒹굴고 말았다. 그녀는 소리를 질렀고, 그녀의 아들은 리모컨을 갖고 자신의 방으로 들어갔다. 그녀는 회피 모드로 들어갔으며, 아들이 리모컨을 돌려줄 때까지 기다렸다. 하지만 리모컨을 돌려받는 데는 무려 하루가 걸렸다. 은영은 "아버지처럼 공격적이 되는 일이 무서운 것이 사실이에요. 그래서 정말 상황이 나빠질 때까지 문제를 직면하지 않고 회피하게 됩니다."라고 말하였다.

유년기 기억을 역할 연기한 은영

역할극에서 은영은 유년기 시절의 자기 자신의 역할을 맡고, 치료사는 팬을 던지는 공격적인 아버지의 역할을 맡기로 하였다. 역할극 중간에 은영은 울음을 터뜨렸다. 그녀의 마음 깊이 상당한 고통을 담고 있었는데, 눈물은 엄청난 해방감을 주었다. 은영은 눈물을 흘린 다음에 아직도 아버지에 대한 분노가 상당하다는 사실을 알게 되었다.

그녀는 기억을 새롭게 재현하면서 그때 당시 자신이 원했던 대로 해 볼 수 있는 기회를 갖게 되었다. 그녀는 아버지에게 자신이 얼마나 화가 났고 상처를 받았는지 알려 주고 싶다고 하였다.

은영은 소리를 지르고 아버지를 상징하는 베개를 대상으로 물리적인 폭력을 표현하는 방식으로 분노를 나타냈다. 이러한 감정의 해방을 통해 은영은 이전보다 가벼워진 기분이 들었으며, 실제 삶에서 감정의 폭발을 경험하는 일을 덜 두려워하게 되었다. 역할극은 은영을 치료하고 성장하게 하는 계기가 되었다.

자신의 내면아이에게 부드럽게 말하는 법을 배운 은영

치료사는 은영에게 서너 살쯤의 어린 시절에 대해 생각나는 것이 있는지 물었다. 서너 살 즈음은 은영에게 폭력적인 기억이 발생한 시점이었다. 은영은 그녀가 좋아하는 여자 사촌 한 명을 떠올렸다. 그러자 치료사는 은영이 경험한 상황을 그 사촌이 똑같이 겪게 되었다면 은영 자신은 어떤 행동을 할 것인지 물었다. 그러자 은영은 망설임 없이 작은 소녀를 안은 다음 그녀를 위로하고, 그러한 일이 벌어진 것은 소녀의 잘못이 아니며 앞으로는 모든 것이 괜찮아질 것이라 말할 거라고 대답하였다. 그녀의 내면에 있는 작은 소녀도 이러한 허용과 사랑이 필요하였지만, 그녀는 그런 경험을 하지 못한 것이다. 치료사는 은영에게 작은 소녀를 무릎에 올리고, 그녀에게 필요한 사랑을 베푸는 장면을 상상할 수 있는지 물었다. 은영은 이러한 작업을 하면서 그 작은 소녀에 대해 상당한 애정을 느꼈다. 이 장면에 대한 기억은 오랫동안 지속되었고, 은영이 낙담을 하는 상황에서도 도움이 되곤 하였다.

문제가 생길 때마다 은영은 발견 기법(discovery technique)을 사용하였다. 이 기법을 통하여 초기 유년 시절의 기억을 떠올릴 수 있었으며, 문제의 시점에서 '내 안에 있는 내면아이'가 몇 살인지를 이해할 수 있었다. 그런 다음 그녀는 이 아이에게 용기를 북돋는 방법이 무엇일지에 대해 생각하였고, 이를 통해 치유가 이루어졌다.

자신을 격려하고 치유하기

자신의 내면에 있는 아이를 치유하는 일은 자신을 격려할 수 있는 매우 강력한 방법이다. 초기 기억 작업을 통하여 내면아이를 치유하고자 한다면, 다음 활동들이 도움이 될 것이다.

① 절망감을 느낄 때 어린 시절의 기억에 대해 생각한다. 마음속에서 분명한 기억을 떠올렸을 때 그 기억 속에서 자신이 어떠한 느낌을 갖고 있는지 그리고 어떠한 결심을 하고 있는지를 스스로 물어본다. 당신이 만나고 있는 '내면아이'가 몇 살인지 파악하는 데 도움이 되도록 그 기억에서 자신의 나이가 몇 살인지를 확인하라.

② 현재 스스로를 절망하게 하는 상황에 대해 생각한다. 어떠한 감정이 드는가, 그리고 어떠한 결심을 하였는가? 어린 시절 기억에서와 유사한 감정과 판단을 가졌는가?

③ 어린 시절의 기억을 원하는 대로 바꿀 수 있다고 가정한다. 어떠한 변화를 만들고 싶은가? 상황을 바꾸기 위해 스스로가 다른 행동을 하기를 원하는가, 아니면 다른 사람들이 다른 행동을 하게 할 것인가?

④ 뭔가 다른 행위를 통해 유년기 시절의 기억을 바꾸었다면, 현 상황을 바꾸는 데 있어 같은 일을 시도해 본다. 다른 사람들이 뭔가 다른 일을 하여 당신의 유년기 시절을 바꾸었다면, 마찬가지로 다른 사람들이 같은 변화를 일으킬 수 있게 동기를 부여하는 일에 대해 생각한다. 그렇지 않으면 당신 스스로가 그것을 하도록 상상력을 활용하라.

초기 기억을 활용하여 발견 작업을 하는 것은 우리 자신의 감정과 행동을 움직이는 무의식적 결심을 파악하는 데 큰 도움이 된다. 자신을 격려하고 자신과 타인을 존중하는 새로운 판단과 행동을 발견하기 위해 이러한 작업을 한다면, 치유는 틀림없이 일어날 것이다.

자신과 타인을 격려하라

중독자는 계속해서 술을 마시기 위해 거짓말을 하고, 속이고, 경우에 따라서는 도둑질을 할 것이다. 때로 중독자는 다시는 술을 입에도 대지 않을 것이라고 약속을 하고, 가족 중에서 공동의존자(co-dependent)가 있다면 그들은 계속해서 '이번에는 다를 거야.'라는 희망을 가질 것이다. 가족 중에서 누군가가 중독의 문제를 갖고 있다면 다른 가족들은 악몽 속에서 살고 있다는 느낌이 들 수 있다.

중독자와 건강하지 못한 관계를 맺고 살아가는 사람들에서 좌절시키는 패턴과 행동들을 많이 발견할 수 있다. 상황이 나아지기를 바라면서도 변화를 위한 어떠한 행동도 취하지 않는 수많은 공동의존자의 좌절시키는 패턴은 너무도 많이 알려져 있다. 중독자와 공동의존자의 행동은 서로의 역기능을 악화시키며, 상황은 점점 더 끔찍한 악몽이 되어 간다. 이러한 상황은 도저히 벗어날 수 없고 변화가 불가능한 것처럼 보인다.

격려하기(encouragement)—용기를 가질 수 있도록 하는 과정—는 자신과 타인에게 작용하는 학대적 악순환(abusive cycle)을 끊는 데 도움을 준다. 하지만 이것이 격려를 이용해 타인을 바꿀 수 있다는 의미는 아니다. 당신은 격려를 통해 자기 자신을 변화시킬 수 있고, 비판단적인 안전한 환경을 제공함으로써 누군가가 자신의 행동을 스스로 돌아볼 수 있도록 동기를 부여할 수 있다. 한편, 탐색(examination) 작업은 우리에게 자신에 대한 깨달음을 주며 이러한 깨달음은 변화를 가져올 수 있다. 격려받지 못하는 환경에서 탐색, 인식, 변화가 일어나기는 쉽지 않다.

일반적으로 사람들은 격려받는다는 느낌을 가질 때 자신과 타인에 대하여 존엄과 존중의 마음을 갖고 상황에 대처할 수 있게 된다. 존엄과 존중의 핵심은 타인도 같은 생각, 같은 느낌을 갖고, 우리가 원하는 것을 해 줄 거라는 기대 없이 나의 생각, 감정 그리고 욕구를 스스로 존중하는 것이다. 따라서 무엇보다도 내 자신이 생각하고, 느끼고, 원하는 것이 무엇인가를 알아야 할 필요가 있다.

존엄과 존중을 가지고 행동하는 것을 배우기 위해서는 연습이 필요하다. 이는 하룻밤 사이에 변화되는 것이 아니며, 계속해서 연습할 때 점점 발전해 나갈 수 있다. 우리는 스스로를 좌절하게 하거나 상호 의존하는 방식의 오래된 습관대로 행동할 수도 있고, 아니면 새로운 행동을 배우고 실행할 수도 있다. 존엄과 존중으로 행동함으로써 우리는 좌절 대신에 격려의 순환고리를 만들 수 있다. 다음의 기술들이 당신의 변화에 도움이 될 것이다.

자신과 타인을 격려하기 위한 11가지 기술

① 사람들과 상황이 나의 꿈을 실현시키는 것처럼 행동함으로써 부정(denial)의 삶을 벗어나 현실을 받아들이라.

② 타인이 내가 원하는 어떤 사람이 되기를 기대하기보다는 있는 그대로의 그들을 신뢰하라.

③ 사람들의 말보다는 사람들의 행동에 집중하라.

④ 감정을 회피하거나 무시하지 말고, 감정을 이해하고 수용하고 감정에 솔직해지라.

⑤ 다른 사람이 내가 원하는 대로 행동하게끔 만드는 데 애쓰지 말고, 대신 내가 해야 할 것이 무엇인지만을 결정하라.

⑥ 별거나 이혼을 했을 경우에도 공동으로 양육하는 기술을 학습하라.

⑦ 다른 사람들이 내가 원하는 대로 행동하지 않았다고 해서 나 자신을 희생

자로 생각하지 말라. 대신 자신과 타인에게 존엄감과 존중심을 가지고 당신이 원하는 것을 주도적으로 실천하라.

⑧ 타인에게 인정과 확인을 받지 못한다면 나 자신이 스스로를 인정하고 확인하라.

⑨ 칭찬보다는 격려를 통해 성공을 성취하라.

⑩ 격려의 기술을 익히는 데는 시간이 필요하다. 즉각적으로 완벽한 기술을 습득할 수 없음을 명심하라.

⑪ 외부의 도움을 통해 성취를 이루려 하지 말고, 자신의 잔은 스스로 채우자.

존엄과 존중을 가지고 자신과 타인을 격려하기

강희와 순명은 서로에게 거짓말을 하면서도 상대방에 대해 바라는 바가 있고, 또한 감정적으로는 착취적인 관계를 맺고 있었는데, 이러한 관계는 순명의 알코올 중독과 강희의 공동의존 때문이었다. 순명은 몰래 술을 마시는 사람(closet drinker)이었다. 강희의 가정에는 긴장감이 있었고 의사소통이 부족하였지만 강희는 자신의 남편이 알코올 중독자라는 사실을 알지 못하였다. 또한 그녀는 아이들도 아무 문제가 없다고 생각할 것이라고 확신하였다. 강희에 따르면, 남편인 순명은 알코올 남용을 보여 주는 외부적인 신호를 나타내지 않았다. 그들은 싸운 일은 없었다. 단지 무거운 침묵만이 집을 감싸고 있을 뿐이었다.

부부간의 관계가 악화되면서, 순명은 아이들에게 더욱 폭력적으로 변하였다. 어느 날 남편은 이웃집 초대에 술에 취해 나타났다. 아이들은 안절부절못하면서 과격하게 행동하기 시작했고, 그래서인지 순명은 한 아이의 머리를 때린 다음 "그만두지 못해!"라고 말했다. 그 집에 있었던 사람 모두가 그 장면을 보았으며, 강희는 충격을 받고 당혹스러웠다. 그녀는 뭘 해야 할지 몰랐다.

순명은 비가 쏟아지는 밖으로 뛰쳐나갔다. 일반적인 공동의존자의 대처 방식이 그러하듯, 강희는 차를 빌려 아이들을 먼저 집으로 바래다 준 다음 그를 찾아 나섰다. 하지만 그를 찾을 수 없어 강희는 집으로 돌아왔다. 이후 순명은 집에 왔고, 미안하다고 하였다. 강희는 모든 일이 나아지기를 희망했기에 다시는 주체할 수 없을 정도로 술을 마시지 않겠다는 순명의 약속을 믿었다.

과거로부터 이어져 온 패턴

강희가 유년기 시절 가정에서 학습한 희망(hope)과 부인(denial)의 패턴은 결혼생활에서도 반복되었다. 강희의 아버지는 알코올에 중독되어 있었으나, 그녀는 집에서 무슨 일이 벌어지는지 한마디도 정확하게 들은 적이 없었다. 그녀의 아버지는 술을 마실 때를 제외하면 조용하고 내성적이었다. 하지만 술을 마시면 폭력적인 언어를 내뱉었다. 강희의 어머니는 아버지 뒤에서 그를 헐뜯었으나, 남편에게 이 문제를 직접적으로 이야기한 적은 없었다. 누구도 강희의 아버지가 알코올 중독자라는 사실을 받아들이지 않았다.

강희는 어머니가 아버지를 괴롭히기 때문에 비열하다고 생각하였다. 어머니는 아버지가 자신에게 응석을 부리는 것이며, 자신을 좋아한다면서 남편의 음주를 감싸 주었고, 알코올 중독이 큰 문제가 아닌 척 가장하였다. 이런 가정 속에서 강희는 모든 가족이 비슷하게 살아간다고 생각했다.

아버지가 사람들 앞에서 술을 마신 일이 없었기 때문에, 강희는 어렵지 않게 자신과 남들에게 아버지가 술을 마시지 않는 것처럼 부정할 수 있었다. 그럼에도 강희는 아버지가 남모르게 술을 마셨다는 사실을 알고 있었다고 인정했다. 그녀의 아버지는 항상 창고나 자동차의 앞좌석 밑에 술병을 숨겨 놓고 있었던 것이다.

강희가 아버지에게 화가 난 것은 9세 때의 일이다. 아버지가 어떤 약속을 어기면서 그녀를 실망시켰던 것이다. 분노를 달래기 위하여 강희는 창고를 청소하고 벽장을 정리하였다. 그러면서 강희는 30개가 넘는 빈 보드카 병을 발견하였으며, 그것을 식탁에 한 줄로 나란히 정렬하였다. 아버지가 아침에 일어났을 때, 그녀는 아버지를 사실에 직면하게 했다. 강희는 자신보다 술이 더 중요하냐며 계속하여 고함을 질렀고, 아버지는 고개를 떨군 채 집을 나갔다. 아버지는 떠나 버렸고, 강희는 무력감을 느꼈다.

이러한 경험을 통해 강희는 자신은 알코올 중독에 대해 무력하며, 만약 자신이 갈등관계를 만들면 자신이 사랑하는 사람이 아버지처럼 떠날 것이라는 결론을 내렸다. 강희에게는 아버지 없는 삶보다는 아버지가 알코올 중독자가 아닌 것처럼 행동하는 것이 차라리 덜 고통스러운 일이었다.

이러한 패턴은 순명과의 결혼생활에서 반복되었다. 하필 강희와 순명이 만난 상담사는 잘못된 지식을 가지고 있어 이들의 잘못된 신념을 더욱 강화시켰는데, 그는 순명이 음주운전을 한 일이 없기 때문에 그가 알코올 문제가 있다고 말하기 어렵다고 말한 것이다. 세상은 강희로 하여금 현실을 부인한 채 헛된 바람을 가지고 관계를 지속하라고 돕는 사람들로 가득하였다.

순명은 진짜 감정을 숨기며 은밀하게 술을 마셨고, 모든 상황이 괜찮은 척 강희의 연극에 협력하였다. 그는 아이들을 피하였고, 의자에 앉아 벽만 쳐다보며 시간을 보내곤 하였다. 그가 술을 과도하게 마셨을 때, 다시금 그러한 일이 없을 것이라 약속하였다. 가족 전체는 크게 낙담하고 있었다.

격려의 기술 첫 번째-현실을 받아들이라

어느 날, 순명은 상담실에서 자신이 강희를 떠날 거라고 선언하였다. 강희는 완전히 공포에 질려 공황 상태에 빠졌으며, "당신이 나를 아이들에게 묶어 놓을 생각을 한다면 당신은 정말 미친 거야!"라고 고함을 질렀다.

강희가 충격에서 회복하였을 때, 이 위기는 강희를 회복하게 하고 그녀가 가지고 있던 부정과 공동의존 문제를 생각해 보게 하는 동기가 되었다. Al-Anon 모임은 그녀에게 있어 가장 즉각적인 문제, 즉 혼자서 자녀를 키우는 일을 직면토록 하는 데 도움을 주었다.

강희는 혼자서 아이를 키우는 일은 그녀에게 너무나 버거운 일이고, 때문에 자신이 제대로 감당할 수 없을 것이라 생각하였다. 그녀의 공포는 훨씬 더 과장되었다. 하지만 그녀는 현실에 대한 부정을 멈추고 현실을 받아들일 때 자신의 삶이 훨씬 더 쉬워진다는 것을 깨닫고는 매우 놀라워하였다. 그녀는 다른 누군가가 바뀔 것이라는 희망을 접고, 대신 자신의 삶을 보다 나아지게 하기 위해 자신이 할 수 있는 일을 찾기 시작하였다. 그녀가 가장 두려워했던 일, 즉 누군가가 자신을 떠나는 일이 실제로 일어났다. 하지만 그녀는 실제 혼자 있는 것이 두려움 속에서 현실을 부정하면서 혼자라고 느끼는 것보다는 더 낫다는 사실을 발견하였다. 혼자 남겨질 거라는 두려움으로 인하여, 그녀는 실제로는 '존재하지 않는 사람'과의 삶에 만족해 왔던 것이다. 자신이 함께 살았던 남편은 물리적으로는 그녀와 결혼생활을 하였지만 정신적으로도 존재하지 않는 사람이었던 것이다. 그는 매일 술에 취해 있거나 아니면 중독으로 인해 자신의 삶에서 다른 모든 사람을 쫓아내 버린 것이었다. 강희가 '관계'에 있으면서도 혼자라고 느낀 것도 그리 놀라운 일은 아니었다.

별거 이후, 강희는 다른 상담사를 찾았으며, Al-Anon 모임의 구성원 몇 명과 부모를 위한 긍정훈육 프로그램에 참여하였다. 그녀가 변화하는 첫 번째 단계는 거짓말과 수동적인 희망의 사이클을 깨고 아이들 앞에서 보다 솔직해지는 것이었다. 그녀는 순명에 관한 진실을 꺼내어 이야기하였으며, 아이들에게 아버지가 알코올 중독자라는 사실을 말해 주었다. 하지만 아이들에게 이런 이야기를 할 때조차, 그녀의 머릿속에는 '그건 사실이 아니야. 상황이 그렇게 심각한 것은 아니야.'라는 예전의 목소리가 계속 맴돌고 있었다. 순명이 술을 조절할 수 있을 거라는 잘못된 신념의 패턴을 중단하는 것은 쉽지 않았다.

격려의 기술 첫 번째–현실을 받아들이라

격려의 기술 두 번째 –
사람들의 있는 그대로를 신뢰하라

"하지만 그래도 나는 당신을 믿어요!" 이 말은 믿음을 배신당했다고 느끼는 사람들이 흔히 내뱉는 말이다. 대부분의 경우 이들은 신뢰의 의미를 잘못 이해하고 있는 경우가 많다.

다른 누군가가 당신이 원하는 모습으로 되기를 바라는 것은 신뢰가 아니다. 있는 그대로의 그 사람의 모습을 받아들이는 것이야말로 신뢰이다. 내가 원하는 어떤 모습으로 다른 누군가가 변화되기를 바라는 일은 모두를 낙담시키고 좌절시킨다.

순명의 알코올 중독 문제가 공개된 것에 대해 강희는 마음 깊이 안도감을 느꼈다. 진실을 이해하게 됨으로써, 강희와 아이들은 자신들이 원하는 아버지로서의 순명이 아닌 있는 그대로의 순명을 신뢰하게 되었다. 또한 이는 강희가 원가족으로부터 가지고 있었던 부정의 순환을 깨는 데에도 도움이 되었다.

강희가 있는 그대로의 순명을 신뢰하게 되었을 때, 그녀는 더 이상 그를 비난하지 않았다. 대신 강희는 순명의 양육 방식을 바꾸고자 시도하였다. 이는 예상하지 못했던 긍정적 결과를 가져다주었다. 순명은 강희의 말 속에 비난이 아닌 격려의 뜻이 담겨 있다는 사실을 알게 된 후로 아이들과 더 많은 시간을 함께하기 위해 노력하기 시작했다. 덕분에 강희는 혼자 외롭게 부모 역할을 모두 수행할 필요가 없게 되었다.

있는 그대로의 아빠를 신뢰하는 법을 배우게 되자, 아이들은 스스로 자신을 방어하는 법도 알게 되었다. 아빠가 어떤 약속을 할 때면, 아이들은 "약속을 지킬 수 있을 때까지는 어떠한 약속도 하지 마세요."라고 말하였다. 순명은 계속해서 약속을 어겼지만 아이들은 이에 대해 상처받지 않았으며, 그럼에도 아빠와 함께 시간을 보내기를 원했다. 아빠가 자꾸 약속을 어긴다는 것 때문에 아이들이 불평하자, 강희는 "아빠는 계속 그래 왔잖니. 어떻게 하면 좋을까?"라고 물었다. 강희는 아이들이 스스로 아빠에 대한 실망감을 잘 관리하고 처리할 수 있는 계획을 세우도록 도왔다. 아이들은 아빠가 약속을 어길 경우 무엇을 할 것인지에 대한 계획을 따로 세웠고, 아빠에게 약속 시간이 지난 후 15분까지만 기다리겠다고 말했다. 만약 아빠가 15분 이상 늦는다면 아이들은 또 다른 계획에 따라 행동할 것이다.

현실을 마주하면 크나큰 충격과 고통을 받을 수 있다. 하지만 거짓과 수동적인 희망 속에서 살아가는 것에 비하면 그 고통은 훨씬 덜하다. 이 단계는 그 사람의 있는 그대로를 신뢰해 주는 중요한 과정을 포함하며, 이를 통해 우리는 현실을 부정하는 것에서 벗어날 수 있다. 그리고 타인의 행동을 기다리는 대신 자기 스스로 무엇을 할 것인가에 대한 계획을 세울 수 있게 된다. 이러한 과정을 통해 거짓과 깨진 약속, 변화를 향한 수동적인 희망의 순환고리 속에서 지속되어 온 실망감, 좌절감, 절망감은 없어질 수 있다. 격려의 과정 중 또 한 가지 중요한 과정은 바로 말이 아닌 행동을 '듣는' 것이다.

격려의 기술 세 번째-
사람들의 행동에 주의를 기울이라

사람들을 이해하고 싶다면 그들의 말보다는 행동에 주의를 기울이는 것이 좋다. 사람들의 혀에 주목하라. 입 속의 혀(말)가 무언가를 말할 때 신발 속의 혀(행동)는 그것과 전혀 다른 메시지를 전하고 있을 수도 있다. 입으로는 좋은 의도를 전달하고 있을지 모르지만, 행동이야말로 그들의 진실을 말해 준다.

Alfred Adler는 몇 번이나 '말보다는 행동을 지켜보라.'고 강조했다. 사람들은 일단 한 가지를 말한 뒤, 다른 어떤 행동을 하는 경향을 보인다. 말로는 좋은 의도만 전할 수 있지만 진짜 중요한 진실은 행동 속에 숨어 있다. 행동은 말보다 크게 말하는 법이다.

　말과 행동이 일치할 때에 사람들 사이의 의사소통도 건강해진다. 말과 행동이 일치해야만 존중과 격려가 뒤따른다. 만약 말과 행동이 서로 다른 쪽을 향한다면 의사소통은 이중 메시지로 오염된다.

　거짓과 수동적 희망의 순환고리에서 벗어나기 위한 또 하나의 중요한 열쇠는 바로 말과 행동의 차이에 주의를 기울이는 데 있다. 행동이 바로 현실이다. 강희는 말이 아닌 행동 속의 진실을 찾아 믿는 법을 배우면서 부인의 악순환에서 벗어나 격려의 순환을 시작할 수 있었다.

행동을 신뢰하기

　강희는 두 아들이 아빠와 시간을 보낼 수 있기를 바랐고, 그렇게 할 수 있도록 돕고 싶었다. 그러나 강희가 부정의 순환 속에 있을 때에는 절망감과 실망감만 느낄 뿐이었는데, 순명이 그녀의 바람을 전혀 따라 주지 못했기 때문이었다. 덕분에 강희는 두 아들뿐만 아니라 남편 순명까지 아이 셋을 돌보는 부모의 노릇을 하고 있다고 느끼게 되었다.

　강희가 순명의 말이나 순명에 대한 자신의 기대가 아닌 순명의 행동에 보다 주의를 기울일 수 있게 되었을 때, 마침내 그의 중독을 부정해 왔던 것을 중단할 수 있었다. 순명은 이혼하고 나서 1년 넘는 동안 아이들과 전혀 시간을 보내지 않았다.

　순명이 아이들과 시간을 보내는 것에 관심을 가지게 된 이후, 강희는 순명의 말보다 행동을 더욱 신뢰하라는 상담사의 충고를 실천하기 위하여 노력해야 했다. 예전에 강희는 순명의 행동보다는 말에 더욱 주의를 기울였다. 순명에게 술을 그만 마시라고 하면 '알았다'고 대답할 뿐이었다. 강희의 감정은 조심하라고 말하고 있었지만, 그녀는 자신의 감정에 귀를 기울인 적이 없었다. 강희가 자신의 감정 대신 믿는 것은 순명의 말이었다.

시간이 지나자 아이들은 집에 돌아와 아빠가 술을 마시고, 음주운전을 하며, 아이들에게 언어적 학대를 한다는 말을 하기 시작했다. 강희는 순명의 음주로 인해 발생하는 문제들에 대해 조심해야 한다는 자신의 느낌을 신뢰해야 함을 잘 알고 있었다. 특히 아이들이 그와 함께 있을 때 안전하지 못할 수도 있다는 두려움을 느꼈다. 하지만 그렇다고 해서 아이들에게 아빠를 보지 못하도록 할 수도 없는 노릇이었다. 강희는 순명에게 술을 마시면 아이들과 함께할 수 없음을 확실하게 경고하고 실제로 아이들을 보내지 않는 것보다는 술을 마시지 않겠다는 순명의 말을 믿는 것이 더 쉬웠다.

어느 날 오후, 아이가 도서관에 있다가 집에 돌아가려 할 때였다. 거리가 멀어 차를 타야 했지만 엄마에게는 연락이 닿지 않았고, 아이는 엄마 대신 아빠에게 태워다 줄 것을 부탁했다. 하지만 아빠의 목소리를 들은 열 살짜리 아들은 아빠가 술에 취했다는 것을 금방 알았다. 두려움을 느낀 아이는 "오지 마요, 아빠. 엄마 차가 밖에 온 것 같아요."라고 말했다. 그리고 전화를 끊어 버렸다.

아이는 마침내 강희에게 연락했고, 아빠와 이야기하는 것이 얼마나 두렵고 불편했는지 말했다. 강희는 "아빠는 알코올 중독자야. 옳은 행동을 했구나. 아빠가 술에 취했을 때에는 아빠 차를 타면 안 돼. 놀라게 해서 미안하다. 엄마 불러 줘서 고마워."라고 말했다. 강희는 아이들이 아빠가 술을 많이 마신다는 현실을 받아들이고 스스로의 안전을 돌보는 방법을 배우고 있다는 사실에 안도했다.

솔직함은 격려의 가장 중요한 요소이다. 강희가 스스로의 느낌을 신뢰하고,

아들에게 그 자신의 느낌을 신뢰하도록 해 준 것이야말로 매우 중요한 단계인 것이다. 강희는 아들이 자신의 판단과 힘을 건설적으로 활용하여 자신의 느낌을 따르고, 아빠에게 '아니다'라고 말할 수 있게 격려를 하였다.

강희는 순명의 말보다 행동에 더 주의를 기울일 연습을 할 기회가 많았다. 덕분에 점차 순명이 자기 말을 지키지 않는다는 점을 더 정확하게 알기 시작했고, 말을 해 놓고서 행동이 달라질 때가 많다는 것을 피부로 느끼게 되었다. 결국 강희는 스스로의 힘으로 순명이 술을 끊게 할 수 없으며, 순명이 진실을 말할 수 있도록 할 수 없음을 깨달았다. 강희가 대신 택한 것은 스스로 현실을 인정하고 아이들도 현실을 지각할 수 있도록 한 것이다.

순명의 알코올 중독이 가족 안에서 솔직하게 이야기되고 난 후 얼마 되지 않아 순명은 AA모임에 참여하여 회복과정을 시작하였다. 강희가 부정의 순환고리에서 빠져나오는 것과 함께, 순명이 스스로 알코올 중독에서 벗어나겠다는 결심을 하게 만든 일련의 과정이 시작된 것이다. 아이러니하게도, 강희가 그에게 이것저것을 요구할 때에는 거부하던 순명이 이 시점에서는 스스로 선택을 했다.

회복이 무지개의 끝을 의미하는 것은 아니다

강희는 순명이 회복해 가는 과정에서 많은 낙담을 경험하였다. 강희는 순명이 중독에 빠져 있을 때, 혼자서 부모 노릇을 다 해야 했다는 점에서 크나큰 부담감과 분노를 느꼈다. 때문에 순명이 알코올 중독에서 회복되면 자신의 모든 문제가 해결되고, 순명도 아이들에 대한 책임감을 느끼고 양육을 분담하게 될 것이라고 기대했다. 하지만 상황은 다르게 진행되었다. 순명은 회복 프로그램에 너무 몰두한 나머지 아이들과 보낼 시간이 없었다. 그는 자신의 모든 여가 시간에 AA모임에 참여하였다. 순명은 AA모임에 참여하면서 많은 칭찬과 격려를 받고 있었다. 강희는 순명이 너무나 이기적이고, 자신이 여전히 자녀양육의 모든 책임을 지고 있다고 느꼈다. 강희를 화나게 만든 또 다른 원인은 순명이 자신의 삶을 회복할 수 있을 때까지 마냥 기다리는 태도였다.

강희뿐만 아니라 비슷한 상황에 처한 다른 많은 엄마, 아빠도 비슷한 기분을 느꼈다. 많은 사람이 자신의 배우자가 회복 프로그램을 수행하고 알코올 중독에서 벗어날 수 있도록 인내심을 가지고 기다리고 있다. 이들은 대개 배우자가 회복 프로그램을 시작하면 얼마 지나지 않아 모든 것이 마술과도 같이 바뀌기를 기대한다. 배우자가 좋은 부모 역할로 돌아와 자녀양육을 함께 해 주기를 기대하는 것이다. 하지만 배우자들은 일주일에 5일을 AA모임이나 치료 프로그램에 참여하거나 다른 활동을 하는 데 써 버린다.

강희는 남은 일생을 기대와 어긋나 버리는 현실로 인한 좌절과 씁쓸한 기분 속에서 살아가야만 했을 수도 있었다. 하지만 그녀는 습관처럼 반응하는 대신 행동하는 것의 가치를 배웠으며, 자신이 해야 할 것을 결심할 수 있었다.

격려의 기술 다섯 번째-
무엇을 할지 스스로 결정하라

강희는 상대에 의해 수동적으로 반응하는 대신 주도적으로 행동하기를 택했다. 순명이 자신의 기대를 충족시켜 주지 못하는 모습에 실망하는 대신 자신이 무엇을 할 수 있는지에 집중하기로 결정한 것이다. 그녀는 부모 역할을 배우기 위해 부모를 위한 긍정훈육 프로그램을 알아보기 시작했다.

강희는 아들이 학교에서 싸움을 했다는 선생님의 연락을 받고 그녀가 할 일을 정하였다. 만약 예전이었다면 아들이 문제를 일으키는 것이 아빠의 잘못이라 탓하며 순명에게 이를 해결하라고 떠밀었을 것이다. 하지만 이번에는 아들과 마주 앉아 무슨 일이 있었는지, 그리고 아들이 이 일을 해결하는 데 엄마가 도와줄 것이 있는지 물어보았다. 그리고 아들이 스스로 해결할 수 있다고 말하자 만족감을 느꼈다. 아들에게 충분히 도움을 주었는지 확신할 수 없을 때에는 전남편을 불러 일을 처리하라고 요구하는 대신 부모를 위한 긍정훈육 프로그램에 가서 현실성 있는 조언을 받았다.

순명이 알코올 중독에서 회복되고 강희가 공동의존에서 회복되자 그들은 또 다른 문제와 마주하게 되었다. 이 둘이 결혼관계였을 때 둘은 함께 효과적으로 자녀를 키우는 방법을 몰랐다. 하지만 이혼을 하고 회복기에 들어서자 두 사람은 함께 아이를 양육해 가기를 원했다. 순명과 강희는 다른 많은 회복 중인 부모와 마찬가지로 아이를 키우는 데 있어서의 기술과 능력이 많지 않았다.

격려의 기술 여섯 번째―이혼한 전 배우자와 함께 자녀를 양육해 가는 기술을 배우라

이혼 가정의 아이들에게는 많은 어려움이 있다. 하지만 강희는 전남편을 존중하고 격려하면서 함께 아이를 양육해 갈 수 있는 가능성이 있다는 것을 알았다. 이혼한 부모에게서 찾아볼 수 있는 긍정적인 면을 볼 수 있게 된 것이다. 아이들은 자신을 돌봐 줄 확장된 가족(extended families) 둘을 갖게 되었으며, 두 가지 서로 다른 육아 방식을 경험할 기회도 얻게 되었다. 아이들이 아빠와 있을 때, 강희는 해방된 기분으로 자유 시간을 보낼 수 있었다. 또한 아이들은 부모가 가족의 붕괴를 야기한 상황에서 벗어나 회복하고 치유되는 모습을 볼 수 있었다. 아이들은 어려운 시간을 보내며 여러 가지를 배우고 더욱 강인하게 자랄 수 있게 되었다.

강희는 부모를 위한 긍정훈육 프로그램에 참여해서 진심으로 아이들을 대하고, 아이가 집안일에 책임감을 가지고 돕도록 가르치며, 가족회의를 운영하는 법들을 배웠다. 강희는 이 프로그램에서 배운 새로운 기술이 자녀양육뿐 아니라 순명과의 관계를 나아지게 하는 데도 도움이 되고 있으며, 두 사람이 함께 자녀를 양육하는 것이 점점 나아지고 있음에 즐거움을 느꼈다. 그녀는 순명에게 정직한 모습을 보이며 자신이 배운 것을 실천해 볼 수 있는 더 많은 기회를 갖게 되었다. 강희는 순명을 가족모임에 초대하여 두 사람이 모두 염려하고 있는 문제에 대해 함께 논의하였고, 순명에게 아이들에 대한 책임을 함께 나누는 것이 좋겠다고 허심탄회하게 말하였다.

두 사람은 여전히 이혼한 상태지만 강희와 순명의 관계는 매우 좋았다. 순명은 자신이 아이들에게 상처를 주었다는 생각에 죄책감을 느끼기 전까지는 주기적으로 아이들과 함께 시간을 보냈다. 하지만 어느 순간 이에 대한 죄책감을 느끼기 시작하면서, 그는 자신의 죄책감을 직시하고 이를 과거로 흘려보내는 대신 다른 가족들과 연락을 끊는 방법으로 상황을 회피했다.

강희는 그가 이렇게 회피하는 모습을 보이자 한동안 당황했지만 무기력한 기분을 오래 끌지는 않았다. 새롭게 배운 기술을 이용해 자신이 원하는 것을 스스로 만들어 내기 시작했다.

격려의 기술 일곱 번째-자신과 타인에 대한 존엄과 존중을 바탕으로 원하는 바를 이루기 위한 첫걸음을 시작하라

강희는 남편의 회복을 위해서는 지속적으로 격려해 줄 필요가 있음을 알았다. 순명이 기대에 어긋나는 모습을 보일 때, 잔소리를 하거나 가르치려 하는 대신 그 행동을 이해하고 그에 알맞게 대응하기 시작했다. 순명에게 전화를 걸어 아이들과 시간을 보낼 몇 가지 방법을 제안했다. 순명은 덕분에 조금 안도한 듯 보였고 몇 가지 제안을 받아들였다. 강희가 순명을 있는 그대로의 모습으로 받아들이게 되자, 그녀는 순명이 자신이 원하는 모습으로 행동하기에는 아직은 어렵다는 것을 알게 되었고, 순명과 아이들의 관계가 계속될 수 있도록 자신이 할 수 있는 일을 하기 시작하였다.

강희는 자신의 힘으로 충분히 돈을 벌 수 있을지에 대해 의문을 가지고 걱정하고 있다. 때로는 스스로 꿈꾸던 가정을 일구지 못했다는 사실 때문에 스스로에게 화를 내기도 했다. 그러나 내면의 목소리에 귀를 기울이면서, 그동안 끊임없이 무언가를 바랐던 마음이 고통의 원인이 되었으며 현실을 직시하게 되자 오히려 삶이 나아졌다는 사실을 알게 되었다. 강희는 피해자처럼 행동하는 대신, 존엄과 존중의 마음으로 자신이 할 수 있는 변화를 시도해 보기로 결심했다.

격려의 기술 여덟 번째—스스로를 인정하라

강희에게 일어난 가장 치유적인 일은 어느 날 밤 순명이 함께 AA모임에 가자고 말한 것이었다. 순명이 "난 우리 가족을 망가뜨렸고, 우리 사이를 엉망으로 만들었고, 아이들에게 상처를 줬어."라고 말할 때, 강희는 북받쳐 오르는 울음을 참을 수가 없었다. 이 순간 강희는 자신이 해 왔던 모든 것이 인정받는 느낌이 들었고, 함께 모임에 가자는 말을 꺼낸 순명의 용기에 감사하게 되었다.

우리 중 누군가는 타인에게 인정받는 경험을 한 번도 해 본 적이 없을 수도 있다. 이상적으로는, 당신을 부정하거나 오해해 왔던 사람이 이제는 당신을 이해하고 인정한다고 말하는 것이 가장 좋을 것이다. 하지만 그런 일이 항상 가능한 것은 아니다. 그 사람이 세상을 떠났거나 아직 회복하기 전일 수도 있기 때문이다. 또 어떤 경우에는 양쪽 모두 과거의 고통과 분노가 너무나도 커서 상대방의 상처를 치유하도록 도울 준비가 미처 되지 않았을 수도 있다. 이들은 관계를 바꾸어 나갈 수 있을 만큼 회복되지 않은 상태이다. 때로는 단순하게 실수를 만회할 만한 방법이나 인식을 가지지 못한 경우도 있을 수 있다. 이런 경우에는 친구나 상담사, 다른 가족 구성원, 또는 12단계 회복 프로그램 모임에서 도움을 받을 수 있다.

상담과정에서 우리는 역할극을 통해 이미 부재하는 내담자의 상대방 역할을 하기도 하고, 내담자가 듣고자 하는 것을 말해 주기도 한다. 내담자가 빈 의자에게 말을 걸고, 듣고 싶은 말을 받아 내기도 한다. 그런 다음 내담자가 자리를 바꾸고 자신이 듣고 싶은 것을 말하도록 한다. 때로는 가해자의 사과와 이해를 보여 주는 것만으로도 충분할 때가 있다.

한 내담자는 전남편에게 다음과 같은 말을 듣기를 바랐다. "내가 가족의 전 재산을 날려 버렸을 때 당신이 왜 그리고 어떻게 나와 함께 버텼는지 모르겠어. 분명히 당신에게는 무척이나 혼란스럽고 무서운 일이었겠지. 내가 여전히 중독에 빠져 정신이 없는 동안에도 당신은 가족들을 먹이고 챙기느라 온갖 고생을 다했지. 정말 고마워, 여보."

이 내담자는 전남편에게 이런 말을 들을 가능성이 없다는 것을 알고 있었다. 하지만 그녀는 자신이 이런 말을 들을 만한 자격이 있다고 판단했으며, 상담사에게 이 말을 자신에게 해 달라고 부탁하였다.

당신이 바라는 사람에게 진심 어린 사과나 인정을 받는 것이 불가능할 때 그것을 이해하고 수용하면, 대신 당신의 내면이나 혹은 친밀한 관계로부터 이러한 인정을 받게 될 수 있다. 중요한 사실은 당신은 학대가 아닌 인정을 받을 자격이 있다는 것이다.

우리가 지금까지 살펴본 격려를 위한 여덟 가지 기술은 자신과 타인을 존중하고, 단순한 반응이 아닌 적극적인 행동을 하기 위하여 현실 부정 대신 정직을 활용하는 여러 가지 방식을 제시한다. 격려를 위한 나머지 네 가지 기술은 자녀와의 격려 작업을 통하여 어떻게 미래를 새롭게 만들 수 있으며, 어떻게 격려 작업을 실행하고 실수로부터 배울 수 있는지 알려 준다. 자녀와의 격려를 통해 치유와 성장을 촉진하는 많은 기술이 있다. 우리가 자녀에 대한 격려를 실천할 때 얻을 수 있는 보너스 선물은 그 작업을 통해 나 자신을 격려할 수 있는 방식을 배우게 된다는 것이다.

격려의 기술 아홉 번째–
칭찬 대신 격려를 사용하여 성공을 만들어 가라

중독에서의 회복은 칭찬과 격려를 구분할 수 있을 때 더 잘 이루어진다. 칭찬은 자신의 내적 지혜와 자기평가 대신 아이가 타인의 외부적 판단에 의존하도록 가르친다. 계속되는 칭찬은 아이들로 하여금 "다른 사람이 내가 괜찮다고 할 때에만 나는 괜찮다."라고 믿게 만든다. 또한 칭찬은 아이가 실수로부터 배우게 하는 대신 실수를 피하도록 가르친다. 다음 페이지에 나오는 표는 칭찬과 격려 간에 어떠한 차이가 있는지를 자세히 보여 준다.

당신이 판단하기에 누군가 좋은 행동을 하고 있다면 그를 격려하는 것은 쉽다. 하지만 못된 행동을 하고 자신을 탐탁하게 생각하지 않는 아이에게 당신은 무슨 말을 할 수 있을 것인가? 예를 들어, 성주가 성적표에 90점 이상을 받아 왔을 때 "음. 성적이 잘 나왔구나. 분명 너도 만족스럽겠구나."라고 말하는 것은 쉽다. 하지만 성주가 30점, 40점으로 가득 찬 성적표를 가져왔다면 어떻겠는가? 그는 여전히 부모님의 피드백이 필요할 것이다. 만약 부모가 격려할 수 있는 사람이라면, "성주야, 나는 이 성적이 걱정스럽구나. 왜 성적이 이런지, 그리고 이런 성적을 받아서 어떤 느낌인지 나에게 더 이야기해 보겠니?"라고 말할 것이다.

격려를 할 수 있는 부모는 판단 없는 상호존중을 실천할 수 있는 이들이다. 그들은 자신의 생각과 감정을 공유할 만큼 자신을 존중하면서도 아이의 생각과 감정을 미리 짐작하지는 않는다.

중독으로 인해 공동의존 상태에 빠져 있는 가족 내에서, 가족 성원들은 감정을 은폐하고 자신의 내면에서 들려오는 메시지를 외면하기 위해 힘을 쏟는다. 칭찬이 아닌 격려를 사용할 때, 우리는 아이들에게 자신의 생각과 감정에 귀기울이도록 가르칠 수 있다.

272

긍정훈육 12
자신과 타인을 격려하라

	칭찬	격려
웹스터 사전 (Webster's Dictionary)의 정의	1. ~에 대한 호의적인 판단을 표현하는 2. 특히나 완벽함이라는 속성에 의하여 칭송하는	1. 용기를 갖도록 고무시키는 2. 격려하는, 자극하여 ~ 하도록 하는
무엇을 인정하는가	완성되고 완벽한 결과물이 나왔을 때만 인정	노력과 향상된 점에 대해서 인정
태도	윗사람으로서 가르치는 태도, 조종하는 태도	존중하는, 고마워하는 태도
'나' 메시지 (I-message)	판단적인 메시지: "나는 네가 앉아 있는 방식이 마음에 든다."	자기종결적인 메시지: "저는 당신의 협력에 감사드립니다."
가장 많이 쓰이는 형태	주로 아이들에게: "넌 정말 너무 착한 아가로구나."	주로 어른들에게: "도와주셔서 감사합니다."
예시	"수학에서 80점을 맞다니 너무나 자랑스럽구나." (아이의 성취에 대한 그의 소유권을 박탈한다.)	"80점이 네가 얼마나 열심히 공부했는지를 보여 주는구나." (성취의 소유와 책임이 아이에게 있음을 인정한다.)
요구	타인을 위해서 변화하도록 유도	자기 자신을 위해 변화하도록 유도
통재 소제	외부적: "당신은 무엇을 생각합니까?"	내부적: "나는 무엇을 생각하는가?"
가르치는 것	무엇을 생각할지를 가르침.	생각하는 방식을 가르침.
목표	순응: "당신은 그것을 올바로 했군요."	이해: "당신이 생각하고, 느끼고, 배운 것은 무엇입니까?"
자존감에 미치는 영향	다른 사람들이 인정할 때만 스스로가 가치 있다고 느낌.	다른 사람의 인정 없이도 스스로가 가치 있다고 느낌.
장기간의 효과	타인에 대한 의존	자기확신, 자립성

출처: Bonnie G. Smith와 Judy Dixon이 고안한 표를 일부 수정함.

격려의 기술 아홉 번째-칭찬 대신 격려를 사용하여 성공@을 만들어 가라

수애의 가족이 칭찬과 격려의 차이를 배운 것은 가족영웅의 역할을 떠맡은 첫째 딸에게 격려를 하는 데 유용한 과정이 되었다. 남편의 회복 초기에, 수애는 부모를 위한 긍정훈육 프로그램에 참여하면서 칭찬 대신 격려의 말을 사용하리라 마음먹게 되었다. 딸이 엄마에게 다가와 "엄마는 내가 자랑스럽지 않아?"라고 묻자, 수애는 "너는 어떻게 느끼는데?" 또는 "너는 이미 너를 자랑스럽게 느끼는 것 같은데. 나에게 중요한 것은 네가 생각하고 느끼는 거야."라고 대답하였다.

수애의 딸은 자신보다는 다른 사람들을 즐겁게 해야겠다는 필요성에 따라 움직이는 아이였다. 수애는 말했다. "나는 딸이 스스로를 보살피고 자신에 대해서 잘 아는 아이였으면 좋겠어요. 칭찬과 격려의 차이를 알게 되면서 나는 딸아이가 자신을 보살피고 잘 아는 아이가 되도록 도와줄 수 있었습니다."

많은 사람이 칭찬과 비난에는 능숙하다. 하지만 격려를 할 기회는 많이 가지지 못했기 때문에 이에는 익숙하지 않다. 다음은 격려를 위한 문장들로, 이를 활용하여 격려를 하는 방법을 실제로 연습해 볼 수 있다.

- 감사함을 표현하기: "고맙구나. 네가 한 행동들이 정말 고맙단다."
- 기술에 초점을 맞추기: "이제 가족들을 위해서 아름다운 음악을 연주할 수 있구나."
- 공감을 사용하기: "그것이 정말 재미있었나 보다."
- 그들이 행동의 영향을 스스로 알게 하기: "네가 식물에 물을 주면, 우리 함께 노는 시간을 더 가질 수 있어."
- 독특함을 강조하기: "확실히 우리는 상황을 달리 보는 듯해, 그렇지 않니?"
- 노력을 인정하기: "네가 정말 노력을 많이 한 것이 보여."
- 행동에 이름 붙이기: "우리는 지금 논쟁을 하고 있어."
- 수용을 연습하기: "우리가 논쟁할 때 너는 그것을 싫어하고 우리가 멈추었으면 하고 바라는구나."

격려의 기술 열 번째–
새로운 격려 기술을 연습하기 위하여 시간을 투자하라

Rudolf Dreikurs는 "마치 식물이 물을 필요로 하듯이 아이는 격려를 필요로 한다."라고 말한다. 격려는 아이가 자기 자신에 대해 지금 이대로도 충분하다고 생각하게 만드는 사랑의 표현과정이다. 격려는 아이에게 자신의 행동과 자신의 존재 자체는 구별되는 것이라는 것을 가르쳐 준다. 격려는 아이에게 자기 자신은 어떠한 판단 기준에 의해서가 아닌 단지 유일한 사람이기 때문에 가치가 있다는 것을 알게 해 준다. 부모는 격려를 통하여 실수가 수치스러운 것이 아니며 배우고 성장하기 위한 기회임을 아이에게 가르쳐 준다. 격려를 받은 아이는 자신에 대한 사랑을 갖고 소속감을 가지며 자신을 유일무이한 존재로서 느낀다.

사랑과 격려를 위한 첫 단계는 상호존중이다. 상호존중은 우리 자신은 물론 아이를 사랑하고 존중한다는 것을 의미한다. 상호존중이 없는 환경에서 자기 사랑과 용기를 배우는 것은 거의 불가능하다. 아이를 부모의 틀에 맞추려고 한다면 이는 존중의 마음을 상실한 것이다.

여러 가지 방식으로 어른은 아이를 무시하고 좌절시킨다. 어떤 벌이나 자유방임도 아이에게는 좌절감을 주며 존중받지 못한다고 느끼게 한다. 부모는 아이의 독특함을 충분히 인식하고 아이의 다른 점을 이해할 만큼 아이의 세계에 충분히 몰입하고 시간을 투자하지 않는다. 이러한 태도야말로 부모가 아이를 존중하지 않는다는 것을 보여 준다. 자신은 아이를 존중하지 않으면서 아이에게는 어른을 존중해야만 한다고 주장한다. 얼마나 불합리한 주장인가?

자기 자신의 행동에 대한 그 사람의 권리를 인정하는 것이야말로 존경과 격려의 핵심적인 부분이다. 자신이 통제할 수 있는 유일한 것은 자신의 행동뿐이라는 것을 진정 알고 있는가? 어른은 아이가 자신에게 존경심을 표현하도록 만

275

격려의 기술 열 번째–새로운 격려 기술을 연습하기 위하여 시간을 투자하라

들 수는 있지만, 아이가 진심으로 존경심을 느끼도록 만들 수는 없다. 아이가 존경심을 느끼도록 격려하는 최선의 방식은 어른들이 자신의 행동을 조절하고 자신과 타인에게 존중을 보여 주는 것을 모델로 보여 주는 것이다.

격려의 행동은 태어날 때부터 가지고 태어난 생득적인 능력이 아니다. 그것은 연마해야 하는 기술이다. 격려의 기술을 연습하기 위해 매일 특별한 시간을 할애하는 것이 좋다. 다음 활동은 부모가 격려를 통해 상호존중을 실행할 수 있도록 연습하는 방법이다. 매주 한 번 혹은 매일 한 번 이 활동을 위한 시간을 할애한다면, 당신의 격려 기술은 분명히 향상될 것이다.

'단지 오늘 하루(JUST FOR TODAY)' 활동: 이 활동을 통해 마음속에 품고 있는 기대를 현실적인 것으로 유지할 수 있다. 당신 자신에게 다음과 같이 말해 보자. "단지 오늘 하루(Just for today), 나는 새로운 삶의 방식으로 나 자신에게 부드럽게 대할 거야. 나는 성공을 축하하며 실수로부터 배울 거야." 성공을 축하하며 실수로부터 배울 수 있는 좋은 방법이 있다. 다음의 가능성들에 대해서 숙고하는 시간을 가지는 것이다. 당신은 다음 문장을 마음속으로 완성할 수도 있고 글로 완성할 수도 있다.

- 내가 자녀양육과 관련하여 오늘 고민되는 한 가지 문제는 _____.
- 내가 오늘 경험한 한 가지 성공적인 양육 방식은 _____.
- 나는 _____는 방식으로 나의 내면에 귀 기울이는 시간을 가졌다 (혹은 가지지 않았다).
- 내가 제한 설정을 했을 때 나는 친절하였다(혹은 친절하지 않았다). 왜냐하면 _____.
- 나는 _____는 방식으로 일관성이 있었다(혹은 일관성이 없었다).
- 나는 _____는 방식으로 격려를 하였다(혹은 격려를 하지 않았다).
- 나는 _____함으로써 나 자신을 존중하였다(혹은 존중하지 않았다).

- 나는 _____함으로써 가족들을 존중하였다(혹은 존중하지 않았다).
- 내가 나의 감정을 나누었거나 혹은 나누지 않았을 때 어떠한 일이 일어났다(일어난 일에 대하여 기술하기). _____
- 나는 다음 상황에서 갈등으로부터 회피하였다(갈등상황에 대하여 기술하기). _____
- 나는 다음과 같이 재미있는 시간을 보냈다(재미있는 시간에 대하여 기술하기). _____
- 오늘 나는 _____을 배웠다.

'하루하루를 살자.' '단순하게 살자.' '천천히'라는 말에 담겨 있는 지혜를 잊지 말고 기억하자. 불완전함을 즐길 용기를 가지라. 회복은 과정이다.

격려 활동: 격려를 실습하기 위한 활동을 통해 부모들은 한 번에 하나씩 하는 일에 집중할 수 있다. 다음 문장을 완성하라. 나는 아이가 _____ 때 낙담하는 것을 알아차렸다.

그리고 다음 문장을 완성하기 위해 아래 나열된 항목들 중 하나를 선택하라. 내가 아이를 격려하기 위해 해야 할 일 한 가지는 _____.

① 당신이 느끼는 것을 말한다.
② 아이에게 무슨 느낌인지를 묻는다.
③ 안아 준다.
④ 미소를 지어 준다.
⑤ 격려하는 메시지를 활용한다.
⑥ 내가 어렸을 때 낙담했던 시간을 기억한다. 그때 어른들이 무엇을 해 주기를 바랐는가? 내가 아이로서 원했던 것을 아이에게 해 줄 것이다.
⑦ 아이의 행동을 고치려 하거나 나무라지 말고, 아이가 자신의 행동이 가져

온 결과를 경험하도록 허용하면서 공감적인 자세를 유지한다.

⑧ 당신의 마음에서 우러난 당신만의 격려 방식을 만든다.

격려의 기술 열한 번째–당신 자신의 컵을 채우라

만약 스스로를 돌보지 않는 사람이라면 타인도 격려하기가 쉽지 않다. 우선 당신에게 컵이 하나 있다고 상상하고 그것을 채우기 위한 활동의 목록을 만들어 보자. 그런 다음 이러한 활동들을 할 수 있는 시간을 계획하여 보자. 목욕을 하거나, 누군가를 만나거나, 친구에게 전화를 하거나, 책을 읽거나, 앉은 채로 다리를 뻗어 쉬거나, 음악을 듣거나, 아이스크림을 먹으러 나가거나, 마사지를 받거나, 긴 길을 산책하거나 하는 일들을 포함할 수 있다.

많은 사람이 회복과정에서 너무 무리를 하는 경우가 많다. 그들은 자신을 위한 시간이나 여가 시간을 마련해야 함을 잊어버린다. 어떤 사람들은 술을 마시지 않고서 어떻게 여가 시간을 보내야 할지 모르기도 한다.

당신이 보내는 하루하루의 생활의 결들이 당신이 진정으로 원하는 방식인가? 그렇지 않다면 삶의 질을 향상시키기 위하여 무엇을 할지는 당신의 결심에 달렸다. 다른 누군가가 나서서 당신을 행복하게 만들어 주기를 기다리는 것은 마술적 사고에 불과하다.

누군가에게 도움을 요청하는 것도 괜찮다. 다만 다른 사람은 나의 마음을 읽을 수 없다. 당신은 무슨 도움을 받으려고 하는지에 대해 분명해질 필요가 있다. 당신이 보다 구체적일수록, 당신이 원하는 것을 얻을 수 있는 가능성은 커진다. 스스로를 격려하고 당신 자신의 컵을 채우라. 그렇다면 타인을 격려하는 일은 쉽게 이루어질 것이다.

두려움을 직면하고, 수치심을 공유하며,
죄책감을 내려놓으라

회복 중인 부모와 일반적인 부모의 가장 큰 차이 중 하나는 회복 중의 부모는 대개 죄책감과 수치심을 가지고 있다는 것이다. 이들이 가진 기억, 예를 들어 술에 취한 상태에서 아이들의 학교를 찾아갔다거나, 밤늦게 집에 돌아와 공부하는 아이들을 불러모아 놓고서 훈계를 늘어놓았다거나, 마루에서 술병을 늘어놓고 술을 마시고 있던 모습을 아이들이 바라보고 있었다든가, 명절에 술에 취해 아이 앞에서 상을 뒤엎고 가족들과 싸웠다거나 하는 기억은 부모의 뇌리에서 지워지기 힘들다. 또한 많은 부모가 술에 취해서 아이에게 성적 · 신체적인 학대를 한 경험이 있으며 이에 대하여 끔찍한 죄책감과 수치심을 경험한다. 어떤 사람은 술을 마시면서 법적인 문제를 겪거나 교통법규 위반, 폭력, 혹은 다른 범죄 때문에 경찰서에 잡히는 경우도 생기는데, 이때 아이들은 방관자로서 이 모습을 지켜보기도 한다.

회복 중인 부모는 자신이 아이를 돌보지 못하고 술에만 정신이 팔려 있었다는 것을 깨닫고 죄책감이나 슬픔에 짓눌리기도 한다. 상실감은 압도적이며, 자기혐오는 너무나 자주 목격된다.

부모가 중독자일 경우, 그 자녀가 경험하는 고통은 어마어마하다는 것은 의심의 여지가 없다. 중독자 부모는 그것을 피할 수 없었다. 하지만 지금 현재는 바꿀 수 있다. 죄책감과 수치심은 아이에게 전혀 도움이 되지 않는다. 아이가 원하고 필요로 하는 것은 과거로부터 회복되어 지금 현재를 책임감 있고 사랑하며 살아가는 것을 보여 주는 부모의 모습이다. 그런데 이를 위해서는 효과적인 양육 기술이 요구된다.

좋은 의도만으로는 충분하지 않다

회복 중인 부모는 가족을 변화시켜 가족들이 다른 삶을 살 수 있도록 하려는 좋은 의도를 가지고 있다. 하지만 새로운 방법을 알지 못할 때, 그들의 노력은 좋은 결과로 이어지지 않으며 변화는 이루어지기 힘들다. 이런 경우 그들의 죄책감과 수치심에 실패감까지 더해지면 더 큰 심리적 부담감을 준다. 비생산적인 사고, 감정적인 행동은 현재의 효과적인 양육 방식에 방해가 된다. 회복 중인 부모가 극복해야 할 것은 자신의 생각, 감정, 행동을 변화시킴으로써 공포, 수치, 죄책감의 사슬을 끊는 것이다.

변화를 위한 열쇠

행동은 감정에 의해서 유발된다. 감정은 생각에 의하여 만들어진다. 사람의 생각은 과거 사건에 대한 해석이나 굳어진 판단을 기반으로 생겨나는 경우가 많다. 이러한 세 가지 영역(행동, 감정, 생각) 중 어느 한 가지의 변화만 있어도 나머지는 자동으로 변화한다.

연지는 알코올 중독자이며, 이로 인해 자신이 아이의 인생을 망쳤다고 생각했다. 이러한 생각은 죄책감과 절망감을 동반하였다. 그녀는 또한 자신의 행동 때문에 자신이 아이에게 사랑받을 자격이 없다고 믿었다. 죄책감과 절망감, 그리고 아이의 사랑을 받을 자격이 없다는 믿음은 그녀가 회피행동을 하도록 만들었다. 연지는 아이와 시간을 보내기보다는 우울감 속에 자신을 숨기는 것이 더 편하게 느껴졌다.

생각, 감정, 행동에는 용기를 불러일으키는 패턴이 있고, 좌절감을 불러일으키는 패턴이 있다. 회복기에 있는 어떤 부모들은 자신들을 계속 좌절시키는 사고, 감정, 행동 패턴에서 벗어나지 않기 위하여 죄책감과 수치심을 받아들인다.

연지의 지지집단은 그녀가 이러한 좌절 패턴을 가지고 있음을 스스로 이해하도록 도왔다. 동료들의 이야기에 귀를 기울이면서, 연지는 자신이 지금 현재할 수 있는 일에 집중함으로써 아이와의 관계를 얼마나 개선할 수 있는지 함께 생각해 보았고, 궁극적으로는 자신의 생각을 바꿀 수 있었다. 현재 일어나고있는 일들을 변화시킬 수 있다고 믿기 시작하면서, 그녀는 희망을 느끼고 아이와 사랑하고 함께 소중한 시간을 가지려는 의욕을 갖게 되었다. 그리고 가족회의에서 그녀는 자신의 슬픔을 아이와 함께 나누었으며 용서를 구하였다. 그러고는 아이에게 함께하는 특별한 시간을 계획할 것인데 엄마를 도울 수 있는지물었다. 연지는 아이가 얼마나 기꺼이 자신을 용서하는지, 그리고 그들만의 특별한 시간을 함께 계획하는 데 열정적인 태도를 보이는지를 경험하고서는 매우 놀랐다.

만약 죄책감과 수치심이 당신의 삶을 지배하고 있고 자기패배적인 좌절의 패턴으로 당신을 몰아간다면, 다음 체크리스트가 해결책을 찾는 데 도움을 줄 것이다. 만약 당신이 아래 질문들 중에 예라는 대답을 하는 것이 있다면, 이미 좌절감의 신호가 반짝이고 있는 것이다.

죄책감 및 수치심 체크리스트

좌절감을 주는 생각의 단서

① 나는 말하기 전에 말의 내용에 대해 생각한다. 그리고 다른 사람이 듣고 싶어 하지 않을 것으로 생각되는 내용이나 나를 곤란하게 할 수 있다고 생각되는 내용은 말하지 않는다.

② 그들이 단지 나와는 다른 관점을 가지고 있을 뿐이라고 생각하지 않고, 대신 다른 사람이 말하는 것에 판단을 내린다.

③ 다른 사람들이 자신의 생각을 말할 때 나는 방어적이 된다.

④ 가족 내에서 발생하는 모든 문제가 나 때문이라고 믿는다.

⑤ 나의 잘못이 실패라고 생각하며 그것들을 바로잡을 수 없다고 믿는다.

좌절감을 주는 느낌의 단서

① 나는 나의 감정과 생각을 서로 혼동한다. 내가 나의 느낌에 대해서 말할 때, 나는 "나는 ～라고 생각한다."라고 말한다.

② 나는 나의 감정을 음식, 술, TV, 혹은 다른 새로운 중독으로 덮으려고 노력한다.

③ 나는 누군가에게 나의 감정을 말하기 두려운데, 그것을 말하면 그들이 나를 지배하게 될까 봐 두렵기 때문이다.

④ 존엄과 존중을 가지고 나의 감정을 말하는 대신, 나는 화내고 분노하는 모습만 보인다.

⑤ 내 감정을 정확하게 표현할 수 있는 한 단어를 찾는 것이 어렵다.

죄책감 및 수치심 체크리스트

좌절감을 주는 행동의 단서

① 나는 내가 원하는 것을 먼저 요청하는 것이 어렵고, 다른 사람들이 내 마음을 먼저 알아주기를 기다린다.

② 나는 다른 사람의 무례한 행동에 대해 변명을 할 뿐, 다른 사람들이 그 행동에 대해 대처하거나 책임감이 있을 거라고 기대하지 않는다.

③ 나는 내가 느끼는 대로 느끼지 않고 생각하는 대로 생각하지 않는 척을 한다.

④ 우리 모두가 마주하고 있는 문제에 대한 해결책을 찾기 위하여 다른 사람들과 협력하는 대신 나 혼자서 모든 것을 통제하거나 해결하려고 노력한다.

⑤ 나는 지난 실수에 대해서 내 자신을 용서하지 않는다. 나는 "아, 미안해

요."라든지 "내가 잘못했죠?"라는 말을 잘 못한다.

⑥ 다른 사람들이 나를 신체적으로나 정신적으로 학대하도록 방조한다.

⑦ 나는 타인을 신체적으로나 정신적으로 학대한다.

⑧ 나는 TV를 보거나, 잠을 지나치게 자거나, 우울하거나 함으로써 많은 시간을 삶을 회피하는 데 소모한다.

이처럼 좌절감을 주는 요소들에 대해서 잘 인식한다면 우리는 변화를 시도할 수 있으며, 이를 통해 자기패배적인 패턴에서 벗어날 수 있다. 당신은 사고, 느낌, 행동의 패턴에서 당신에게 최선의 방식을 발견해 나갈 수 있다. 여기에 정해진 올바른 방식이 정해져 있는 것은 아니다. 하지만 당신 자신이 좌절감에 빠져 있다는 것을 알아차리지 못한다면, 자신과 타인을 어떻게 격려할지의 방법을 알아 가는 것이 어렵다.

변화과정을 일으키는 것은 알아차림이다

회복 중인 대부분의 사람은 죄책감과 수치심을 불러일으키는 과거의 이야기를 가지고 있다. 석호도 예외는 아니었다. 대학 시절 석호는 매일 밤 술에 취해 동아리 방에서 잠을 자던 무리들과 어울리지 않으면 자신이 학교에 '소속되지' 않은 것처럼 느꼈다. 대학 시절 친구였던 아내와 결혼을 하고도 석호와 아내는 친구들과 어울려 매일 밤 함께 술을 마셨다. 석호는 자신의 감정을 마비시키기 위하여 술을 사용하였다.

첫 아들인 명수가 태어나면서 석호의 아내는 책임감을 느끼기 시작했고, 더이상 술을 마시지 않기로 결심했다. 석호는 아이 돌보는 사람을 구해서라도 아내와 함께 술자리에 가고 싶었지만 아내는 들은 척도 하지 않았다. 그녀는 집에 있으면서 가족의 구성원이 되고 싶어 했다. 석호의 마음속에 왕따를 당하고 있다는 느낌이 올라올 때면, 그는 수용받는 느낌을 가질 수 있는 술친구들을 만났다. 마침내 그는 아내를 집에 두고 혼자 외출하기 시작했다.

석호가 술을 마시는 것은 석호의 가족에게 큰 부담감을 주었다. 집에 있을 때, 그는 언제나 취해 있거나 기진맥진해 있었다. 그는 명수를 피하였는데, 아들과 시간을 보내고 애정을 쏟는 일이 부담스러웠기 때문이었다. 석호와 아내는 자주 말싸움을 하였다. 둘은 모두 언어적으로 폭력을 행사했으며, 석호의 경우 신체적 폭력도 저질렀다.

명수가 돌도 되지 않았을 때 석호와 아내는 별거를 결심하였다. 별거하는 동안, 석호는 명수를 만나는 날에도 아들 앞에서 술을 마셨다. 커 가면서 명수는 아빠에게 무엇을 마시냐고 물었고, 석호는 "응, 별거 아니야. 몰라도 돼."라는 말로 둘러댔다.

술을 많이 마시는 것 외에도, 석호는 계속 다른 여성과 관계를 맺었다. 명수가 아빠의 여자친구와 가까워질 만하면 그 둘의 관계는 깨어지곤 했다. 이처럼 계속해서 새로운 누군가와 가까워졌다가 헤어지는 일의 반복은 아이에게는 힘든 일이었다.

석호는 자신에게는 술을 마시는 것이 언제나 우선이고 아들은 방치되어 왔다는 것을 스스로도 잘 알고 있었다. 그들이 함께 있는 시간은 질적으로 형편없었다. 명수를 돌보아야 할 때도 석호는 그 전날 술을 마시느라 밤을 지새우기 일쑤였다. 명수를 데리고 와서도 그는 숙취로 너무나 지치고 힘들어서 집에서 하루 종일 잠만 잘 수밖에 없었다.

이러한 생활이 계속되면서 석호는 명수가 더 이상 자신에게 가까이 오지 않는다는 것을 알아차렸다. 아이는 아빠가 자신을 껴안는 것을 거부했으며, 아빠가 자신과 이야기를 하고 싶어 할 때도 자신의 방에 들어가 혼자 놀 뿐이었다.

변화과정을 일으키는 것은 알아차림이다

죄책감과 수치심의 대가

아들이 아빠가 술을 취한 장면을 보거나 아들을 아무 데나 내팽개치고 나 몰라라 했던 순간이라든지 아들이 겪을 수밖에 없었던 수많은 혼란이 떠오를 때마다, 석호는 아버지로서 죄책감과 수치심에 괴로워해야만 했다. 석호는 술을 마시던 때에는 가정이나 아이보다 술을 더 간절히 원했다고 말했다. 석호에게는 술친구에게 수용되는 느낌과 술에 취하면서 느껴지던 해방감과 편안함이 아들보다 더 중요했던 것이다. 그는 자신이 아이를 버리고 방치했다는 것을 알게 되었다.

이제 술을 끊으면서 석호는 명수가 원하는 것을 해 주는 데 최선을 다함으로써 자신의 지난 행동을 모두 보상해야만 한다고 생각했다. 석호는 자신이 아들을 즐겁게 해 주는 데 집중한다면 이를 통해 모든 잘못된 부분을 보상하고 자신의 죄책감과 수치심을 떨쳐 버릴 수 있을 것이라고 생각했다.

회복 중인 많은 부모처럼, 석호는 5세 아들의 모든 문제가 자신의 음주로 인해 생겨난 것이라고 확신한다. 심지어 5세 남자아이인 명수가 또래가 보일 수 있는 평범한 문제행동을 할 때에도, 석호는 그것이 자신의 잘못이며 아들의 행동이 과거 자신의 음주로 인한 것이라고 확신한다.

석호는 명수가 요구하는 그 무엇도 거절하지 못했다. 명수가 악몽을 꾸고 자신의 침대에서가 아니라 석호와 함께 자고 싶어 할 때도, 석호는 명수가 과거의 방임으로 인해 불안함을 느끼고 있는 거라고 확신했다. 석호가 아들과 주말을 함께 보내기 위해 어렵게 시간을 내서 간 날, 명수가 갑자기 마음을 바꾸어 아빠를 만나지 않고 친구와 놀러가 버린 적도 몇 번이고 있었다. 그래도 석호는 명수가 여전히 자신에게 화가 나 있고 아빠의 예전 잘못에 대해 처벌하고 있는 것이라고 생각했다. 결국 그는 과거의 자신을 증오하면서 명수를 만나지 못한 채 다시 집으로 돌아갔다.

좌절감을 주는 사고 패턴

석호의 건강하지 못한 사고 패턴을 살펴보면, 자신이 아들의 문제행동을 유발했다고 믿기 때문에 그들이 모두 좌절하게 되는 것을 알 수 있다. 석호는 명수에게 보상해야 한다는 책임감에만 사로잡혀 있었기 때문에, 명수 스스로 자신의 행동을 고쳐 갈 필요도 있다는 것을 생각하지 못한다. 이는 계속해서 석호에게 죄책감, 수치심, 두려움을 느끼게 하고, 석호와 명수 모두를 좌절감에 빠트린다. 이 때문에 석호는 명수를 망치는 방식으로 행동하며, 결과적으로 이는 둘 다에게 이롭지 못하다. 석호의 사고, 감정, 행위는 모두 자기패배적인 행동의 징조이다.

현재 석호의 행동은 공동의존적이다. 술에 집중하는 대신, 석호는 아들에게만 집중하면서 자신의 삶을 살기보다 아들의 삶을 통제하려고 노력하고 있다. 그는 마치 관계에서의 대차대조표가 있는 것처럼 행동하는데, 이는 명수를 존중하지 않는 것이다. 석호는 과거의 실수들 때문에 스스로 대차대조표에서 불리한 위치에 있고자 결심하였다. 석호는 건강한 관계에서 필수적인 적절한 주고받음을 하지 못하고 있다. 석호는 자신의 감정에 귀 기울이면서 아들의 감정을 존중해 주는 것이 아니라, 자신이 모든 것을 올바르게 고쳐 놓아야 할 책임이 있다고 생각한다. 이렇게 아들을 대하였기에 결국 명수는 석호를 미치게 만드는 교활한 말썽쟁이로 성장하였다.

회복 중인 부모들이 낙담한 마음에서 벗어나기 위해서는 언젠가 수치심과 죄책감을 직면해야 한다. 부모들이 이를 실천할 수 있어야 더욱 건강한 관계가 만들어질 수 있다.

자기패배적 신념, 감정, 행위를 변화시키기 위한
첫걸음으로 자기패배적 패턴을 인식하기

석호는 자기패배적인 패턴의 단서들을 인식함으로써 건강하지 못한 양육 방법을 건강한 양육 방법으로 변화시키기 시작했다. 이는 스스로를 보살피는 방법을 배우고 치유과정을 시작하는 첫 단계였다. 그는 건강한 현재와 미래를 만들어 가기 위해 자신의 자기패배적 패턴들에 관한 지식을 활용하였다.

석호는 아들과 함께 보내는 주말의 일상을 변화시키기로 결심하였다. 그는 주말을 함께 보내기 위한 계획을 짜기 위해 명수를 불렀다. 언제나처럼 명수는 석호의 집으로 오고 싶지 않다고 말했다. 이전이라면 석호는 "알겠어."라고 하거나 "아빠가 차를 몰고 가는 건 어때? 그럼 너의 마음이 변할지도 몰라."라고 말하였을 것이다. 하지만 이번에는 "네가 아빠와 함께 지내는 걸 불편해하는 거 알아. 그렇게 느끼는 건 괜찮지만, 그래도 안 오는 건 괜찮지 않아. 네가 더 편하게 느낄 수 있는 방법을 우리 같이 이야기해 보자."라고 말했다.

다음으로, 석호는 자신의 감정을 다루는 방법을 바꾸었다. 과거에 그는 감정을 안에 담아 두었지만 이번에는 솔직하게 말했다. 그는 스스로 자신의 감정을 경험하고, 그러한 감정을 명명하고, 명수에게 내면의 솔직한 감정을 정확하게 전달하였다. 석호는 말했다. "아빠는 너와 즐거운 시간을 보내고 싶었는데, 네가 오고 싶지 않다고 했을 때 실망하고 마음이 상했어."

그러자 명수가 말했다. "알았어요, 아빠. 갈게요." 석호는 자신의 솔직한 마음에 대해 명수가 그렇게 빠르고 단순하게 반응했다는 사실에 놀라워했다. 나의 감정을 솔직하게 공유하는 것은 강력한 힘을 갖는다. 이때 타인들은 자신의 감정을 속이지 않고 진솔하게 반응한다.

석호의 세 번째 목표는 자신의 생각을 바꾸어 가는 과정에서 자기 자신에게는 부드러워지는 방법을 배우는 것이었다. 그는 스스로에게 말했다. "나는 실

긍정훈육 13 두려움을 직면하고, 수치심을 공유하며, 죄책감을 내려놓으라

수를 했지만, 이것이 세상의 끝은 아니다. 나는 나 자신과 아이에게 내 실수를 시인하고 더 발전해 나갈 수 있다. 내가 더 잘 알았더라면 더 훌륭하게 행동했을 것이다. 나는 회복하기 시작하였고, 긍정적인 한 걸음을 내디뎠다. 나는 하루하루 작은 변화들을 이루어 가며 더 나은 부모가 되기 위해 계속해서 배울 수 있다. 나는 나의 미안한 마음을 글이나 행동을 통해 아들에게 알려 줄 수 있다. 나는 부모로서 실패하지 않았다. 실수는 배움을 위한 기회이기 때문에, 나는 새로운 기술을 배우고 성장할 수 있다."

처음에는 변화해 가는 과정이 불편하게 느껴졌지만, 석호는 자신의 오래된 사고와 행동이 장기적으로 자신에게 도움이 되지 않을 것이라는 것을 잘 알고 있었다. 그는 이러한 불편함을 수용하였고, 새로운 사고와 행위가 자신과 명수를 더욱 건강하고 용기를 주는 관계로 이끌 것이라는 믿음을 가지고 계속적인 변화를 추구하였다.

회복의 과정에서 석호는 아들과의 건강한 관계를 위하여 새로운 양육 기술을 배웠다. 그리고 새롭게 배운 것을 실천하면서, 석호의 감정은 죄책감, 수치심, 두려움에서 자부심, 편안함, 만족감으로 서서히 변화하였다. 이를 통해 석호는 과거에 대한 생각을 변화시키고, 스스로를 용서하고, 오늘에 집중할 수 있게 되었다.

현재 석호는 스스로를 존중하며, 아들에게 자기사랑과 자기존중을 모델로 보여 주고 있다. 그는 아들에게 말했다. "술에 취해 있을 때 일어났던 일들에 대해서 나는 부끄럽게 느낀단다. 이제 술을 끊었으니, 내가 진정으로 원했던 모습의 아빠가 될 수 있는 기회가 주어져서 너무나도 감사하구나. 과거는 과거일 뿐, 아빠는 현재를 위한 무엇이든 할 수 있어."

두려움 직면하기, 수치심 공유하기
그리고 죄책감 내려놓기

상희는 두려움에 직면하여 수치심을 공유하고 죄책감을 내려놓는 것의 또 다른 예를 보여 준다. 그녀는 술을 마시면서 아이들을 힘들게 했을 뿐만 아니라 부모로서의 책임을 포기하고 17세 딸이 가족을 부양하게 했던 비판적이고, 권위적이고, 심술궂은 부모였다고 스스로를 설명하였다.

술을 마시고 있었을 때, 그녀는 다른 사람에게 들키지 않게 자신의 행동을 은폐하고 숨겨야 한다는 압박을 끊임없이 느꼈다. 상희는 아이들이 자신을 비웃고 무시하는 말을 들을 수 있었다. 그녀가 술에 취한 채 운전을 하다가 수많은 사고를 냈기 때문에 아이들은 엄마가 운전하는 차에 타기를 거부했다. 상희는 자신의 행동에 대해 죄책감을 느꼈지만 그것을 고치지 않았다. 심지어 들킬지 모른다는 두려움 속에서도 그녀는 술에 대한 욕구를 참지 못했으며, 아이들의 아주 작은 실수에도 장황하게 잔소리를 늘어놓는 습관을 버리지 못했다. 한번은 상희가 통제력을 잃고 폭발하며 일곱 살 난 아이의 뺨을 때렸다. 아이의 언니, 오빠들은 겁에 질린 얼굴로 그녀를 쳐다보며 말했다. "엄마는 우리 보고 그런 행동을 하지 말라고 해 놓고, 막상 엄마는 그렇게 행동하고 있어요!"

어느 날, 상희는 딸을 데리고 박람회에 갔다. 그녀는 술을 너무 많이 마셔서 차를 찾을 수 없었고 결국 일곱 살 아이가 차를 찾아야만 했다. 상희는 너무나 당황하고 창피해서 결국 집에 가서 친구에게 전화를 하였고, 그 친구는 그날 밤 AA모임의 멤버에게 그녀를 부탁하였다.

좌절감을 주는 행동과 관련된 행동 패턴 목록을 다시 상기해 보면, 우리는 상희의 사고, 감정, 행동 패턴이 자기패배적이라는 것을 볼 수 있다. 상희는 술을 마시는 동안 아이들을 방임했다는 사실에 죄책감을 가지고 있었다.

아이들과 그녀의 주변에서는 그녀가 술만 끊으면 모든 것이 변할 것이라고

긍정훈육 13

두려움을 직면하고, 수치심을 공유하며, 죄책감을 내려놓으라

확신하였다. 그녀가 음주를 중단하고 AA모임에 참석하기 시작하였을 때, 그들은 왜 그 모임에 가야만 하느냐고 물으며, 집에서 아이들과 함께 있어 주어야 한다고 비난했다. 그러나 단지 상희가 AA모임에 참석하기 시작했다고 해서 그녀의 문제가 끝난 것은 아니다. 그녀에게 가장 중요한 것은 자기 자신과 개인적 성장을 위한 시간을 갖는 것이었다.

상희는 자신의 사고를 변화시킴으로써 죄책감을 없애는 훈련을 할 수 있었다. 그녀는 자신이 원하고 필요한 것을 해도 괜찮으며, 다른 사람들을 기쁘게 하려고 애쓰는 대신 자신의 생각과 감정에 귀 기울여야 한다고 다짐했다. 그녀는 무엇보다 자기 자신을 치유하기로 결심하였다. 그녀는 자존감을 굳건히 세우기를 원했으며, 이를 통해 타인에게 무언가를 베풀고 싶어 했다.

자신에 대한 작업을 진행해 나가면서 상희는 자신이 분노를 다루는 효과적이지 못한 방법들을 사용하고 있었다는 것을 알 수 있었다. 그녀는 자신의 죄책감이 바로 분노를 불러일으켰고, 이를 아이들에게 야단치고 공격하면서 풀어 왔다는 사실을 깨달았다.

진정하기 기술

상희는 자신의 감정을 다루기 위해 '진정하기(cooling off)'라고 불리는 기술을 배웠다. 그녀는 사건들마다 단순하게 반응하는 것을 멈추었으며, 잠시 자신을 진정시키고 자신을 괴롭히는 것에 대해 생각하고 어떻게 그것을 해결할 수 있는지에 대해 생각하는 시간을 가졌다. 상희는 곧 자신이 아이들의 개인적인 행동들을 모두 다 받아들이지는 못하고 있었다는 것을 알아차렸다.

상희는 기존에 해 왔던 단순한 반응적 행동을 성공적으로 변화시켰고, 이러한 성공 경험은 그녀의 사고방식을 더욱 변화시키는 데 도움을 주었다. 그녀는 자신이 완벽해질 필요가 없으며, 과정이야말로 완벽함보다 더 중요하다는 것을 깨달았다.

상희는 계속해서 진정하기 훈련을 하였고, 자존감을 굳건히 하기 위한 시간을 가졌으며, 그 결과 자신감도 성장하였다. 그녀는 자신이 과거에 일어났던 모든 일에 대해 보상할 필요가 없다는 것을 깨달았다. 과거는 과거일 뿐이며 그것을 자신의 일부로서 수용하였다. 그녀는 완벽하지 못했지만 그래도 괜찮았다. 상희는 자기패배적 행동의 순환고리를 끊었으며, 자기 자신과 아이들을 격려하는 방법을 배웠다.

석호와 상희의 사례는 회복 중인 사람들이 보여 주는 전형적인 예이다. 자신의 사고, 감정, 행동에 내재된 자기패배적 패턴들에 대해 알아차림으로써, 석호와 상희는 자신과 아이들 모두에게 보다 용기를 불어넣는 삶의 방식을 가질 수 있었다.

죄책감과 수치심을 없애기 위해
회복을 위한 3R을 사용하기

1장에서 소개한 바 있는 회복을 위한 3R은 12단계의 작업과 함께 사용될 수 있는 방법으로, 부모 자신이 잘못한 사람에게 직접적으로 작업함으로써 자신을 용서하고 죄책감과 수치심을 씻어 내기 위한 훌륭한 역할을 한다.

첫 번째 R은 당신이 저지른 잘못을 인식하는 것(Recognize)이다. 두 번째 R은 당신이 잘못한 사람들에게 사과를 함으로써 그들과 화해하는 것(Reconcile)이다. 세 번째 R은 해결방안을 도출함으로써 문제를 해결하는 것(Resolve)이다. 다음의 사례는 종은이 죄책감과 수치심을 없애기 위해 회복을 위한 3R을 어떻게 활용하는지 보여 준다.

종은은 아이를 낳은 지 얼마 되지 않았을 때 술을 많이 마셨다. 어느 날 그녀는 무아지경으로 춤을 추기 위해 술을 절실히 원하였다. 그녀가 서서 몸을 흔들고 있을 때 어린 아기가 기저귀 갈이용 탁자에서 떨어졌으며, 종은은 아기의 머리가 바닥에 부딪히는 소리를 들었다. 몇 년이 지난 후에도 딸이 어떠한 신체적 문제를 경험할 때마다 종은은 딸이 바닥에 머리를 부딪히는 그 소리를 들을 수 있었다. 그녀는 아기의 감기, 천식, 두통이 자신의 잘못이라고 생각했다. 아무리 술을 많이 마셔도 딸의 머리가 바닥에 부딪혔던 끔찍한 장면은 사라지지 않았다. 종은이 치료를 받고 회복을 시작할 때에도 이 기억과 관련된 수치심과 죄책감은 그녀의 마음을 찢어질 듯 아프게 했다.

종은이 상담사로부터 회복을 위한 3R을 배웠을 때, 그녀는 집으로 돌아가 현재 10대인 딸에게 이것을 활용해 보기로 했다. 그녀는 딸에게 말했다. "얘야, 네가 아기였을 때 엄마는 끔찍한 실수를 했고, 아직도 그것만 생각하면 기분이 너무 안 좋단다. 너도 엄마가 알코올 중독자였다는 것을 알고 있지? 엄마는 네가 탁자에서 떨어져서 바닥에 머리를 세게 부딪혔는데도 춤만 추고 있었어. 엄마는 아직도 그 소리가 들리는 것 같아. 너와 엄마 자신에 대해서 정말로 존중하지 않았던 것이 너무 미안하고 그 일로 너에게 안겨 줬을 모든 고통 때문에 뼈저리게 후회가 되는구나. 엄마는 그것이 결코 일어나지 않았던 일이었으면 좋겠어. 그 후로 엄마는 스스로 고통 속에서 살아야 했으니까."

종은의 딸은 이 시점에서 거의 모든 사람이 하는 반응을 하였다. 그녀는 엄마를 꼭 안아 주며 "괜찮아요, 엄마. 제 머리는 항상 튼튼했고, 엄마가 저에게 상처를 주려고 했던 게 아니라는 걸 잘 알아요."라고 말했다. 종은은 그때의 부상을 위해 할 수 있는 게 있는지 물었고, 딸은 "엄마, 저는 다치지 않았고 정말 괜찮아요."라고 대답했다. 실제로 부상을 입은 경우에는 부모들이 똑같은 방식, 즉 현재 느끼는 감정이나 사건의 결과에 대처하기 위하여 현재 할 수 있는 것들에 초점을 맞추면서 이를 대처할 수 있다.

종은은 그러한 경험을 한 후에도 여전히 그 사건을 떠올리지만, 가장 먼저 떠오르는 장면이 달라졌다. 이제 그녀는 딸이 자신에게 포옹하는 모습을 떠올리고 "괜찮아요, 엄마."라고 하는 소리를 들을 수 있다. 종은의 죄책감과 수치심은 천천히 녹아 없어지기 시작하였다.

죄책감과 수치심을 치유하는 것은 하나의 과정이다. 이러한 치유는 좌절을 불러일으키는 사고, 감정, 행동 패턴을 인식하는 데에서 시작된다. 당신이 절망감에 빠져 있음을 알고, 그럼에도 자신의 생각과 행동을 변화시킬 수 있다는 것을 알 때 치유는 일어난다. 아무리 겁이 날지라도 자신의 감정에 솔직하고 자신이 어떻게 느끼는지 사람들에게 말할 때, 당신과 가족은 더욱 건강해진다. 당신은 실제로 고통을 개방하고 공유하는 것보다 일어날 일에 대해 미리 걱정하고 염려하는 것이 더 무섭다는 것을 깨닫게 된다. 오래된 신념과 판단을 살펴보는 작업은 더 이상 당신에게 도움이 되지 않는 판단, 감정 그리고 행동을 변화시킬 수 있는 기회를 제공한다.

하루하루를 사는 동안, 당신은 모든 가족을 풍요롭게 해 주는 격려의 사고, 감정, 행동을 선택할 수 있다. 이는 우리가 완벽해지고 언제나 격려를 해 줄 수 있다는 것을 의미하지 않는다. 용기의 아름다움은 실수를 하고 그것을 인식하고 다시 시도해 보는 것이다. 우리는 아이들에게 이러한 희망의 유산과 용기를 줄 수 있으며, 이로써 그들은 삶의 어떤 문제에도 대처할 수 있다는 믿음을 가지게 될 것이다.

긍정훈육 13 두려움을 직면하고, 수치심을 공유하며, 죄책감을 내려놓으라

사랑의 메시지를 확실하게 전달하라

라미는 딸의 옷장에서 여섯 개의 맥주 캔 꾸러미를 발견하고는 매우 화가 났다. 그녀는 손에 맥주 캔 꾸러미를 든 채 경희를 마주보면서 "이게 도대체 뭐니?"라고 물었다.

당황한 경희는 "제가 보기에는 맥주 캔 꾸러미인거 같은데요, 엄마"라고 대답했다.

라미는 말했다. "내 앞에서 건방떨지 말아요, 아가씨! 이걸 발견한 곳이 네 옷장이니까 네가 잘 설명할 수 있을 것 같은데."

경희는 잠시 동안 생각하더니 대답했다. "네, 기억나요. 친구 건데 거기다 놔둔 거예요."

라미는 그 대답을 듣더니 잔뜩 화가 나서 "나보고 그 얘기를 믿으라는 거니?"라고 소리를 질렀다.

그러자 경희 또한 소리치며 말했다. "엄마가 뭘 믿든 난 상관없어요!" 그리고 그녀는 침실로 뛰어가며 문을 쾅 닫았다.

나중에 라미는 자신의 회복과정을 도와주고 있는 상담자와 이 사건에 대해서 이야기하였다. 상담자는 라미가 딸도 자신의 알코올 중독 과정을 똑같이 반복할까 봐 두려운 나머지 경희에게 과잉대응했다는 것을 알았다. 더불어 그녀의 공포를 흘려보낼 수 있는 가장 좋은 방법 중 하나는 내담자에게 사랑의 메시지가 전해지고 있음을 확신하는 힘을 가르치는 것임을 알고 있었다. 상담자는 라미에게 물었다. "왜 당신은 그 맥주 꾸러미에 그렇게 걱정을 하나요?"

라미는 말했다. "딸이 나처럼 곤경에 빠지는 것을 원하지 않으니까요."

상담자는 물었다. "왜 당신은 딸이 당신처럼 곤경에 빠지지 않기를 바라나요?"

라미는 이것이 어리석은 질문이라고 생각하였고 짜증스럽게 답변하였다. "나는 딸아이가 자신의 인생을 망치지 않기를 바라니까요."

상담자는 계속 물었다. "그러면 왜 당신은 딸이 자신의 삶을 망치기를 원하지 않는 것이죠?"

라미는 상담자가 이렇게 멍청할 수 있다는 것을 믿을 수 없었으며, 마치 싸우는 듯이 대답하였다. "내가 그녀를 사랑하니까요!"

그러자 상담자는 부드럽게 물었다. "당신은 딸이 이 메시지를 이해했다고 생각하시나요?"

상담자가 핵심에 도달하자, 라미는 분한 표정을 지으며 인정하였다. "아마도 아닐 거예요."

당신은 어떻게 생각하는가? 사랑의 메시지가 경희에게까지 닿았을까?

아마도 더 좋은 질문은 '사랑의 메시지가 전달되는 것이 중요할까?'일 것이다. 우리는 사랑의 메시지가 아이들에게 전달되는 것이 매우 중요하다고 믿는다. 아이는 사랑받고 있다고 느낄 때에만 부모의 이야기를 들으며, 부모는 아이에게 긍정적인 영향력을 가질 수 있다. 만약 사랑의 메시지가 전달되지 않으면, 부모는 어떠한 방식으로도 긍정적인 결과를 가질 수 없다. 부모는 아이를 나무라고 훈계하고 아이에게 모욕감과 벌을 주면서 다가가고 있다고 믿지만, 사실 그들은 자신을 속이고 있는 것이다.

라미가 경희를 문에서 만나 다음과 같이 사랑의 메시지로 대화를 시작했다고 가정해 보자. "경희야, 나는 너를 너무 사랑한단다. 내가 너의 옷장에서 맥주 꾸러미를 발견했을 때 네가 자신을 해치거나 곤경에 빠트리는 무언가를 하고 있는 것은 아닌지 너무나 두려웠단다. 이 문제에 대해서 우리 함께 이야기할 수 있을까?"

어떤 접근이 의사소통을 이끌어 내고 또 문제를 해결하는 데 필요한 친밀감과 신뢰감을 만들어 낼까? 분명히 후자일 것이다. 첫 번째 접근 방식은 거리감과 적대감을 만들어 내는데, 이렇게 되면 의사소통과 문제해결은 이루어지지 않는다. 성장과 변화를 촉진하는 환경을 만드는 데 필요한 친밀감과 신뢰감을 이끌어 내기 위해서는 사랑의 메시지가 전달되고 있음을 확신시키는 것이 중요하다.

사랑의 메시지를 확실하게 전달하기 위한 7가지 가이드라인

긍정훈육 14 사랑의 메시지를 확실하게 전달하라

① 거리감과 적대감 대신에 친밀감과 신뢰감을 형성하라. 이것이 긍정적 영향력을 주기 위한 기반을 만든다.

② '아이의 세계 속으로 들어감'으로써 이해하고 있으며 인정하고 있다는 느낌을 형성하라. 이 작업은 창조적 청취를 요구하며 때때로 당신의 아이가 무엇을 생각하고 느끼는지 짐작하는 일도 필요하다.

③ 존엄과 존중의 태도로 문제를 일으킨 당신의 모든 행동에 대해서 책임감을 가짐으로써 공평하다는 느낌을 형성하라. 당신이 이렇게 할 때, 아이도 자신의 행동에 대해 책임을 지는 데 안전감을 느낄 것이다.

④ 서로를 칭찬하고 감정을 공유하며 문제를 공동으로 해결하기 위한 정기적인 가족회의를 통해 서로 존중하는 분위기를 만든다. 아이는 자신이 필요한 존재이며 타인에게 진지하게 받아들여진다고 느낄 때 자신이 사랑받고 있으며 소속감과 존재감을 느낀다.

⑤ 아이에게 '나는 누구인가?'와 '나는 무엇을 할 수 있는가?'가 서로 다른 문제라는 점을 이해시킴으로써 격려해 주는 분위기를 만든다. 자신이 무조건적인 사랑을 받고 있고 존엄과 존중으로 대해질 때, 아이는 사랑받는다는 것을 느끼고 용기를 가질 수 있다.

⑥ 실수를 배움과 성장의 기회로 보고 격려해 주어 자신감을 기를 수 있도록 한다. 아이는 자신이 받는 사랑이 자신이 이루어 낸 것과 상관없이 무조

건적인 것이라는 사실을 알 때 사랑받는다고 느낀다.

⑦ 완벽함보다는 성장에 초점을 맞추어 용기와 자기사랑을 기를 수 있도록 한다. 아이는 성장이 평생 동안 진행되는 과정이라는 사실을 안다면 자신에 대한 믿음과 희망을 배운다.

라미는 맥주 꾸러미에 대해서 경희를 공격함으로써 거리감과 적대감을 스스로 만들어 냈다는 사실을 알 수 있었다. 경희가 자기 방에 들어가며 거칠게 문을 닫은 이유는 분명했다. 라미는 경희에게 맥주 문제로 화를 내고 가르치는 것으로 책임감 있는 엄마의 역할을 했다는 한순간의 착각을 경험한 것이다. 하지만 장기적인 시점에서 볼 때 이들의 관계는 더 손상되었으며, 문제에 대한 의사소통도 이루어지지 않고 해결책 또한 나오지 않았다.

라미는 경희와의 손상된 관계를 되돌려 놓고 싶었다. 그럼에도 만약 경희가 사랑받는 느낌을 갖지 못한다면 경희에게 다가갈 수 없다는 것도 분명했다. 라미는 경희와 다시 친해지고 서로 믿을 수 있게 되어 서로의 이야기에 귀를 기울이고 서로 사랑한다는 사실을 확실히 하고 싶었다. 그래서 라미는 '사랑의 메시지를 확실하게 전하기 위한 일곱 가지 지침'을 따르기로 결심했다.

다음 날 경희가 학교에서 돌아왔을 때 라미는 문에서 경희를 반갑게 맞이하며 사랑스러운 목소리로 "경희야, 얘기 좀 할 수 있을까?"라고 물었다.

경희는 아직 이전의 일로 인한 상처로 분노를 느끼고 있어 "무슨 얘기를 하려고요?"라고 공격적인 목소리로 되받았다.

라미는 온화한 태도를 유지하며 경희의 세계 속으로 들어가기 위한 기술을 적용하기 시작했다. 경희가 어떤 느낌과 생각을 품고 있을지 추측해 보기로 결심한 것이다. 그리고 "지난밤에 맥주 때문에 너한테 소리 질렀을 때 내가 너를 존중해 주지 않는다고 생각했을 것 같아서 그래."라고 말문을 텄다.

경희는 이때 자신의 기분을 인정하고 이해해 주는 느낌이 들어 울기 시작했다. 경희는 울음으로 인해 떨리는 목소리로 "나는 요즈음 내가 엄마를 귀찮게 할 뿐이고, 진짜 나한테 신경 써 주는 사람들은 친구들뿐인 것 같았어요."라며 엄마의 짐작을 확인하는 말을 했다.

라미는 자신의 실수에 대해 다음과 같이 말함으로써 경희의 기분을 더욱 인정해 주었다. "엄마가 너를 얼마나 사랑하는지 진심으로 이야기해 주고 나 스스로도 단지 두려울 뿐이라고 인정했어야 했어. 하지만 나는 두려움에 질린 나머지 너에게 소리를 먼저 지르고 말았으니 네가 그렇게 느꼈을 거야. 엄마를 용서하고 다시 한 번 더 기회를 줄 수 있겠니?"

경희는 이 말에서 엄마의 진심 어린 마음과 사랑을 느꼈으며, 그래서 마음이 모두 녹는 것 같았다. 경희는 엄마를 끌어안고서 "괜찮아요, 엄마. 나도 나쁘게 행동했는 걸요."라고 말했다.

라미와 경희는 서로를 인정하고 존중하면서 문제를 함께 해결하는 법을 배운 뒤 정기적으로 가족회의를 열기 시작했다. 두 사람은 가족회의 중 칭찬하기 시간에서 서로에 대해 감사한 일들에 대하여 알아차리고 표현하기 시작했다. 이렇게 서로를 향한 친밀감과 신뢰가 형성되면서 자기 자신을 사랑하고, 상대를 사랑하고, 자신의 행동을 바꾸어 나가는 데 필요한 격려의 느낌을 가질 수 있었다.

회복 중인 부모는 사랑의 메시지를 확실히 전달하는 법을 배워야 한다

민경은 부모가 '사랑의 메시지를 확실하게 전하기 위한 일곱 가지 지침'을 따를 때 어떤 일이 나타나는지 보여 주는 또 다른 좋은 예이다. 술을 마시는 동안 민경은 자기 자신을 존중하지 않았다. 회복을 시작했을 때에도 마찬가지였는데, 자신이 존중받을 가치가 있는 사람이 아니라고 생각했기 때문이다. 하지만 '사랑의 메시지를 확실하게 전하기 위한 일곱 가지 지침'을 따르기 시작하면서 민경은 딸 소희뿐만 아니라 자기 자신도 사랑하고 존중하는 법을 배웠다. 이 변화는 하룻밤 사이에 일어난 일은 아니지만 지침을 따름으로써 민경은 발전과 퇴행을 오락가락하는 상태에서 회복할 수 있는 용기를 가지게 되었다.

민경과 딸 소희의 관계는 민경이 오랜 기간 알코올 중독에서 벗어나지 못하면서 쌓인 상처와 분노, 죄책감, 수치심으로 인하여 서로 간에 공격과 보복이 반복되는 관계였다. 소희가 열두 살이 되던 때부터 민경은 알코올 중독에서 벗어나기 위해 노력했고, 이제 회복을 하고 있는 중이었다.

민경의 알코올 중독은 매우 심각한 수준이었다. 소희가 다섯 살 무렵 중독은 정점에 달해 7년간 엄마로서의 역할을 완전히 포기하고 술독에 빠져 살았다고 해도 무방할 수준이었다. 민경이 회복을 시작했을 때 소희와 오빠 둘을 방임했다는 죄책감은 민경으로 하여금 양육과정에서 더 많은 실수를 하게 만들었다. 민경은 자신이 저지른 방임을 보상하려고 애썼는데, 이는 소희로 하여금 엄마의 약점을 얼마든지 이용해도 된다고 생각하게 만들었다.

소희는 엄마의 마음을 알아차렸고, 기꺼이 죄책감과 수치심 게임에 동참했다. 소희는 엄마가 자신이 원하는 대로 행동하지 않을 때면 짜증내고 화내는 방법을 배웠다. 자신이 버려졌다는 사실로 인해 느꼈던 분노와 복수심은 그에 그치지 않고 소희가 열다섯 살이었을 때부터 술을 마시기 시작한 것을 정당화하는 데에도 이용되었다. 소희는 성인이 된 후에도 계속해서 엄마를 조종하며 그녀에게 '원하는 것'을 내놓게 하거나 문제가 생겼을 때 그것을 해결하도록 하였다. 민경은 스스로가 충분히 좋은 엄마가 될 수 없다고 생각했고, 계속해서 소희의 요구를 들어주어 과거의 실수를 만회하고 자신이 딸을 아낀다는 사실을 증명할 수 있게 되기를 바랄 뿐이었다.

어린 시절 환경에도 불구하고(혹은 그 환경으로 인하여) 잘 살아가는 두 오빠가 있고, 스스로 버림받았다고 느끼는 외동딸이자 막내인 소희는 이러한 아이에게서 전형적으로 발견되는 많은 신념을 가지고 있었다. 이는 그녀가 보여 준 행동에서 분명하게 드러난다. 소희는 자신이 두 오빠만큼 해낼 수 없을 거라 생각했다. 그저 자신이 엄마를 원하는 대로 조종하는 것이 원하는 것을 얻을 수 있는 유일한 길이라고 믿었다. 또 한 가지 문제는 소희가 자신의 삶에서 잘못된 것이 생겼을 때 자기 선택으로 인한 결과에 책임을 지기보다는 그저 타인을 비난하는 방법을 택하게 되었다는 것이다.

민경은 소희가 원하는 것을 해 주지 않으면 이는 또다시 소희를 버리는 것이라고 믿었다. 이로 인해 소희는 자신이 불쌍하다는 믿음을 계속 유지할 수 있었고 엄마의 행동을 계속적으로 조종하였다. 결과는 아주 실망스러웠다. 민경은 소희의 교묘한 조종에 휘둘리고 난 뒤면 화가 났으며, 깊은 분노를 느꼈다. 그러면 민경은 자신의 시각에서 소희를 판단하고 가르치려고 했다. 이에 대해 소희는 술에 손을 대는 것으로 응했다. 민경은 이런 소희의 모습에 죄책감과 책임감을 느꼈다. 민경은 자신이 행한 '모든 것을 해 주는' 전략과 가르침이 아무런 효과가 없었기에 상처를 입고 분노하였다. 낙담한 민경은 이제 소희를 피하기까지 했고, 소희는 다시 버려진 기분을 느끼게 되었다. 이렇게 악순환은 반복되었다.

민경은 스스로를 존중하지 않았으며, 아울러 소희에게 짜증을 내며 딸에게도 존중을 보여 주지 않았다. 이렇게 두 사람이 악순환에 빠져 있는 동안, 사랑의 메시지는 전달될 수 없었다.

민경이 도움을 요청하다

소희는 결국 민경을 극단으로 밀어붙였다. 소희는 명절 저녁 식사를 마친 다음 집을 '정말 깨끗하게' 청소하는 대가로 40달러를 줄 것을 요구했다. 민경은 이에 동의했다. 집을 청소할 때가 되었을 때, 소희는 청소할 시간이 30분밖에 없다고 말했다. 민경은 당초의 약속이 집 전체를 청소하는 것이었다고 다시 한번 상기시켰지만, 소희는 크게 화를 내며 쏘아붙였다. "가족 식사에 오라고 말한 것은 엄마잖아. 그리고 여기 올 차비를 대겠다고 한 것도 엄마고. 물론 단지 일손을 돕기 위하여 집을 치우겠다고는 말했지만, 나는 지금 여기를 떠나서 빨리 갈 길을 가야 한다고!"

민경은 두 손 들고 소희에게 40달러를 주었지만, 그럼에도 자신이 딸에게 휘둘리고 있다는 느낌과 분노가 가라앉지 않았다. 그날 밤, 민경은 이 일을 자신의 지지집단에 가서 다른 참석자들과 함께 나누었다.

지지집단 참여자들은 민경과 두 아들이 과거와 상관없이 좋은 관계를 유지하고 있다는 사실을 볼 수 있도록 도왔다. 참여자들은 과거와 무관하게 현재 각자의 삶을 살아가는 것은 민경과 소희 각자에게 달려 있음을 민경이 볼 수 있도록 한 것이다. 또한 민경에게 자신을 존중할 자격이 있는 사람임을 일깨워주었고, 이제 자신을 비난할 것이 아니라 해결책을 찾을 시간임을 알려 주었다. 이들은 역할극으로 민경을 돕기로 했다. '집 청소' 상황에서 다른 참여자들이 민경의 역할을 하고 민경은 소희의 역할을 하도록 한 것이다.

민경은 소희의 역할을 하면서 민경의 역할을 하는 사람에게 반박할 때 스스로(소희로서의 자신이) 얼마나 나쁜 감정을 느꼈는지에 대해서 놀랐다. 스스로가 사랑받는다거나 사랑할 수 있는 사람이 아님을 느낀 것이다. 민경은 이때 '맙소사, 딸에게 항복하면 딸이 사랑받는 느낌이 들 줄 알았는데 완전히 반대였구나. 내가 딸에게 항복할 때 딸아이를 사랑한다는 느낌이 들지 않으니 정작 딸아이도 사랑받는 느낌이 전혀 안 들었겠구나. 세상에…….'라는 생각이 직관적으로 떠올랐다고 한다.

그다음 연출자는 민경이 자신의 역할을 하면서 새롭게 머릿속에 떠오른 직관을 바탕으로 새로운 행동을 연습할 수 있도록 제안하였다. 이번 역할극에서 소희가 민경에게 거래를 제안했을 때에 민경의 대응은 달랐다. "애야, 엄마가 널 얼마나 사랑하는지 알지?"

소희의 역할을 맡은 사람은 이러한 변화에 놀랐고, 더욱 감정이 실린 말을 해서 조종하려는 시도를 했다. "그럼 왜 나한테는 오빠들한테 해 주는 것만큼 안 해 주는데?"

민경은 이 미끼에 걸려들지 않았다. 대신 다시 한 번 "소희, 엄마는 널 정말 사랑한단다. 그리고 처음에 얘기했던 대로 집 청소를 끝내면 40달러를 줄게." 라고 대답했다.

소희의 역할을 하던 사람은 역할극을 끝내고서 "처음에는 제가 써먹은 흔한 방식이 안 통해서 기분이 상했는데, 마음 깊은 곳에서는 반가움이 느껴졌습니다. 제가 무작정 내 주장만을 내세울 때에는 어떠한 좋은 느낌도 받질 못했지만 민경이 정말 사랑한다는 사실을 밝히면서도 단호한 모습을 보일 때는 정말 사랑받는 느낌이 들었어요."라고 소감을 밝혔다.

민경은 이제 죄책감으로 뒤덮인 과거에서 벗어나 스스로의 행동을 통제할 수 있으며, 원하는 것은 그저 사랑하는 마음을 딸이 알아주는 것뿐임을 알 수 있었다. 이를 받아들일지 말지는 소희에게 달려 있었다. 민경이 알게 된 것은 이것만이 아니다. 그녀는 사랑의 메시지를 확실하게 전하기 위한 튼튼한 기반을 다진다면 서로 합의한 것을 그대로 따르는 일도 훨씬 쉽다는 것을 알게 되었다.

민경이 자기사랑과 상호존중을 실천할
새로운 기회를 얻다

앞의 사건이 있은 지 1년이 지났을 때, 소희의 음주 문제는 최악의 상태를 달리고 있었다. 이제 소희는 민경과 양아버지 그리고 세 아이가 사는 집에 들어와 함께 살게 되었고, 스스로 과거를 청산하고 새 삶을 살 준비가 되었다고 믿었다. 하지만 한 달 정도는 괜찮은 듯 보였던 소희는 곧 다시 술을 마시기 시작했고, 술을 마시는 친구들과 어울려 다니기 시작했다. 그러면서 행동이 극단적으로 변하였다. 소희는 화를 참지 못하는 성격으로 가정을 공포에 몰아넣고 원하는 대로 조종하기 시작했다. 배다른 형제자매들에게 돈을 빌려 달라고 압박하고, 자신은 손도 대지 않으면서도 집을 어지럽히고, 아무에게도 자신이 어디에 있는지 알리지 않고 밤새도록 집에 들어오지 않았으며, 집안일을 분담하겠다는 모든 약속을 깼다. 민경이 이에 대해서 이야기하려고 할 때마다 소희는 항상 "내가 어렸을 때 술독에 빠져 산 당신 잘못이야."라고 대꾸했다.

민경은 앞서 이루었던 발전에서 다시 퇴행하며 과거의 공동의존적 행동과 죄책감 속으로 빨려 들어갔다. 상황을 그대로 수용하며 살아가거나 소희가 약속을 지키게 만들기에는 그녀 자신이 너무나 크게 낙담하였다. 민경은 이때를 회상하며 다음과 같이 말했다. "꼭 끝도 보이지 않는 전쟁을 하는 것 같았어요. 계속해서 소희가 공손하게 행동하며 약속을 지키도록 하려고 노력했죠. 소희는 계속해서 모든 것이 제 잘못이라고 대꾸했고요. 아무것도 나아지지 않았습니다. 그래도 도저히 집을 떠나 있을 수가 없었어요. 소희가 집과 아이들에게 무슨 짓을 할지 몰랐기 때문예요. 마치 내 집 안에서 포로생활을 하는 느낌이었죠."

개입

　소희의 행동은 민경이 자신을 중독치료 센터에 데리고 가기로 결정한 것을 알았을 때에 극단으로 치달았다. 상담사는 민경에게 소희의 행동을 계속 묵인하고 지원하였기 때문에 이런 상황까지 나빠지게 되었음을 상기시켜 주었다. 민경은 소희의 요구와 죄책감을 불러일으키는 장광설에 번번이 굴복하는 자신의 대처로 인해 소희가 생산적 기술을 배울 수 없었다는 사실을 깨달았다. 치료 센터에서 민경이 알게 된 또 다른 것은 바로 소희의 행동이 음주로 인해 유발된 것이며, 소희가 심각하게 도움이 필요한 상황이라는 것이었다.

306

긍정훈육 14
사랑의 메시지를 확실하게 전달하라

　민경이 이런 정보를 얻게 되고 얼마 되지 않아 소희가 3일간 집에 들어오지 않는 일이 발생했다. 민경은 이때 소희를 바꾸려 노력하기보다 자신의 어떤 행동을 할 것인지를 결심함으로써 스스로를 존중할 기회를 가질 수 있음을 깨닫게 되었다. 마침내 민경은 자신의 행동이 서로 간의 거리감과 적대감이 아니라 친밀감과 신뢰를 형성하기를 바라는 희망을 갖게 되었다. 그리고 이를 위해서는 민경 스스로가 성격을 죽이고 화를 참아야 했다. 자신이 지금까지 해 왔던 행동이 아무런 효과가 없었음을 확실히 알고, 자신이 상호존중을 배웠던 때로 돌아갈 시기임을 확신한 것이다.

　민경은 소희의 물건을 모두 현관 밖에 내놓았고, 그 물건 더미 위에 소희에게 그동안 계속해서 사랑하려 노력했지만 지금 삶의 방식을 그대로 유지하면 이제 도와줄 수 없다는 내용을 담은 장문의 편지를 써 두었다. 또 만약 치료를 받으려 한다면 기꺼이 도와줄 준비가 되어 있다고 확실히 밝혔다.

　민경은 소희가 자기 물건이 담긴 박스를 가지고 가는 것을 보지 못했지만 어느 순간 그 짐들은 모두 사라졌다. 일주일 정도 지난 후, 소희가 먼저 민경에게 전화를 걸어 점심을 같이 먹자고 말했다. 민경은 절대 소희가 화내는 것에 휩쓸리지 않겠다고 굳게 결심한 뒤에 약속에 응했다. 민경은 소희가 자신에게 소리 지르고, 자신을 비난하고, 낙담하게 만들까 봐 두려웠다. 그래서 소희가 스스로 치료 센터 사람들과 상담해 보겠다고 말할 때 거의 쓰러질 것 같았다.

민경은 이때 "그때까지 몇 년 동안 그렇게 친근한 느낌, 믿음을 느껴 본 적이 없었어요. 그때 소희는 엄마가 이제 한계에 도달했으며, 엄마가 자기를 사랑하지만 엄마를 괴롭히는 것은 용인하지 않겠다는 것을 알게 된 것이 아닐까 생각합니다."라고 말했다.

소희는 치료 센터의 직원과 이야기를 나눈 후 센터에 머물며 프로그램을 끝까지 끝마치기로 결정했다. 소희가 프로그램을 마쳤을 때, 민경은 자신의 딸이 정말로 되돌아왔다고 느꼈다. 민경은 이때를 회상하며 "정말 내 딸이 자랑스러웠어요. 함께하는 시간을 누렸어요. 내 딸을 어떻게든 도와주고 격려해 주고 싶었어요. 함께하는 시간이 정말 즐거웠죠. 요리도 하고, 집도 청소하고, 정말 명랑한 아이가 되었어요. 딸도 스스로를 자랑스러워했고, 행복해했고, 희망을 가지고 낙천적으로 행동했죠."라고 말했다.

"지금에 와서야 갑자기 딸이 책임감 있게 변했다는 것을 믿는 것이 얼마나 비현실적인지 알게 되었죠. 그냥 모든 것이 다르게 느껴진다는 딸아이의 이야기를 그대로 믿고 싶었는지도 몰라요. 딸을 도와주려면 딸에 대한 믿음을 가지고 그녀를 믿어야만 한다고 생각했습니다. 그래서 차를 사고 싶다고 말했을 때 같이 가서 계약서에 공동서명을 해 주었어요."

두 달도 되지 않아 소희는 다시 술을 마시기 시작했고, 파괴적인 행동양식도 되돌아왔다. 소희는 차 할부금을 내지 않기 시작했다. 민경은 이때 상호존중에 대해서 새로운 것을 배웠다. 엄마가 딸을 존중하는 모습을 보인다고 해서 딸도 자신을 존중할 준비가 바로 되는 것은 아니라는 것이다.

민경은 다시 죄책감을 느끼고 대신 차 할부금을 지불하기 시작했지만 이번에는 자신의 실수를 곧 알아차렸다. 관계를 회복하는 과정은 딸뿐만 아니라 자기 자신을 위한 과정이기도 하다는 사실을 자각했다. 그녀는 소희를 바꾸려 노력하기보다 자신의 행동을 결정하는 것으로 스스로를 통제하는 것이 최선이라는 사실을 (다시 한 번) 기억했다. 민경은 차 문제로 자신이 도둑질을 당했다는 느낌이 들어 화가 났다. 동시에 이 감정이 보복과 자기사랑 중 하나로 이끌 것임을 알았다. 만약 보복을 택한다면 마음속에 분노를 품고 다시 한 번 소희의 행동에 굴복하여 차 할부금을 대신 내게 될 것이다. 하지만 자기사랑과 상호존중을 선택한다면 소희가 직접 자신의 일에 책임을 지도록 하고, 엄마를 존중하여 그녀가 자신을 이용할 수 없도록 할 것이다.

민경은 이런 실수가 배움과 성장의 기회임을 기억했다. 그리고 차량 매매 계약서에 공동서명을 한 것이 실수였음을 깨달았다. 민경은 즉시 차를 딜러샵으로 가지고 가서 팔아 버리고 나머지 할부금을 모두 갚아버렸다.

소희는 자신이 이끌어 낼 수 있는 최대한의 분노로 민경에게 죄책감을 불러일으키고 새 차를 사도록 강요하려 했다. 하지만 민경은 소희에게 "널 사랑한단다. 하지만 차는 안 돼."라고 반복해서 대답할 뿐이었다. 민경은 전환점을 넘은 것이다. 이는 쉽지 않은 일이다. 하룻밤 새에 일어날 수도 없는 일이다. 민경은 자기존중을 실천하며 성장할 수 있었고, 사랑의 메시지를 전할 수 있게 되었다.

민경은 두 걸음 나가면 한 걸음 후퇴하는 패턴을 몇 번이고 반복하는 부모의 예를 잘 보여 준다. 이는 회복 중인 부모들에게서 쉽게 찾아볼 수 있는 모습이다. 민경이 계속해서 '사랑의 메시지를 확실하게 전하기 위한 일곱 가지 지침'을 기억해 내고 이를 통해 상호존중을 적용할 수 있는 힘과 기술을 얻게 되면서 결국에는 변화가 생기고 그 변화가 유지되기 시작했다. 민경은 단호한 자세로 공동의존적인 행동을 중단하였고, 사랑의 메시지를 확실하게 전하는 방식이 도움이 된다는 것을 알게 되었다. 민경은 "'사랑한다'는 말을 먼저 하면서 거부의 표시를 하기가 보다 더 편해졌어요."라고 말했다.

하지만 이 이야기는 사람들이 원하는 결말로 향하지 않는다. 우리 또한 사랑의 메시지가 잘 전달되어 소희가 삶의 방향을 찾고 행복하게 살아가고 있다고 말하고 싶다. 하지만 실제 소희는 아직 중독에서 벗어나지 못했다. 그러나 지금까지 가장 크게 개선된 점은 소희가 더 이상 민경을 조종하려 하지 않는다는 것이다. 소희는 때때로 한 번씩 집에 전화를 건다. 대화는 사랑과 존중으로 가득 차 있다. 이제 소희는 돈을 요구하거나 다른 요구를 들어달라고 하지 않는다. 민경은 언제나 딸에게 사랑을 표하며 "언제든 전화해. 사랑한다. 네 소식을 들을 수 있어서 정말 좋구나."라고 덧붙인다. 민경은 조종당하면서 스스로에 대한 존중심을 잃게 될 걱정을 하지 않는 것이야말로 딸을 무조건적으로 사랑할 수 있는 조건임을 분명히 알고 있다. 이제 민경은 딸이 자신의 삶을 살아가며 스스로 배울 권리가 있다는 점을 존중한다.

민경 또한 스스로의 삶을 살며 스스로 배워 나갈 필요가 있다. 부모도 아이들처럼 격려와 자기사랑이 필요하다. 민경이 완벽함보다는 과정에 초점을 맞춘다면 큰 도움이 될 것이다.

회복 중인 부모는 변화가 빨리 찾아오지 않는다는 점 때문에 쉽게 낙담한다. 아마도 아이를 키우는 것과 중독에서 회복은 모두가 시간이 필요한 절차임을 잊었기 때문일 것이다. 하루하루 발전해 나가는 과정에 감사하는 태도야말로 완벽함을 바라는 것보다 훨씬 더 현실적이고 용기를 준다. 부모가 실수를 배울 수 있는 기회로 바라본다면, 아이도 자연스럽게 그런 부모를 모델로 삼아 자기사랑과 용기를 갖게 된다. 아이가 실수했을 때 그들이 잘못한 것이 아님을 알려 주고 실수에서 배울 수 있다는 희망을 심어 주는 것이야말로 가장 아름다운 사랑의 메시지이다. 이 메시지는 아이뿐만 아니라 어른에게도 매우 가치 있는 중요한 메시지이다.

'사랑의 메시지를 확실하게 전하기 위한 일곱 가지 지침'은 아이뿐 아니라 성인의 회복에 매우 중요한 역할을 할 수 있다. 이 지침은 어린 시절 잃어버린 자기사랑과 자기존중감을 되찾아 개발할 수 있도록 돕는다. 자기사랑과 자기존중의 시작은 실수를 성장과 학습의 기회로 보며 환영하는 것이다. 과거는 과거일 뿐이다. 지금은 바로 지금이다. 자기사랑은 우리가 성취한 것과는 무관한 것임을 기억해야 한다. 성취를 이루지 못했다고 해서 포기하고 그대로 머물러

개입

있을 수는 없다. 그것을 계속해서 배우고 성장하는 데 있어 희망을 주는 것으로 받아들여야 한다.

완벽함보다 성장에 집중함으로써 우리는 용기와 자기사랑과 자기존중감을 만들어 낼 수 있다. 성장과 나아감이 평생의 과제임을 이해한다면 우리는 자신에 대한 희망과 믿음을 갖게 되는데, 이러한 희망과 믿음은 아이뿐만 아니라 우리 어른에게도 필요하다.

존엄과 존중을 가지고 자신의 행동에 책임을 지는 것은 기분 좋은 일이다. 책임감에서 비난과 수치심을 걸러 낸다면 자유로움과 창조적인 느낌만이 남을 것이다. 나의 행동이 내가 선택한 것이라는 것을 알게 되고 그 행동을 변화시킬 수 있다. 가족회의를 통해 변화를 만들어 내는 데에 도움이 되는 문제해결 능력을 배우는 일은 우리를 기분 좋게 한다.

자기존중을 실천하는 한, 스스로를 희생자로 만들거나 혹은 타인을 괴롭히는 사람이 되지 않을 수 있다. 대부분의 경우, 타인이 자신을 학대하는 것을 허용하지 않으면 누구도 나를 학대할 수 없다. 그리고 타인의 행동으로 인해 기분이 좋지 않아도 상대방도 존엄하며 존중받을 권리가 있다는 것을 인정하게 된다.

만약 자기존중감을 잃어버린 상태에서 배우자가 중독에 빠져 삶을 힘들게 만들고 아이에게 상처를 준다면 그런 학대적인 배우자로부터 벗어나는 것을 진지하게 고려해 볼 필요가 있다. 별거 혹은 이혼이 필요한 시점인 것이다. 이렇게 나쁜 관계를 억지로 유지할 경우, 아이에게 불똥이 튄다. 내 아이가 언어적으로, 신체적으로, 혹은 성적으로 괴롭힘 당할 수 있는 가능성을 열어 두는 셈이다. 이러한 학대적인 관계에 놓여 있다면, 건강한 가족으로 회복되는 데 필요한 중대한 변화와 결정을 도와줄 수 있는 외부의 도움을 찾는 것이 현명하다. 이 또한 자기사랑을 보이는 방법이다.

아이에게 하듯 스스로에게도 내면의 친밀성과 신뢰감을 만들어 낼 수 있다. 내면의 친밀감과 신뢰에서 시작하는 자기사랑과 자기존중감은 우리 자신의 컵을 채우고 더 나아가 타인에게 더 많은 것을 나누어 줄 수 있게 해 준다.

아이에게는 사랑의 메시지를 확실히 전달하는 것이 가장 큰 선물이다. 아이는 부모가 자신에 대해 어떻게 느끼고 어떻게 생각하는가에 따라 자신을 보는 관점을 형성한다. 아이들 스스로 자신이 부모에게 사랑과 존중을 받고 있는 중요한 존재라는 점을 자각하면, 이는 아이가 사회 구성원으로서 기여하고 행복할 수 있는 잠재력을 발달시킬 기반으로 작용한다. 부모의 사랑의 메시지가 확실하게 전달되면 그와 함께 긍정적 영향력도 함께 전해진다.

찾아보기

저자 소개

Jane Nelsen

아들러심리학파로서 '긍정훈육법(Positive Discipline)'의 창시자이다. 일곱 자녀와 스물두 명의 손주들과 행복한 그녀는 교육심리학 박사로서 초등학교에서 상담교사 일을 한 경험도 있다. 30년 이상 연구하고 현장에 적용한 '긍정훈육법'에 대한 개념과 방법론을 담은 책과 교육 프로그램은 47개국에서 다양한 언어로 번역되어 바른 인격을 갖춘 사회적으로 건강한 자녀를 훈육하는 데 활용되고 있다.

Lynn Lott

Jane Nelsen과 함께 긍정훈육법의 창시자로서, 아들러심리학을 기반으로 한 가족치료, 부모교육, 부부교육을 위해 출판, 연구 및 교육을 하고 있다.

Riki Intner

중독에 대한 많은 상담 및 치료 경험을 기반으로 한 가족치료 상담 및 교육에 긍정훈육법을 접목하고 있다.

역자 소개

박예진(Park Yejin, Ph.D.)

고려대학교, Bowling Green State University에서 수학하고, 국제아들러협회에서 국제아들러상담사 자격을 득하였다. 2008년부터 아들러코리아를 설립하고, 아들러심리학 관련 도서 출판, 연구 및 심리상담의 한국 보급 및 전파를 하고 있다. 아들러심리학 기반의 긍정훈육법을 처음 한국에 소개하였으며, 상담전문가 및 행복한 부모들을 위한 상담, 출판 및 심리교육을 하고 있다. 특히 중독자와 중독가정을 위한 아들러심리상담, 한국 및 해외 임상과 연구를 하고 있다.

강향숙(Kang Hyangsuk, Ph.D.)

이화여자대학교에서 건강교육과 사회복지학을 전공했다. 정신보건사회복지사이자 청소년상담사, 중독전문가로서 알코올 클리닉, 치료공동체, 알코올 상담센터(現 중독관리통합지원센터) 등에서 중독자와 중독자 가족을 오랫동안 만나 왔다. 현재는 남서울대학교 아동복지학과와 동 대학원 중독재활상담학과에서 학생들을 가르치며 연구와 임상을 병행하고자 노력하고 있다. 중독가정, 그중에서도 특히 중독가정의 자녀들에 대해 많은 관심을 가지고, 이에 대한 임상과 연구를 지속하고 있다.

중독가정을 위한 긍정훈육

Positive Discipline for Parenting in Recovery

2018년 3월   5일 1판 1쇄 인쇄
2018년 3월 10일 1판 1쇄 발행

지은이 • Jane Nelsen · Lynn Lott · Riki Intner
옮긴이 • 박예진 · 강향숙
펴낸이 • 김진환
펴낸곳 • ㈜**학지사**
　　　　　04031 서울특별시 마포구 양화로 15길 20 마인드월드빌딩
대표전화 • 02-330-5114　　팩스 • 02-324-2345
등록번호 • 제313-2006-000265호

홈페이지 • http://www.hakjisa.co.kr
페이스북 • https://www.facebook.com/hakjisa

ISBN 978-89-997-1422-1 03180

정가 18,000원

이 도서의 국립중앙도서관 출판시도서목록(CIP)은 서지정보유통지
원시스템 홈페이지(http://seoji.nl.go.kr)와 국가자료공동목록시스템
(http://www.nl.go.kr/kolisnet)에서 이용하실 수 있습니다.
(CIP 제어번호: CIP2017028975)

교육문화출판미디어그룹 학지사

심리검사연구소 **인싸이트** www.inpsyt.co.kr
원격교육연수원 **카운피아** www.counpia.com
학술논문서비스 **뉴논문** www.newnonmun.com
간호보건의학출판 **정담미디어** www.jdmpub.com